Anand Buchwald

Ökö-Habitate –
Eine Zukunft für die Zukunft

Anand Buchwald

ÖKO-Habitate –
Eine Zukunft für die Zukunft

Der Beutelwolf-Blog
Tiere und Bücher
https://beutelwolf-blog.de

Mirapuri-Verlag

2009
ISBN 978-3-86710-055-1
© Mirapuri-Verlag, Gauting
Gesamtherstellung: Miraprint Offsetdruck, Gauting
Illustrationen: Anand Buchwald
Kapitel 25: Grafiken und Bilder: Mira Alfassa, Michel Montecrossa,
Sven Atkins, Aurofree Höhn, Fred Holt
Kapitel 26: Grafik: MiraSolaris
Kapitel 28: Lyrics: Michel Montecrossa

INHALT

Es gibt einzigartige Augenblicke im Leben,
die wie ein Traum vorüberziehen.
Man muss sie im Flug ergreifen,
denn sie kehren nie zurück.

Mira Alfassa

Öko-Habitate

Die Ökologie beschäftigt sich mit den Wechselwirkungen und dem Gleichgewicht biologischer Systeme, auch in Bezug auf nicht-biologische Faktoren, vereint also Fragen der Biologie zum Beispiel mit Umwelt- und Klima-Wissenschaften und letztlich auch mit der Zukunftsforschung. Kleine biologische Systeme sind etwa Bienenstöcke oder Teichbiotope; große biologische Systeme sind Steppenlandschaften, Atolle, Dschungel, Wüsten, Kontinentalbewaldung, Flusssysteme... Auch Populationen von Pflanzen und Tieren stellen interagierende biologische Systeme dar. Wenn sich die Lebensprozesse all dieser überlappenden Systeme in Einklang befinden, ist die Ökologie in Ordnung, ist das größte biologische System, die Erde, gesund.

Nimmt der Einfluss eines dieser Systeme überhand, gerät das Gesamtsystem lokal oder global aus dem Gleichgewicht. Je nach der Art und Intensität der Abweichung dauert es entsprechend lange, bis das alte Gleichgewicht wiederhergestellt ist oder ein neues gefunden wird; je größer die beeinträchtigten Systeme sind, desto länger dauert das Einpendeln auf ein neues Gleichgewicht. Das kann ohne weiteres Jahrtausende dauern und im Fall von globalen Störungen wie Eiszeiten oder Hitzeperioden oder Ausbrüchen von Megavulkanen noch wesentlich länger und durchaus zum Aussterben ganzer Arten führen. Und da immer irgendetwas passiert, ist die Natur eigentlich permanent mit dem Nachregeln beschäftigt.

Das jüngste Ereignis, das zu heftigen Störungen im Gleichgewicht der Natur geführt hat, ist das Auftauchen der Spezies Mensch. Eine neue Spezies ist an sich nichts Schlimmes. Normalerweise taucht sie auf, erobert sich eine ökologische Nische und lebt dann so friedlich vor sich hin, wie es ihr den Umständen entsprechend halt möglich ist. Mit dem Menschen dagegen lief dieser Vorgang nicht so glatt ab. Er brachte ein neues Element ins Spiel, das es bis dahin noch nicht gab, und dem keine der anderen Spezies auf Dauer etwas entgegensetzen konnte und das durchaus dazu führen kann, dass diese noch sehr junge Spezies auch sehr bald wieder das Spielfeld von Mutter Natur verlassen muss: ein reflektierendes Egobewusstsein.

Ohne diese Fähigkeit, bewusst zu denken und sich als Individuum wahrzunehmen, hätte der Mensch die irdische Bühne wahrscheinlich in kürzester Zeit wieder verlassen, denn eigentlich mangelt es ihm an allen körperlichen Attributen erfolgreicher Spezies: Er kann keine Flut von Kindern in die Welt setzen, die in kürzester Zeit flügge werden, er ist nicht schnell, nicht stark, hört, sieht und riecht schlecht... So gesehen scheint er es einem Wunder zu verdanken, dass es ihn noch gibt, und zwar besagtem reflektierenden Egobewusstsein.

Im Gegensatz zu allen anderen Wesen auf dieser Erde ist der Mensch sich seiner selbst als von anderen abgetrenntes und verschiedenes Individuum ausgesprochen bewusst. Er kann die instinktgeprägten Pfade verlassen und neue Wege gehen. Er kann jenseits Pawlowscher Reflexe lernen und diese Lernprozesse auch noch forcieren. Er kann gelernte Dinge in unendlich viel größerem Maße an seine Mitmenschen weitergeben und von ihnen lernen als jede andere Spezies. Er kann Problemstellungen formulieren und systematisch nach Lösungen dafür suchen. Er hat ein Konzept der Zukunft, das über das Anlegen von Vorräten für das nächste Jahr hinausreicht. Er hat die Möglichkeit größere, komplexere Zusammenhänge zu erkennen. All diese Fähigkeiten haben ihn, trotz aller körperlichen Mängel, zu einem Erfolgsmodell gemacht. Und wenn er sich ihrer konsequent bedienen würde, würde er das auch bleiben.

Aber trotz all dieser Fähigkeiten ist der Mensch noch nicht der wahre Mensch, der die Möglichkeiten, die in ihm stecken, ausgeschöpft hat. Der Mensch ist immer noch eine tierische Spezies, die all diese wunderbaren Fähigkeiten wie ein Tier anwendet – oder schlimmer. Mit all diesen Fähigkeiten ist es ihm gelungen, Fallen zu bauen, um Tiere zu fangen, gegen die er eigentlich keine Chance hätte, und Waffen, um sich zu verteidigen. Er hat Getreide angebaut und verbessert, um nicht von Zufallsfunden abhängig zu sein. Er hat sich Kleidung gemacht und Häuser gebaut, um in jedem noch so tödlichen Klima überleben zu können. Doch dabei ist es nicht geblieben. Von einer Spezies unter vielen ist er zur dominierenden Spezies geworden, die von anderen nicht mehr im Zaum gehalten werden kann und die damit über dem natürlichen Gleichgewicht steht, also keinen Gegenpol hat. Der Mensch kann im Grunde genommen machen, was er will, weil es keine Macht gibt, die ihm irgendwie Einhalt gebieten könnte.

Alles, was der Mensch macht, macht er nicht nur, weil er es braucht, sondern auch, weil er es kann oder weil er sich einen zukünftigen, nur scheinbar materiellen Nutzen verspricht (Geld) oder um seine Stellung als möglicher Herdenprimus zu stärken (Macht) oder weil er glaubt, damit mehr Chancen auf Fortpflanzung zu haben (Sex). Was den Menschen bewegt, hat seine Wurzeln also in seinem tierischen Erbe. Die meisten Tiere töten, um ihre Ernährung sicherzustellen, und kämpfen direkt um das Amt an der Spitze und das Recht auf Fortpflanzung. Der Mensch benutzt dazu seine mannigfachen Fähigkeiten, und zwar ohne Rücksicht auf Verluste und ohne aufzuhören, wenn er sein Ziel erreicht hat.

Wir haben also jetzt den Menschen mit seinen überragenden Fähigkeiten, die er in tierischem Getriebensein ausschließlich für seine eigene Befriedigung einsetzt. Im sogenannten natürlichen Gleichgewicht hat jede Spezies ihren Platz und nimmt und gibt dementsprechend. Und diese, wenn auch nicht bewusste, Zusammenarbeit hat nun schon über viele Hundert Millionen Jahre Bestand. Der Mensch ist die erste Spezies, die sich, zumindest in etwa den letzten zehntausend Jahren, zunehmend aus diesem Zusammenspiel gelöst hat.

Durch zunehmend besseres medizinisches Wissen ist die Kindersterblichkeit immer weiter zurückgegangen. Dass dies bei gleichbleibenden Geburtenraten zu einem exponentiellen Bevölkerungswachstum führt, sollte eigentlich seit den mathematischen Erkenntnissen der Antike kein Geheimnis mehr sein. Aber die Tiernatur des Menschen kennt dafür kein Regulativ, und die meisten Menschen folgen lieber ihren Instinkten als dem Verstand. Und erst in jüngster Zeit hat, vor allem in den westlich geprägten Gesellschaften, die Kombination aus Verhütungsmitteln, Bewusstwerdung und Bequemlichkeit einen regulierenden Einfluss.

Man kann also sehen, dass das Wissen da ist, aber ohne einen handfesten Grund wird es nicht eingesetzt werden. Und selbst mit einem Grund wird es üblicherweise ziemlich lange dauern, bis eine konkrete, wenn auch meist eher halbherzige Bemühung daraus erwächst. Und so ist die Stärke des Menschen auch seine Schwäche. Das, was ihn als Spezies groß gemacht hat, hat auch das Potenzial, ihn zu vernichten: seine Fähigkeit, auf die Natur Einfluss zu nehmen.

Viele Jahrtausende lang hat der Mensch sich ungestraft praktisch unbegrenzt ausbreiten können. Er hat dabei seine unmittelbare und zunehmend auch weitere Umgebung in immer größerem Maße geformt. Und er hat dabei feststellen müssen, dass er nicht unbegrenzt in die Ökologie des Planeten eingreifen kann. Als Schottland und der Balkan für den Bau von Schlachtschiffen abgeholzt wurden, wurden die jeweiligen Ökosysteme massiv geschädigt, und Erosion wie auch Schaf- und Ziegenzucht verhinderten nachhaltig eine Regeneration der Landschaft. Andere Landschaften wurden durch Versalzung infolge künstlicher Bewässerung unbewohnbar, und die Sahara wächst auch nicht nur wegen klimatischer Veränderungen, und Spanien wird wegen fehlgeleiteter Landwirtschaft und kurzfristigem Gewinnstreben bald zur Wüste, wahrscheinlich gleichzeitig mit der amerikanischen Kornkammer. Und die südamerikanische grüne Lunge und Klimamaschine Regenwald wird für kurzfristigen Sojaanbau auf schnell unfruchtbar werdenden Tropenböden abgeholzt. Hinzu kommt eine weltweit seit über hundert Jahren zunehmende Umweltverschmutzung, die unser Klima, und das globale Ökosystem insgesamt, extrem gefährdet. Der Anstieg des Meeresspiegels und noch zunehmende Hungerkatastrophen sind abzusehen, aber immer noch dominiert kleinkariertes Gewinn- und Machtstreben gegen den aktiven Einsatz für unser fragiles Ökosystem, buchstäblich nach dem Motto: „Nach uns die Sintflut!"

Wenn sich an dieser Situation etwas ändern soll, dann sind grundlegende Änderungen notwendig. Es nützt nichts, an Teilaspekten herumzulaborieren, während sich vielleicht unbemerkt die nächste Katastrophe anbahnt. Wenn man wirklich etwas ändern will, dann muss man darangehen, das Wachstum einer neuen Welt mit neuen Menschen zu fördern. Das geht natürlich nicht von heute auf morgen – das wird viele Generationen dauern, und es wird viel Geld kosten. Aber wenn wir nicht gleich beginnen, wird es nie so weit kommen.

Das Wort Öko dient zwar eigentlich nur als Abkürzung für Ökologie, aber man kann es doch auch für Ökonomie verwenden, auch wenn die beiden immer wie feindliche Brüder gegeneinander ausgespielt werden und als unvereinbar gelten. Dass sich die beiden nicht ansehen können, liegt vielleicht nur daran, dass sie zwei Seiten einer Münze sind. Und diese Münze ist unsere Lebenssituation auf der Erde.

Ob frühere Generationen auf diesem Planeten nun einfühlsam und bewusst mit der Natur zusammengearbeitet haben, kann man heute eigentlich nicht mehr zuverlässig sagen. Es wird wie immer solche und solche Menschen gegeben haben. Aber mit den damaligen Mitteln konnte man allenfalls mal einen Landstrich verwüsten. Man war nicht wirklich gezwungen, mit der Natur in Einklang zu leben und auf sie Rücksicht zu nehmen, weil sie einfach schneller nachwuchs, als der Mensch sie zerstören konnte. Und das Interesse für langfristige und systematische Beobachtungen setzte erst spät ein. Es gab also lange Zeit kein wirkliches ökologisches Bewusstsein. Die Bemühung um das Wissen von natürlichen Gesetzmäßigkeiten im Umgang mit Pflanze, Boden und Tier kam vermutlich erst mit dem Sesshaftwerden der bislang nomadischen Menschen in Gang. Der Grund dafür war aber nicht primär der Wunsch nach mystischem Einssein, sondern die schnöde Ökonomie.

Ökonomie bedeutet, dass man einen Bedarf für etwas hat, zum Beispiel Nahrung, und dafür sorgen muss, wie man diesen Bedarf decken kann. Zur Ökonomie gehört also die gesamte Infrastruktur, die zur Bedarfsdeckung nötig ist: Planung, Anbau, Pflege, Ernte, Verarbeitung, Verteilung, Verkehr, Geld, Tauschwaren, Angebot, Nachfrage... Wenn der Mensch sich mit der Natur beschäftigt, und wenn ihm etwas daran liegt, dass die Felder, die er mühsam gerodet und vorbereitet hat, auch nach vielen Jahren noch reichlichen Ertrag liefern, dann ist das kein primär ökologisches, sondern vor allem ein ökonomisches Interesse. Und dieses Interesse gilt nur den eigenen Feldern und nicht den Feldern der Nachbarn. Und eventuell gibt es noch ein Interesse daran, dass die Felder auch den unmittelbaren Nachkommen noch zugutekommen.

Seit die Zeiten schnelllebiger wurden und das Wertesystem von Familien-, Clan- und Stammesstrukturen sich zunehmend auflöst, schwindet auch das ohnehin nur schwache Gefühl von Verbundenheit und dass man Teil von etwas Größerem ist, um Platz zu machen für eine stärker werdende Egozentrierung und Kurzlebig- und -sichtigkeit. Wurde das Land früher noch instinktiv oder unbewusst als Teil des eigenen Lebens aufgefasst, so hat es heute mehr den Charakter einer Ressource, und zwar einer unbegrenzten Ressource, so wie auch die Lufthülle als unbegrenzte Ressource galt, in die man alles ablassen konnte. Und jetzt haben wir ein Ozonloch, eine enorme Luftverschmutzung und eine zu hohe Belastung mit Substanzen, welche die Aufheizung des Klimas fördern. Und erst jetzt, nachdem man lange Zeit untätig zugesehen hat, wie das Kind in den Brunnen fällt, beginnt man zaghaft, darüber nachzudenken, ob man der Entwicklung etwas entgegensetzen kann und will, wobei es zwei Gruppen von Menschen gibt, die dem ablehnend gegenüberstehen: das sind auf der einen Seite die Blinden und Verstockten, die nicht wahrhaben wollen, dass sich die Welt in stetigem Wandel befindet und dass jegliches Wissen nur so lange wahr ist, bis es von noch größerem Wissen überholt wird, und auf der anderen Seite die Menschen, für die Imperialismus und Kapitalismus, also Macht und Geld, die einzig wahren Götter sind.

Diese Letzteren sind es, die an den Schalthebeln weltlicher Macht sitzen und diese entartete Selbstzweck-Ökonomie fördern, die nicht mehr das Ganze sieht, sondern nur noch Kennzahlen, kurzfristige Gewinne und maximale Ausbeute bekannter Rohstoffe und Technologien kennt, statt das Beste für die Welt im Auge zu haben. So wird es ohne mit der Wimper zu zucken in Kauf genommen, dass Böden unfruchtbar werden, um Unkrautvertilgungsmittel und Dünger verkaufen zu können, oder dass die genetische Vielfalt der Grundnahrungsmittel zu einem konzernbestimmten Gen-Mono-Pool wird, von dem dann plötzlich Milliarden ehemals freier Menschen abhängig werden, weil sie ihr eigenes Saatgut aufgegeben haben und sich teures und nicht unbedingt gutes Hybridsaatgut nun mal nicht vermehren lässt, von Rechten, die plötzlich jemand anderes daran hat, ganz zu schweigen. Alles was in Politik und Wirtschaft unternommen wird, dient immer nur dem einen Zweck, nämlich Macht und Besitz anzuhäufeln und Abhängigkeiten zu schaffen. Und die Erde und die auf ihr lebenden Völker sind ihre Spielwiese.

Diese Menschen leben in ihrer eigenen abgeschlossenen Welt, und auch wenn sie gewisse Mechanismen und Zusammenhänge gut kennen, ist ihnen das wirkliche Leben fremd. Sie begreifen nicht, dass ihre Spielwiese unter Druck zurückschlagen kann und dass Macht und Besitz ausgesprochen vergänglich sind. Und sie begreifen auch nicht, dass man manche Dinge nicht ungeschehen machen kann, dass ihre Spielwiese die Grundlage unseres Lebens ist – Neustart ausgeschlossen.

Das bedeutet, es wird höchste Zeit, die Ökonomie zu erneuern oder ihre wahre Natur zu entdecken und zu verwirklichen. Dazu muss man wissen, was man möchte oder benötigt, denn daraus leitet sich die Natur der Ökonomie ab. Also muss man zuerst ein Ziel definieren, das mittels der Ökonomie erreicht werden soll. Das Ziel speist sich aus der Erkenntnis dessen, was bislang schiefgelaufen ist.

Schiefgelaufen ist, dass die Erde aufgrund ihrer schieren Größe und enormen Regenerationsfähigkeit als endlose Ressource angesehen wird, und dass die Ökonomie ein isoliertes, um nicht zu sagen elitäres Eigenleben führt, also kein Diener ist, sondern sich als Herr aufführt. Und schiefgelaufen ist außerdem, dass die Menschen sich nicht als Einheit betrachten, sondern ganz im tierischen Sinne als Konkurrenten und ihre Sichtweise darum begrenzt ist. Die Erkenntnis, von der eine neue Ökonomie ausgehen muss ist, dass die Ressource Erde endlich ist, dass wir, trotz aller technologischen Fortschritte, auf Dauer gesehen von ihr abhängig, und ihre Pflege und Erhaltung darum vordringlich sind. Eine neue Ökonomie muss also als großes Ganzes die Erde und das Leben auf ihr, also Mensch und Natur, in den Mittelpunkt stellen. Dazu muss sie die Bedingungen optimieren, die es der Ressource erlauben, sich optimal zu entfalten.

Diese Bemühung wird dann unweigerlich zu einer weiteren Erkenntnis führen, nämlich dass Ökologie nichts anderes ist als praktizierte Ökonomie. Wir haben gesagt, dass Ökonomie die Verwaltungs- und Infrastruktur zur Bedarfsdeckung darstellt, die Bemühung um Optimierung der Beschaffung. Nichts anderes macht die Natur. Unzählige bekannte und mehrheitlich unbekannte Prozesse greifen ineinander, um jedes Lebewesen der Erde mit dem zu versorgen, was es zum Leben benötigt. Die Ökologie versucht diese Prozesse zu verstehen. Aufgabe der Ökonomie ist es, den Menschen in dieses System einzubinden, effizient und nachhaltig. Denn auch wenn der Mensch ein Kind der Natur ist, so hat er doch mit der Entwicklung des Verstandes ihre fürsorgliche Umarmung verlassen. Das ist aber kein Zurück-zur-Natur- oder Nieder-mit-dem-Verstand-Argument. Es geht nicht um einen Rückschritt, sondern um einen Fortschritt. Das mentale Element ist eine neue Errungenschaft der Natur, ein Evolutionssprung, der aber nicht in ihr Wirken integriert ist. Jede Spezies nimmt, was sie braucht, und wird von anderen in Schach gehalten, die es genauso halten. Einzig den Menschen weist niemand in seine Schranken; das kann nur er selbst, und das Instrument hierfür ist diese neue Fähigkeit, der Verstand. Es liegt an uns, so weiterzumachen wie bisher und von der Natur als Fehlentwicklung ausgemerzt zu werden oder mit unseren erwachenden Fähigkeiten, mit Herz und Verstand und stetig wachsendem Bewusstsein, zu einem Zusammenleben mit der

Natur zu finden, das für beide einen Fortschritt bedeutet. Ökologie und Ökonomie sind die Wissenschaften, die wir dabei einsetzen müssen.

Nun hat Ökonomie im Speziellen auch noch, auf menschlicher Ebene, die Bedeutung der Geld- und Warenwirtschaft, und auf den ersten Blick scheint man das Duo Ökologie/Neue Ökonomie mit der monetären Ökonomie nicht in Einklang bringen zu können. Auf Gifte und Kunstdünger zu verzichten, bringt Produktionseinbußen, bestehende Kraftwerke abzuschalten und kurzfristig neue Technologien zur Energiegewinnung heranzuziehen, belastet die Volkswirtschaft, und Umstellungen in der Ernährung (mehr pflanzliche, weniger tierische Nahrung) sowie Konsumeinschränkungen werden die Menschen kaum freiwillig und frohgemut hinnehmen, von empfindlichen Börsenreaktionen auf verordnete Veränderungen mal ganz abgesehen. Aber das sind alles kurzfristige Überlegungen. Die Neue Ökonomie denkt langfristig, und langfristig ist letztlich alles machbar, man benötigt nur einen klaren Blick für das, was nötig ist, und man muss es vor allem wollen.

Nehmen wir zum Beispiel die gefährdete Bienenpopulation. Niemand weiß genau, was das beginnende Bienensterben verursacht. Die Varroa-Milbe ist sicherlich nur ein Teil davon. Ein anderer Teil ist wahrscheinlich die Belastung der Bienen mit den verschiedensten gefährlichen Substanzen, von denen vielleicht sogar jede unter den ohnehin dubiosen Grenzwerten liegt, die aber in ihrer Gesamtheit, Abbauprodukten, Interaktion und beträchtlicher Einwirkungsdauer in ihren Auswirkungen nicht zu kalkulieren sind. Nun hängt, vom Getreideanbau abgesehen, fast die gesamte Nahrungsmittelproduktion von den Bienen ab. Sollten die Bienenvölker drastisch zurückgehen oder gar aussterben, dann hat das Auswirkungen, die heftiger sind als jede Ölkrise, denn es gibt keine Technologie, welche die Arbeit der Bienen global ersetzen könnte. Und die Auswirkungen betreffen nicht nur den Anbau von Nutzpflanzen (da kann man mit massivem Einsatz von Arbeitskräften zumindest die Saatgutgewinnung sicherstellen, wenn auch nicht die Ernte von Obst und Fruchtgemüsen), sondern die Erhaltung aller Pflanzen, die auf Bienenbestäubung angewiesen sind, die Bäume, Blumen,

Sträucher und Kräuter. Das ist ein Schaden, der sich in Geld nicht beziffern und vor allem auch mit Geld nicht ausgleichen lässt. Und genauso wenig lassen sich die anderen stetig wachsenden Schäden mit Geld oder der dadurch finanzierbaren Technologie ausgleichen, seien es unfruchtbare Böden, ein ausgezehrter Genpool, an Kunststoffmüll eingehendes Meeresleben, ausgerottete Fischbestände, unfruchtbar gewirtschaftete Tropenböden, radioaktive Verseuchung, Klimakatastrophe... All diese Dinge kann man nicht mehr ungeschehen machen. Und all diese Dinge haben Kosten für die Volkswirtschaft und die Gesundheit zur Folge, die höher sind als der Gewinn, den unser absichtliches oder gedankenloses Fehlverhalten ermöglicht hat.

Und dieses Fehlverhalten ist manchmal wie ein Teufelskreis. In der Landwirtschaft etwa werden Herbizide, Insektizide, überzüchtete Sorten und Kunstdünger eingesetzt und das Leben auf den Feldern dadurch weitestgehend reduziert. Das Ungleichgewicht sorgt für das Auftreten von Polizei, Kriegsgewinnlern oder Plünderern (je nach Sichtweise), also zu erhöhtem Schädlingsbefall, der noch mehr Insektizide notwendig macht, gegen welche die Schädlinge immer schneller unempfindlich werden. Herbizide sorgen für eine Verminderung der Bodenfruchtbarkeit, und überzüchtete Sorten sind auf leicht verfügbaren Kunstdünger angewiesen und anfälliger für Schädlinge, so dass stärker gedüngt und gespritzt werden muss. Der ganze Chemieeinsatz verursacht Probleme, die zu noch mehr Chemie führen. Und daran verdienen einzig und allein die chemische Industrie und monopolistische Saatgutfirmen, die gerne Hand in Hand arbeiten. Dass man aus so einem Kreislauf auch ausbrechen kann, zeigen nicht nur die Biobauern, sondern auch das Beispiel einer skandinavischen Klinik, die steigende Resistenzen von Klinikkeimen, an denen nicht wenige Patienten erkranken, erfolgreich durch Verminderung des Antibiotika-Einsatzes bekämpft und damit das Konzept der De-Eskalation angewandt hatte.

Man kann also sagen, dass der Mensch zu viel und zu heftig in die Abläufe der Natur eingreift, sei es aus Profitgier, falsch verstandenem Ordnungssinn, Technokratie, nicht hinreichend verstandenen Zusammenhängen oder schlichtweg Dummheit. Wenn wir über die Zukunft nachdenken und darüber, wie wir sie so gestalten können, dass auch der Mensch in ihr eine Zukunft hat, dann gibt es eigentlich nur zwei Möglichkeiten.

Die eine Möglichkeit führt in eine totale Technokratie, das technologische Paradies, in dem alles mit Energie und Technologie gemacht wird, ohne auf die Natur zu achten: Essen und Kleidung aus Reagenzgläsern, Tanks und Maschinen, die Rohstoffe dazu produziert von maßgeschneiderten, künstlichen Organismen und mit allem aufgepeppt, was das wachsende wissenschaftliche Wissen für notwendig erachtet, die Luft energieaufwändig gefiltert und das Wasser permanent recycelt und gereinigt. Soviel Aufwand kann man natürlich nicht für sechs bis zehn Milliarden Menschen betreiben, aber bis es so weit ist, wird sich die irdische Bevölkerung durch diverse Katastrophen drastisch reduziert haben.

Die andere Möglichkeit besteht darin, die menschlichen Möglichkeiten nicht nur in eine Richtung zu nutzen und zu entfalten, sondern zur Gänze. Der Mensch steht erst am Anfang seiner Entwicklung. Evolutionär gesehen ist er eine noch sehr junge Spezies. Und eine seiner wichtigsten Eigenschaften ist die Fähigkeit zu lernen und zu verstehen, die noch lange nicht ausgereizt ist. Zur Zeit befinden wir uns in einer Epoche, in der es unglaublich viel zu lernen gibt. Wir haben jetzt die Möglichkeit, darüber zu reflektieren, was wir schon alles falsch gemacht haben, wo unser Charakter noch Mängel aufweist und wo wir noch zu triebgesteuert sind. Und wir haben außer dem Mentalwesen noch einen anderen, stark unterschätzten Schatz: Wir haben eine Seele. Das mag manchem zu mystisch sein oder zu verschwommen oder religiös. Aber es ist weder das eine noch das andere, es ist einfach nur ungewohnt, über die Seele zu sprechen, und dann versteht auch noch jeder etwas anderes darunter. Ohne allzu tief in das Thema einzutauchen, kann man sagen, dass sich die Seele in der Liebe äußert, im Mitgefühl, im Wohlwollen, in dem, was man Gewissen nennt, in der Freude und in der Bereitschaft zu geben.

Diese beiden Elemente, das Herz und der Verstand, bilden die Grundlage für diese zweite mögliche Entwicklung, in der es im Grunde genommen um die Schaffung des zweiten Paradieses geht. Das klingt vielleicht sehr ambitioniert, aber wenn man etwas Neues schaffen möchte, dann kann man es nicht wie in der Politik machen, deren Horizont vielleicht eine, in seltenen Fällen auch mal zwei Wahlperioden weit reicht. Es bringt nichts, sich nach jedem Schritt umzusehen und zu überlegen, wohin man sich jetzt wendet; auf diese Weise geht man im Kreis oder in die Irre. Wenn man die Welt aus der gegenwärtigen Bredouille retten will, dann geht das nicht mit Scheuklappen und Begrenzungen. Man braucht ein großes Ziel, eine Vision, auch wenn es womöglich tausend Jahre dauert, sie zu verwirklichen, und je mehr Menschen diese Vision teilen, desto schneller und umfassender kann sie verwirklicht werden. Ohne diese Vision doktert jeder vor sich hin und der Eine macht zunichte, was der Andere angefangen hat, und dann beschäftigen wir uns auch in tausend Jahren noch mit der Reform der Krankenversicherung oder der Pendlerpauschale. Bei dieser Vision dürfen wir uns weniger davon leiten lassen, was wir glauben, verwirklichen zu können, als vielmehr davon, was uns wirklich erstrebenswert erscheint. Und diese Vision muss groß und weit genug sein, um Platz für noch größere zukünftige Träume zu haben. Sie darf nicht eng und begrenzt und sektiererisch sein, denn sonst stirbt sie in den Klauen der Bürokratie oder wird zu Tode diskutiert.

Nun, wie könnte unser Paradies aussehen? Zum Beispiel so: Staatsgrenzen gibt es nicht mehr. Die Menschen empfinden sich als Einheit und leben und arbeiten in Frieden und Freundschaft zusammen. Arbeit ist keine Qual, sondern ein erfüllendes Erlebnis. Jeder kann sich selbst verwirklichen. Man braucht kein Geld. Ansehen bekommt man durch das, was man wie auch immer für die Gemeinschaft leistet. Es gibt keine Umweltverschmutzung und keine Energieprobleme. Die fortgeschrittene Technik unterstützt das Leben und die Kreativität unaufdringlich. Die Lebens- und Arbeitsstätten fügen sich harmonisch in eine üppige Natur ein, ohne diese zu sehr zu belasten. Gartenbau und Landwirtschaft arbeiten nicht mehr gegen die Natur, sondern mit ihr, und der Mensch nimmt einen führenden Platz in einem neuen ökologischen Gleichgewicht ein.

Um all das zu verwirklichen, sind enorme Anstrengungen in wirklich allen Bereichen der Gesellschaft nötig. So etwas geht nicht en bloc, sondern nur in vielen kleinen Schritten. Der erste Schritt ist wie immer, diese Veränderung wirklich zu wollen. Und ehe sich die Gesamtgesellschaft verändert, ist in einem zweiten Schritt die Bildung von kleinen Gemeinschaften, wie etwa das bereits existierende Mirapuri, die Stadt des Friedens und des Zukunftsmenschen in Europa, erforderlich, in denen das zukünftige Leben in all seinen Aspekten praktisch erprobt wird.

In diesen ersten Gemeinschaften bestimmt die Weite des Bewusstseins die Freiheiten, die man zu verwirklichen vermag. In diesen ersten Gemeinschaften bildet deshalb die Bewusstseinsentwicklung die unverzichtbare Kernkompetenz. Ohne diese Bemühung sind Gemeinschaften nicht lebensfähig, sondern gehen bei den ersten offenen Fragen an Kompetenzgerangel, unterschiedlicher Visionsinterpretation und Egoismen zugrunde, wie das Beispiel der im Gefolge der 68er entstandenen Gemeinschaftsbildungen gezeigt hat. Ist diese Bewusstseinsentwicklung gesichert, stehen eigentlich alle Möglichkeiten offen, und man kann darangehen, entsprechend der Gemeinschaftsdynamik alle Punkte der Zukunftsagenda schrittweise zu verwirklichen.

Dabei stellt sich natürlich bald die Frage nach dem Wohnraum, dem Ausgangspunkt der eigenen Betätigung. Anfangs wird man natürlich meist vorhandene Gebäude kaufen und anpassen, aber derzeitige Gebäude entsprechen kaum jemals den Anforderungen an eine nicht nur ökologische Zukunft. Das Konzept, einfach ein Haus in die Landschaft zu stellen, ist inzwischen überholt. Die Zukunft verlangt nach größeren Lebenszusammenhängen. Die strikte Trennung in Arbeitsplatz und Kleinfamilienbiotop ist nicht mehr zeitgemäß. Das Lebensmodell der Zukunft sind – idealerweise – Seelengemeinschaften oder auch Freundeskreise und Interessengemeinschaften, in denen Leben, Ideal, Freundschaft, Liebe, Arbeit und Natur möglichst nahe beisammenliegen. Die dafür nötigen Örtlichkeiten sind Öko-Habitate.

Ein Habitat ist an sich der Lebensraum einer Spezies, wie ein Ameisenhaufen oder Bienenstock, aber auch eine Landschaft, ein Fluss, ein Wald, und auch die Erde ist ein Habitat; außerdem ist es auch eine Wohnstätte, eine Art umfangreicher Wohnkomplex oder ein geschützter Lebensraum, wie etwa ein Aquarium oder eine Raumstation.

Ein Öko-Habitat ist ein Lebensraum für Menschen, eine Schnittstelle oder Begegnungsstätte zwischen den ökologischen Systemen Mensch und Natur, in denen der Mensch das Zusammenspiel mit der Natur lernt und übt. In diesen Habitaten und ihrem näheren Umkreis kann er arbeiten, leben und sich ernähren. Und zwischen diesen Habitaten liegt im Idealfall Natur, die weitgehend sich selbst überlassen werden kann, so dass der Mensch die Möglichkeit hat, sich zu entfalten, ohne die Natur dabei zu schädigen. Gleichzeitig bieten sich ihm damit optimale Möglichkeiten, die Interaktion mit der Natur und die vielfältige Verzahnung aller ökologischen Systeme, einschließlich des Menschen selbst, eingehend zu erforschen. Architektonisch können diese Habitate eine Vielzahl von Formen annehmen, abhängig von klimatischen und landschaftlichen Gegebenheiten, aber auch von den künstlerischen Fähigkeiten der Gestalter. Jedes Habitat sollte von unverbauter Natur umgeben sein, so dass die Habitate Tüpfelchen in der Natur sind und nicht, wie jetzt, die Natur Tüpfelchen in der Industrielandschaft. Das ist die beste Maßnahme, um die Erholung des natürlichen Ökosystems zu fördern. Der äußere Rand geht mit Pilzkulturen, Obst- und Nussbäumen und Beerensträuchern fließend in die eigentliche Habitatsfläche über. Die Ernährung sollte weitgehend vegetarisch erfolgen, so dass keine großen Flächen für die Viehhaltung benötigt werden, sondern vor allem für Felder zum Anbau von vielfältigen Getreidesorten, Kartoffeln und anderen Wurzelgemüsen, Faserpflanzen sowie Eiweißlieferanten wie Sojabohnen, Dicke Bohnen oder Lupinen. Aufgelockert wird die Landschaft durch Obst- und Wildobsthecken, aber auch kleinen Inseln aus Wiesen und Zierpflanzen aller Art. Wenn man bereit ist, sich von der alten Eintönigkeit zu verabschieden, kann man zu einer heute trotz Globalisierung undenkbaren Vielfalt an Nahrungsmitteln gelangen. In direkter Nähe des baulichen Zentrums befinden sich Anbauflächen für Gemüse und Kräuter sowie Zierpflanzen. Außerdem finden sich hier auch vielfältige Versammlungs- und Entspannungsanlagen, wie Amphitheater, Sportplätze, Pavillons, Parks, Botanischer Garten, evtl. ein Streichelzoo, Badeanlagen und Ähnliches.

Die eigentlichen Habitatsgebäude sind so geplant, dass sie die Sonnen- und evtl. auch Windenergie optimal ausnutzen. Die Sommerwärme wird über Kollektoren in Wärme- oder Erdwärmespeicher geleitet und das Sonnenlicht des Winters durch Spezialkollektoren nutzbar gemacht und zur aktiven Wärmedämmung der Außenmauern (Mirasolaris-System) verwendet. Idealerweise sind die Außenmauern nur die Ummantelung des eigentlichen Wohnraums, der zusätzlich in einigem Abstand von Glasfassaden geschützt ist, so dass das gut isolierte Glashaus im Winter schon für eine gewisse Grunderwärmung sorgt. Die in diesem Bereich nicht unbeträchtliche Temperaturerhöhung im Sommer wird zur Energiegewinnung genutzt oder verstärkt die Ladung der Wärmespeicher. Von dieser Isolier- und Wärmewirkung des Gewächshausteils abgesehen, dient er mit gleicher Wichtigkeit auch für den Anbau von Nahrungsmitteln, die im Sommer viel Wärme und Regenschutz benötigen, vor allem Fruchtgemüse, Blumen und Kräuter, liefert aber im Winter auch anderes Frischgemüse. Außerdem bieten die Gewächshausetagen im Winter auch willkommene Freiflächen.

Ein Gesamthabitat sollte nicht mehr als ein paar Tausend Menschen beherbergen und nur so groß sein, dass man ohne Fahrzeuge auskommt. Bei dieser Anzahl von Menschen lohnt es sich, eine komplette kleine Infrastruktur aufzubauen mit Kindergarten, Schule, Computerzentrum mit umfangreicher elektronischer Mediathek und leistungsfähigem Intranet, Ateliers, Mensa, Diskothek, Gemeinschaftsräumen, Meditationsräumen und -gärten, Gesundheitszentrum... Aus gemeinschaftsdynamischen und -psychologischen Gründen sollte sich die Bevölkerung auf mehrere Untereinheiten von nicht mehr als 150 Personen verteilen, von denen vielleicht jede für einen Aspekt der Infrastruktur verantwortlich ist.

Da manche Arbeitszweige eine starke Spezialisierung erfordern, wie z.B. Forschung, Elektronikindustrie, Nanotechnologie, können sich einzelne Habitate auf solche Leistungen spezialisieren. Idealerweise sind solche Habitate von vielen nicht oder weniger spezialisierten Habitaten umgeben, um den dortigen Einwohnern bei Interesse die Möglichkeit zur Mitarbeit zu geben, ohne eine zu große Anreisedauer in Kauf nehmen zu müssen.

Verkehrstechnisch kann man die einzelnen Habitate mit einem unterirdischen Rohrbahnsystem oder mit einem kleinformatigen Hochbahn-Kabinentaxi-System verbinden. Dieses System sollte, wie bei Blattadern, über mehrere hierarchische Ebenen mit einem kontinentalen, schnellen, erdgebundenen Beförderungssystem verbunden sein. Größere Lastentransporte lassen sich dabei über ein energieextensives Zeppelinsystem erledigen. Die Kommunikation erfolgt, zumindest habitatsintern, über Kabel oder über ein ausgeklügeltes System an schwachen Sendern, evtl. auf Basis von Teraherz-Wellen. Zwischen den Habitaten kann man Richtfunkanlagen verwenden, die ebenfalls wenig Energie verbrauchen. Evtl. kann man auch im erdnahen Raum, weit unterhalb der Satellitenumlaufbahnen, aber oberhalb der Windzone geostationär kleine, aber leistungsfähige Sender installieren, die durch einen Ballon, Solarmodule und Steuereinheiten an ihrem Platz gehalten werden und die eine Fläche von mehreren Tausend Quadratkilometern versorgen können.

Finanziell betrachtet kosten solche Habitate vielleicht viel Geld, aber insgesamt gesehen sind sie ausgesprochen ökonomisch, da sie helfen, Folgeschäden menschlichen Wirkens gering zu halten, durch die Nähe von Arbeit und Leben das Verkehrsaufkommen zu senken, durch ihren Aufbau Energie zu sparen und durch den damit verbundenen Garten- und Landbau ernährungsmäßig einigermaßen autark zu sein. In einem solchen System von Habitaten könnten die Menschen gesünder, zufriedener, kreativer, bewusster, angstfrei und friedvoller leben und die Lebensqualität würde ansteigen. Wem das Ganze zu eng ist, der kann als Wanderhabitant von Habitat zu Habitat ziehen, über den ganzen Globus, und auf diese Weise neue Menschen, neue Sprachen, neue Lebensformen und neue Kulturen kennen lernen, bis er seinen ureigensten Platz gefunden hat.

Diese Habitate sollen jedem die Möglichkeit bieten, sich selbst zu finden und zu verwirklichen: dem Technik-Freak die Technik, dem Natur-Freak die Natur und dem Kommunikationsfreak die ganze Vielfalt menschlichen Lebens. Diese Habitate sind eine einzigartige Möglichkeit für die Menschheit, sich endlich als Menschheit, als Einheit, zu begreifen.

Alles Neue wird immer
auf den Widerstand
konservativer Leute treffen.
Wenn wir uns diesem Widerstand
beugen, wird die Welt nie
einen Schritt vorankommen.

Mira Alfassa

Bewusstsein

Das Alpha und das Omega für eine hoffnungsvolle Zukunft ist nicht primär der Auf- und Ausbau von Öko-Habitaten, sondern die Entwicklung des Bewusstseins. Öko-Habitate sind vielmehr die Folge von Bewusstseinswachstum. Und damit ist nicht ein Anwachsen des Verstandes, von Wissen oder Bildung gemeint, obwohl eine Zunahme mentaler Fähigkeiten eine Folge des Bewusstseinswachstums sein kann. Jeder Mensch hat in irgendeiner Form Bewusstsein, und dieses kann in einem gänzlich ungebildeten Menschen stärker sein als bei allen Staatsoberhäuptern zusammen. Was ist also Bewusstsein, und warum ist es so wichtig?

Zur Klärung dieser Fragen stelle man sich einmal das Universum vor. Es erscheint uns als immense schwarze Leere, in der sich in riesigen Abständen Milliarden Galaxien tummeln, die erfüllt sind von unzählbaren Myriaden von Sonnen und Planeten und Monden und Kometen und Gesteinsbrocken, die sich nach halbwegs bekannten Gesetzen umeinander drehen und wie ein gewaltiger Organismus erscheinen, der einem unbekannten Taktstock folgt. Was sich da im Einzelnen alles tut, übersteigt bei weitem unsere Wahrnehmungsfähigkeiten. Ja, wir überblicken noch nicht einmal unser eigenes Sonnensystem zur Gänze. Und jetzt stellen wir uns vor, es gäbe uns nicht, und nirgends in den unerforschten Weiten gäbe es irgendein lebendiges Wesen. Würde das Universum trotzdem existieren, schließlich gibt es niemanden, der es beobachten und eine Aussage darüber machen könnte? Es könnte sein, dass es da ist, es könnte sein, dass es nicht da ist, es könnte sein, dass die Zeit mal schneller, mal langsamer vergeht, es könnte sein, dass es überhaupt keine Zeit gibt...

Damit etwas existieren kann, muss es ein Bewusstsein geben, das dieses Etwas wahrnimmt. Ohne Bewusstsein gibt es kein Universum, kein Sein, weil es nichts gibt, das eine Feststellung treffen könnte, das etwas, oder das Fehlen von etwas bezeugen könnte. Das ist wie ein verpacktes Geschenk, das wir in die Hand gedrückt bekommen. Solange wir die Schachtel nicht aufmachen, wissen wir nicht, was sich darin befindet. Wir können uns alles Mögliche vorstellen. Und solange wir die Schachtel nicht öffnen, kann sie alles Mögliche enthalten. Selbst wenn uns jemand sagt, was darin ist, wissen wir es nicht wirklich, solange wir nicht hineingesehen haben. Und solange wir die Schachtel nicht öffnen, haben wir auch nichts davon.

Ohne Bewusstsein ist die Frage von Sein oder Existenz illusorisch, und ohne etwas, das existiert, ist auch das Bewusstsein illusorisch. Sein und Bewusstsein hängen also voneinander ab. Das bedeutet, dass mit dem Urknall auch gleichzeitig das Bewusstsein oder die Möglichkeit des Bewusstseins entstand, oder dass der Urknall die erste Form, der erste Ausdruck oder die erste Ausfaltung des Bewusstseins war. Die daraus entstehende Materie, die Charms und Strings, die Neutronen- und Protonencluster mit den umgebenden Elektronenwolken und die sich gleichzeitig bildenden Naturgesetze und die Anordnung und das Spiel des Makrokosmos, sind die zweite Form des Bewusstseins, die zweite Ausfaltung. Mit der Bildung des Lebens nahm das Bewusstsein in einem dritten Schritt an Intensität und Komplexität zu.

Mit dem Menschen entfaltete sich eine neue Form des Bewusstseins und überschritt dabei eine Art kritische Masse, einen Wendepunkt in der Bewusstseinsentwicklung. Das menschliche Bewusstsein ist nicht mehr nur zur bloßen Wahrnehmung und zu mechanischen Reaktionen fähig, wie beim tierischen und pflanzlichen Bewusstsein, sondern ist seiner Natur nach aktiv. Seine Wahrnehmungen werden gespeichert und verknüpft und zueinander in

Relation gesetzt, woraus ein wachsendes Bild der Welt entsteht. Und der Beobachter nimmt sich dabei selbst als Beobachter und Akteur wahr. Er hat ein Bewusstsein seiner selbst entwickelt, was es bisher noch nicht gab.

Aber diese Grenzüberschreitung findet bisher nur partiell statt, das heißt, dass einzelne Bewusstseinsbereiche weiter entwickelt sind als andere. Die Bewusstseinsfelder, die dazu nötigen, Kriege zu führen, Reichtümer anzuhäufeln, nur an sich selbst zu denken oder auch nur den Menschen dazu bringen, sich apathisch dem täglichen Alltagstrott zu ergeben, ohne den aktiven Wunsch nach wirklichem Fortschritt, sind über das Bewusstsein der Tierebene noch nicht hinausgewachsen. Der Mensch hat ein Mentalwesen, das ihn dem Tier in vielen Bereichen überlegen macht, aber ein Bewusstsein, das noch teilweise im Tier verwurzelt ist. Der Verstand des Menschen ist ein Werkzeug des Bewusstseins. Die Ergebnisse der Verstandestätigkeit sind darum abhängig vom Bewusstsein, das hinter ihm steht. Wäre der Verstand für sich alleine ausreichend, gäbe es die heutigen Probleme nicht, denn der Verstand kennt letztlich die Problematik. Aber der Verstand entscheidet nicht. Er ist unvollkommen und beschäftigt sich mit dem, was das Bewusstsein, das größer ist als er, ihm vorgibt. Der Verstand ist ein Organisator und kann Krieg wie Frieden gleichermaßen organisieren. Aber es ist das Bewusstsein, das den Ausschlag dazu gibt und Entscheidungen trifft.

Ein Bewusstsein, das die kritische Grenze überschritten hat, wird nicht mehr nur über Äonen hinweg von der Natur weiter entfaltet, sondern strebt selbst nach Entwicklung, zuerst nur ganz langsam und zögerlich, aber mit zunehmender Komplexität, mit zunehmender Individualisierung und Weite immer zügiger und begeisterter. Allerdings gibt es dabei Stolpersteine. Es gibt im Bewusstsein zwar verschiedene Bereiche, die unterschiedlich entwickelt sind, aber letztlich ist das Bewusstsein eine Einheit. Und so kommt es, dass die leuchtenderen Teile begeistert voranstürmen und versuchen, die unentwickelten, unter- und unbewussten Teile, die sich womöglich sogar dagegen sträuben, mitzuziehen. Das führt zu einem Ungleichgewicht, zu einem Hin und Her, zu Unentschlossenheit, inkongruentem Verhalten, Zerrissenheit, Schizophrenie, Selbsttäuschung... Aber die Zukunft braucht entschlossene, ganze Menschen. Also ist eine umfassende Bewusstseinsentwicklung unabdingbar. Die entwickelteren Bewusstseinsteile müssen sich mit den weniger entwickelten Elementen befassen und deren Entwicklung fördern; und die weniger progressiven Teile sollten diese Hilfe annehmen. Sicher wird es nicht immer möglich sein, jegliche Unbewusstheit sofort und umfassend auszumerzen, und bei jedem Menschen werden die Schwerpunkte des Bewusstwerdungsprozesses naturgegeben anders ausgeprägt sein, aber es ist wichtig, sich seiner Schwächen bewusst zu werden, damit man auftauchende Gelegenheiten bemerken und nutzen, und damit das Bewusstsein stetig wachsen kann.

Ein gut entwickeltes Bewusstsein umfasst alle Teile des Wesens und des Lebens. Es ist integral und lässt nichts aus. Die Gärtnerhöfe sind letztlich an ihrem Gärtnerhofbewusstsein gescheitert, das nur sich selbst als zentral betrachtet und das Konfliktpotenzial der übrigen Bewusstseinsteile ignoriert hat. Eine neue Welt kann nicht auf einem Bein stehen. Je mehr (Bewusstseins-) Beine sie zur Verfügung hat, desto sicherer steht sie. Und so geht es in den Öko-Habitaten jeder Größe letztlich nicht nur, und vor allem nicht ausschließlich, um Ökologie und Energieeinsparung, sondern auch um alle Fragen des Zusammenlebens, um Fragen der Kultur, der Wirtschaft, der Politik, des geistigen und seelischen Lebens, der Sexualität... Man sollte sich darüber klar sein, dass ökologisches Denken ein Ausdruck des Bewusstseins ist und erst durch dieses ermöglicht wird. Die Kraft und Tiefe des ökologischen Gedankens und seine Umsetzung gewinnen somit erst durch die Ausweitung und Vertiefung des Bewusstseins an Schwungkraft und Substanz. Und wir sollten auch nicht vergessen, dass die Erde das größte Öko-Habitat darstellt. Als Bewohner dieses Habitats benötigen wir auch ein entsprechend weites Bewusstsein, das uns auch bei den kleineren Öko-Habitaten zugutekommt.

Die Bewusstseinsentwicklung, -forschung und -konsolidierung ist darum für jeden Menschen eine vordringliche Angelegenheit. Und erst wenn man ein einheitliches Bewusstsein hat, kann man die kritische Grenze komplett und klar überschreiten, und dem bewusstseinsimmanenten Streben nach Fortschritt ungehindert folgen. Erst dann kann das menschliche Bewusstsein sein Potenzial entfalten und sich ausweiten und der Mensch zu einem wahren Menschen, zu einem Zukunftsmenschen werden, der das Werkzeug Verstand optimal einsetzt.

Das geht natürlich nicht von einem Tag auf den anderen. Das ist eine lange Entwicklung, und es gibt keine Instanz, welche die Bewusstseinsentwicklung auf eine straffe Tagesordnung setzt und durchdrückt, und auch keine Autorität, die sie für alle verbindlich lehren könnte. Die Entwicklung und Ausformung des Bewusstseins ist eine individuelle Aufgabe und Herausforderung, deren Notwendigkeit man selbst erkennen muss. Die Bemühung darum wird in absehbarer Zeit sicherlich nicht zu einem Massenphänomen werden.

Und darum ist es die vornehmste und vordringlichste Aufgabe der ersten Öko-Habitanten, an ihrer Bewusstseinsentwicklung zu arbeiten, denn das Bewusstsein verbreitet sich nicht durch Werbung, sondern durch Überzeugung. Und Überzeugung ist am wirkungsvollsten durch das gelebte Beispiel. Die Öko-Habitanten sind sozusagen die Speerspitze des neuen Bewusstseins. Sie machen das neue Bewustein sozusagen sicht- und greifbar. Außerdem sorgen viele und vor allem engagierte Bewusstseinsforscher dafür, dass die Entwicklung zum einen nicht wieder rückläufig wird, und zum anderen, dass sich das Streben nach innerer Vervollkommnung – auch ohne direkten Kontakt und persönliches Beispiel – langsam und vielleicht sogar unmerklich, aber global ausbreitet. Dies geschieht durch die Morphogenetischen Felder, welche gemachte und etablierte Fortschritte festigen und der ganzen Welt zugänglich machen. Die Morphogenetischen Felder wurden entdeckt, als man feststellte, dass verschiedene Primatengruppen eine Sache umso schneller lernten, je mehr andere Gruppen diese Sache vorher schon gemeistert hatten. Und man kann ihr Wirken auch beobachten, wenn neue Ideen oder Erfindungen plötzlich fast gleichzeitig und anscheinend voneinander unabhängig überall auf der Welt auftauchen. Die ersten Öko-Habitanten, die ersten Bewohner dieser Inseln des Lichtes in der Dunkelheit des Unbewussten, bringen somit den ersten Stein ins Rollen, der gemächlich einen weiteren Stein zum Mitrollen anregt, langsam an Schwung gewinnt und irgendwann eine Lawine lostritt. Der Öko-Gedanke alleine hat diese Kraft nicht, das integrale Bewusstsein, das sich in dem Öko-Gedanken ausdrückt, schon. Das Bewusstsein, nicht der Gedanke, stößt das globale Wachstum an.

Bewusstsein bedeutet Gewahrsein, umfassend bewusst sein, BEWUSST sein, bewusst SEIN. Über den Erfolg des ökologischen Gedankens und der Öko-Habitate entscheidet in erster Linie die Ganzheitlichkeit und Intensität des Bewusstseins. Ein entwickeltes und im Einklang befindliches Bewusstsein ist wie ein Laser, bei dem alle Lichtteilchen im Einklang schwingen: Es ist stark, zielgerichtet und unüberwindlich.

Wer immer tut,
was er schon kann,
bleibt immer das,
was er schon ist.

Henry Ford

Gemeinschaft

Für das Entstehen und Gedeihen der Öko-Habitate gibt es neben der Bewusstseinsentwicklung eine weitere wichtige Voraussetzung. Es ist nicht damit getan, ein Öko-Habitat mit enthusiastischen Öko-Freaks und Fortschrittsbeflissenen zu füllen. Mit genügend Bewusstsein und Gutwillen werden sie zwar imstande sein, die technischen Abläufe zum Funktionieren und Ineinandergreifen zu bringen, aber das Ergebnis wird nur eine perfekte technokratische Struktur sein. Um die zukünftigen Lebensräume wirklich mit zukunftsorientiertem Leben zu füllen, ist mehr nötig als die Anwesenheit der optimalen Anzahl von Menschen. Die Menschen müssen auch einen Bezug zueinander haben, der über die Einrichtung und Aufrechterhaltung der Funktionsprozesse hinausgeht.
Wenn dieser Bezug fehlt, wie es zum Beispiel häufig in schnell hochgezogenen Wohnsilo-Ghettos und Trabantenstädten der Fall ist, deren Bevölkerung nicht zusammengewachsen ist, sondern zusammengewürfelt wurde, dann sind soziale Auswüchse die Folge, wie Ghettobildung, Gewaltbereitschaft, Vereinsamung, soziale Kälte und Ähnliches. Was dann fehlt, ist das Wir-Gefühl, der soziale Bezugspunkt, der Rück- und Zusammenhalt und die Wärme der Gemeinschaft.
Die Gemeinschaft ist ein Grundpfeiler der menschlichen Existenz, wenn nicht sogar des Lebens an sich. Die allerursprünglichste, physische Form der Gemeinschaft ist das Zueinanderfinden der

ersten Atome zu großen Gasmassen und zu Molekülen; ihre Verschmelzung, die Fusion zu höherwertigen Elementen, ist sozusagen das Ergebnis oder der Genuss dieser Gemeinschaft. Daraus sind dann in letzter Konsequenz Sonnen und Planeten und ihre Gemeinschaftsformen Galaxien und Sonnensysteme entstanden. Auf dem einen oder anderen dieser Planeten bildete sich dann eine komplexere Form der Gemeinschaft heraus. Es entstand das Leben, zuerst in Form von Einzellern und dann von Mehrzellern, die sich zu Gruppen zusammenfanden und begannen, ihre Umweltbedingungen zu ihren Gunsten zu beeinflussen. Und diese Entwicklung setzte sich in der gesamten Natur fort, mal deutlicher sichtbar, mal fast nicht wahrnehmbar.

Gemeinschaft macht stark und erfolgreich, und u.a. die Gemeinschaft hat es dem Menschen ermöglicht, zur dominierenden Spezies auf diesem Planeten zu werden. Die Gemeinschaft bot nicht nur Schutz vor Feinden und konnte durch Zusammenarbeit eine zuverlässigere Versorgung mit allem bieten, was man zum Leben braucht, sondern sorgte auch für gegenseitige Unterstützung und Hilfe, und bot vor allem auch Wärme und Geborgenheit.

Darum war früher die Gemeinschaft oder der Clan von immenser Bedeutung und kam in den meisten Belangen vor dem Individuum. Wenn man die Natur so betrachtet, könnte man vielleicht sogar sagen, dass das Individuum umso weniger zählt, je größer die Gemeinschaft ist und je straffer sie organisiert ist.

Mit zunehmender Technologisierung des menschlichen Lebens traten aber immer mehr Aspekte des Gemeinschaftswesens in ihrer Bedeutung zurück. Die Entfernungen sind subjektiv geringer und die Mobilität ist größer geworden, so dass für das Individuum die unmittelbare Gemeinschaft immer verzichtbarer wird. Auch die Abhängigkeit der Versorgung hat sich durch Handel und sich immer stärker ausbreitende Geldwirtschaft anonymisiert. Die Funktion des Schutzes wurde an allgemeingültige Gesetze und an den Staat, die Polizei und das Militär delegiert. So ist es nicht verwunderlich, dass sich alle größeren Gemeinschaftsformen nach und nach aufgelöst haben und ein anonymer Staat einen Teil von deren Funktionen übernommen hat. Die Gemeinschaft ist in kleinere

Einheiten, die Familien zerfallen, die in kleinerem Rahmen die benötigte emotionale Geborgenheit bieten, aber auch mehr Raum für neurotische Entwicklungen lassen. Mit der stark beschleunigten Entwicklung der letzten hundert Jahre und den vielfältigen technologischen Neuerungen ist die bislang schleichende Individualisierung stark beschleunigt worden. Der Familienverband verliert seitdem immer stärker an Wertschätzung, die Familienstrukturen lösen sich auf und es gibt immer mehr Singles, die nur noch per Geburt und aus Gewohnheit irgendwie Teil einer Familie sind.

Man könnte das auch so formulieren, dass sich archaische und rudimentär tierische, atavistische, fast biologische Gesellschaftsformen in Auflösung befinden. Und während diese Entwicklung weitergeht, setzt in geringem Umfang bereits die Gegenbewegung ein. Die Singles, die sich langsam aus den überkommenen Familienstrukturen lösen, möchten natürlich nicht auf die emotionale Geborgenheit verzichten und schaffen sich neue Strukturen. Statt der biologischen Bindung suchen sie, vereinfacht gesagt, eine Interessenbindung, statt Familienbande knüpfen sie ein Freundschaftsnetzwerk, in dem sie weniger Verpflichtungen und mehr Freiräume haben, die biologische Zwangsgemeinschaft macht einer inneren Gemeinschaftsform Platz, die auf Freiwilligkeit, übereinstimmenden Interessen und innerer Verwandtschaft beruht.

Diese neue Gemeinschaftsform befindet sich noch in den allerersten zarten Anfängen. Der Versuch der 68er Generation war zwar von Begeisterung erfüllt, aber er war letztlich vor allem ein erstes Spiel mit den Möglichkeiten, ein blindes Herantasten an eine unbestimmte Schauung zukünftiger Seinsweisen, ein ungestümer Versuch, die Grenzen der Beschränktheit niederzureißen. Gescheitert sind sie vielleicht daran, dass die Vision nicht weit und authentisch genug war und das Bewusstsein zwar nach Neuem strebte, aber noch gänzlich unvorbereitet war und eigentlich noch immer tief in der verhassten Spießerwelt wurzelte. Und doch haben sie einen Anstoß gegeben und einem Traum zu größerem Leben verholfen, der sich undeutlich und verschwommen in immer mehr Menschen abzeichnet.

Das, was sich jetzt herauszubilden beginnt, ist immer noch geprägt von alten Verhaltensmustern und dem Streben nach Zweierbeziehungen und von Eifersucht. Aber die Macht der alten Formationen fängt langsam an zu bröckeln. Alte Werte werden nicht mehr ganz so selbstverständlich übernommen und in vielen Herzen gibt es eine verborgene, unbenennbare Sehnsucht nach etwas Besserem, Hellerem, Weiterem. Parallel zur Entstehung von Öko-Habitaten und Lichtinseln werden sich neue Beziehungsmuster bilden. Die eifersuchtsgeprägte Zweierbeziehung wird ihre Besitzansprüche und Verlustängste in einem zusammenwachsenden Geflecht von Freunden langsam verlieren. Zweierbeziehungen werden deswegen zwar nicht aufhören zu existieren, denn es wird immer Seelen geben, die füreinander geschaffen sind, aber es werden offenere und nicht mehr so ausschließliche Beziehungen sein, die Raum für vielfältige, den Menschen entsprechende Ausdrucksweisen bieten. Die Scheu vor der Erfahrung der Nähe wird verschwinden und es werden sich neue Familien bilden, die nicht auf dem Muster „ein Mann, eine Frau" oder „ein Mann, viele Frauen" basieren, sondern meist auf „mehrere Männer, mehrere Frauen, viele gemeinsame Kinder". Die immer noch existente Stigmatisierung der Homosexualität und das damit zusammenhängende Schubladendenken wird einem neuen Bewusstsein von Männlichkeit und Weiblichkeit Platz machen und zu einer neuen Beziehungsfähigkeit der Männer und der Frauen untereinander führen, welche die neuen Großfamilien überhaupt erst lebensfähig macht und ein wirkliches Gemeinschaftswesen begründet, das nicht auf einer Ansammlung von Paarbeziehungen aufgebaut ist. Dieses unausgesprochene und „niemanden betreffende" Problem der Homosexualität ist etwas, das immer irgendwo gegenwärtig ist und unerkannt großen Einfluss auf das menschliche Miteinander hat. Ein unverkrampfter Blick auf die eigene Sexualität und die Sexualität anderer lässt sich nicht per Dekret oder eigenem Entschluss verwirklichen. Dazu sind Generationen von Bewusstwerdung und zunehmend selbstverständlicher Präsenz und Diversität nötig. Eine neue Gemeinschaft muss auf einem allumfassenden Zusammengehörigkeitsgefühl entstehen, das Vielfalt und individuelle Entwicklung nicht nur toleriert, sondern versteht und explizit fördert, denn Leben drückt sich durch Vielfalt aus, nicht durch tote Monokultur.

Und erst aus dem gemeinsamen Ziel, aus innerer Einheit, aus Akzeptanz, Verstehen, Offenheit und Zuneigung kann wirkliche Zusammenarbeit entstehen, die für den Aufbau und das stetige Wachstum der Öko-Habitate notwendig ist. Zusammenarbeit bedeutet nicht nur, dass Arbeitsgänge ineinander übergreifen, das tun sie auch am Fließband, sondern dass vor dem Hintergrund des großen gemeinsamen Ziels oder Ideals ein jeder sich bemüht, seine ganzen Fähigkeiten nicht nur einzusetzen, sondern auch weiterzuentwickeln und im Rahmen seiner Möglichkeiten das Erblühen seines Öko-Habitats und der Idee an sich weltweit zu fördern. Zusammenarbeit bedeutet nicht nur harmonische Handreichungen, sondern ein Hineinwachsen in den Geist und die Seele des Öko-Habitats und seiner Gemeinschaft, und Anteil zu nehmen an allem, was geschieht. Wenn eine Blüte erblüht, dann geschieht dies in einem harmonischen Konzert aller Elemente der Blüte und der Pflanze, durch eine Aspiration jeder einzelnen Zelle, und erst die Gesamtheit dieser Zellen macht die Blüte aus. Und im Gegensatz zu einer Blüte muss ein Öko-Habitat nicht einen Höhepunkt durchschreiten und danach verblühen, sondern kann seine Pracht endlos zeigen und sogar weiter entfalten, solange das Bewusstsein von Einheit, Zusammenarbeit und stetigem Fortschritt in der Gemeinschaft lebendig ist.

Die Energie dafür, der innere Antrieb dazu, kommt aus der Urkraft an sich, aus dieser Macht, aus der das Universum entstand und ohne die, in welch entstellter Form auch immer sie sich äußert, kein Leben möglich wäre. Öko-Habitate werden nicht aus Angst vor Vernichtung entstehen, obwohl dies sicherlich der primär wahrgenommene Grund sein wird – und dies sollte auch nicht der eigentliche Grund sein, denn dann wären sie aus Verneinung geboren. Öko-Habitate müssen aus einer positiven Vision entstehen, wenn sie etwas bewirken wollen. Es ist nicht so wichtig, gegen etwas zu sein, als für etwas, denn wenn man etwas beseitigt, einen Missstand abgeschafft hat, heißt das nicht, dass nicht ein neues Übel an dessen Stelle tritt. Diese Unterscheidung mag marginal erscheinen, als eine Entscheidung zwischen zwei Seiten einer Münze, und doch ist sie essenziell: die eine Sache ist destruktiv und vergangenheitsorientiert und die andere konstruktiv und in die Zukunft blickend, das eine ist Hass, das andere Liebe. Und ein Öko-Habitat, eine Kraft, die vorwärts, in die Zukunft drängt, muss erfüllt sein von positiver Fortschrittskraft. Der Urgrund dieser Fortschrittskraft, das, was, wenn auch verborgen und vielfach unbewusst, hinter der Vision der Öko-Habitate steht, ist die Liebe. Liebe bedeutet nicht zuallererst die Liebe eines Menschen zu einem anderen. Liebe ist vor allem eine Emotion oder sogar das Wesen der Seele. Liebe ist das, was alle Menschen miteinander verbindet, von den allgegenwärtigen Zu- und Abneigungen mal abgesehen. Liebe ist so etwas wie ein Grundbaustein des menschlichen Seins, wenn nicht sogar sein Axiom schlechthin. Liebe ist die absolute und vielleicht einzige Urkraft, und Mystikern oder Bewusstseinsforschern zufolge ist alles, was existiert, aus ihr entstanden.

Zumindest psychologisch gesehen sind wohl alle menschlichen Beziehungen auf Liebe aufgebaut, allerdings in sehr unterschiedlicher Ausprägung oder Unmittelbarkeit. Das fängt schon beim Verlangen an, oder beim Besitzen-wollen, sei es auf einen Menschen oder einen Gegenstand bezogen. Zugrunde liegt hier der Wunsch nach Einheit. Eins-sein-wollen ist ein Ausdruck der Liebe und Teil ihrer Natur. Innerlich möchte man dem Anderen näherkommen, die trennende Barriere überwinden, ihn in sich aufnehmen. Nur, das klappt nicht so, wie wir das gerne hätten. Zwei Dinge können physikalisch nicht denselben Raum einnehmen, und so können wir nie zu dieser Art Einheit kommen. Aus dieser Tatsache resultieren sehr viele verschiedene Verhaltensmuster: Liebe zu gutem Essen, starkes sexuelles Verlangen, häufiger Partnerwechsel, Eifersucht... All das sind Folgen unerfüllter oder unbewusster Liebe. Selbst Hass ist nur eine Form der Liebe, die daher rührt, dass man eine bestimmte Beziehung nicht bekommen kann, sei es, weil man abgewiesen wurde, weil man sie als jenseits der eigenen Möglichkeiten empfindet, weil sie einem madig gemacht wurde, weil sie eigenen oder fremden Konventionen nicht entspricht, oder was auch immer. Jemand, der hasst, beschäftigt sich oft mehr mit dem Gegenstand des Hasses als jemand, der liebt; wenn er nicht die Umarmung des Liebenden bekommt, dann die des Kriegers.

Dieses Eins-sein-wollen zieht sich durch alle Bereiche des Lebens und alle Ebenen von Beziehung. Ob es sich nun um Bekannte, Kameraden, Freunde, gute Freunde oder geliebte Menschen handelt, immer ist das Element der Liebe ursächlich vorhanden, es ist nur unterschiedlich stark und bewusst ausgeprägt. Jede Beziehung trägt das Potenzial in sich, zur höchsten Stufe zu gelangen. Fast alle Menschen haben die Neigung, Freundschaft als eine eigenständige, von der Liebe getrennte Sache oder Emotion zu betrachten. Aber sie ist eine Form der Liebe und trägt die Möglichkeit in sich, zu einer intensiven Liebe zu werden. Ein Teil dieser Art Kasteneinteilung ist sicherlich sexuell begründet, aber vor allem auch in einem recht archaischen Beziehungskonzept, in dem festgelegt ist, wer wann wieviel welcher Form der Liebe bekommen und geben muss oder darf. Der – einzige – Partner bekommt die tiefe und die sexuelle Liebe, die Verwandten die biologische Liebe, der König, Clanführer oder Staat die patriotische Liebe, und einige Menschen, meist auf das gleiche Geschlecht beschränkt, die Form der Liebe, die Freundschaft genannt wird.

So ist die Liebe parzelliert und ihre Macht in lenkbare Bahnen gebannt. Damit verbunden ist auch die Ansicht, dass Liebe nicht teilbar ist. Das stimmt zwar in gewisser Weise, weil die Liebe ihrem eigentlichen Wesen nach unteilbar ist, aber auf der Beziehungsebene ist der damit verbundene Eindruck grundfalsch, und zwar umso mehr, je tiefer und echter die Liebe ist. Liebe ist nicht teilbar, weil sie elementar ist. Aber von den Möglichkeiten der Liebe in uns drücken wir nur einen Bruchteil aus, so wie auch ein Eisberg nur einen Bruchteil seiner wahren Größe zeigt. Aber auch wenn wir sie nur teilweise zeigen können, ist doch ihr ganzes Potenzial in uns vorhanden. Wenn wir lieben, bemühen wir uns, die verborgenen Teile aus dem Dunkel zu heben, um die Liebe mehr zu genießen. Wenn wir sie nun parzelliert genießen, dann zeigen wir mehrere unterschiedlich kleine und große und scheinbar unzusammenhängende Spitzen unseres Eisbergs, die ihr separiertes Dasein fristen. Wenn wir aber erkennen, dass jede dieser Spitzen ein Ausdruck einer einzigen Liebe sind, dann können sie zu einer großen Emotion zusammenwachsen. Und wenn die große Liebe zu einem Menschen eine große Spitze hervorbringt, dann bringt die Liebe zu zwei Menschen eine noch größere Spitze hervor. Und damit erklärt sich dann auch die alte, gerne ignorierte Weisheit, dass Liebe die einzige Sache ist, die mehr wird, je mehr man davon gibt. Und je mehr die Liebe wächst, desto tiefer und reiner wird sie. Und je reiner die Liebe, desto eher finden wir zur Einheit. Und aus der Einheit erwächst dann die Kraft. Und das sind die Elemente, die für die Pionierarbeit beim Aufbau der ersten Öko-Habitate, aber auch später unerlässlich sind.

Aber Liebe lässt sich nicht herbeireden, befehlen oder in Kursen aneignen. Liebe ist ein dynamisches Geschehen, das von jedem Einzelnen abhängt und anfangs eher einem scheuen Reh als einem wilden Löwen gleicht. Darum ist es wichtig, günstige Bedingungen zu schaffen, wozu vor allem ein Bewusstseinswandel nötig ist.

So sollte sich der Einzelne als nicht unbedeutendes Teil des Ganzen empfinden können, aber auch als geschätztes Individuum. Um das Gemeinschaftsgefühl zu fördern, sind neben gemeinsamen Festen und Besprechungen auch gemeinsame Arbeiten sehr hilfreich, an denen sich jeder beteiligen sollte, z.b. Gartenarbeit, Ernte, Verarbeitung...

Und man sollte sich darüber klar sein, dass man nicht wegen Umweltschutz in ein Öko-Habitat kommt, sondern aus Liebe: zu sich selbst, zu seinem Mitmenschen, zur Natur, zur Erde, vielleicht auch zum Universum und zu Gott. Man kann in sich auf Entdeckungsreise gehen und den eigenen Empfindungen der Liebe nachspüren. Allein dabei wird sie schon wachsen.

Dann kann man sich natürlich bemühen, anderen die Liebe entgegenzubringen, die man aufbringen kann. Das mag bei dem einen vielleicht bedeuten, etwas weniger mürrisch zu sein, beim anderen vielleicht ein zartes Lächeln, beim dritten ein überquellendes Herz. Wenn jeder gibt, was er kann, dann wird seine Liebe wachsen, vielleicht nur langsam, aber nicht nur nach dem Rückkoppelungsprinzip, sondern weil sie wächst, je mehr man sie gibt.

Auch wenn sich Liebe nicht erlernen lässt, so lässt sich doch ihre Entfaltung fördern. Man braucht bloß die Augen schließen und innerlich etwas zur Ruhe kommen. Dann stellt man sich in der Mitte der Brust ein unerschöpfliches strahlendes oder warmes Licht oder ein Feuer oder eine sanfte Wärme oder Freude vor. Wenn dieser Eindruck gefestigt ist, stellen wir uns einen Menschen unseres täglichen Lebens vor. Wenn wir wollen, können wir uns auch seine Schwächen und Stärken und sein Potenzial vor Augen führen. Dann suchen wir das, was uns verbindet oder verbinden könnte oder was uns an ihm gefällt. Dabei versuchen wir die Empfindung in der Brust zu öffnen und nach außen, auf diesen Menschen zuströmen zu lassen und ihn damit zu umarmen. Wir versuchen nur, unsere Liebe, unsere Zuneigung, unsere Freude und Wärme zu geben und nicht im Gegenzug etwas zu erwarten. Man kann das jeden Tag mit jemand anderem machen, oder mit allen Menschen, die man kennt, oder mit Gruppen von Menschen oder mit der Erde. Das ist eine einfache Möglichkeit, die Liebe, die in uns wohnt zu entfalten.

Wenn in der Gemeinschaft, die ein Öko-Habitat entwickelt und belebt, Liebe kein abstraktes Fremdwort, sondern eine wachsende Gegenwart ist, dann können Bewusstsein, Einheit und Kraft zusammenwirken und jede Schwierigkeit personeller wie organisatorischer Art überwinden, dann ist das Öko-Habitat wirklich lebendig und zukunftsfähig.

Auch wenn die Liebe und Beziehungsfähigkeit ein wesentlicher Grundbestandteil der Gemeinschaft bilden, so basiert die Gemeinschaftsdynamik noch auf einer zweiten Grundlage: dem Individuum bzw. dem Zusammenspiel von Individuum und Gemeinschaft. Wenn man große Zukunftsvisionen hat, sieht man immer gern das große Ganze, übersieht aber leicht, dass die Menschen, die diese Vision verwirklichen sollen, keine homogene und namenlose Masse sind, sondern viele verschiedene einzelne Persönlichkeiten. Der Einzelne wird immer großzügig dem hehren Ziel untergeordnet und darf seine Arbeitskraft für das Gemeinwohl geben, aber seine Persönlichkeit, seine individuelle Entwicklung wird über das zielführende Maß hinaus nicht gefördert und in diktatorischen und militaristischen Gemeinschaften eher unterdrückt. Diese insbesondere, aber auch fast jede andere Art von Gemeinschaft neigen dazu, das Gemeinwohl über das Wohl des Einzelnen zu stellen. Aber eigentlich sind Gemeinschaft und Individuum voneinander abhängig. Eine Gemeinschaft würde ohne die sie konstituierenden Individuen nicht existieren, und das Individuum ist ohne Gemeinschaft kaum lebens- und entfaltungsfähig. Der Mensch ist seiner Natur nach ein Gemeinschaftswesen, und daran ändern auch die Beispiele von erleuchteten Einsiedlern nichts, denn diese haben es gelernt, in Gemeinschaft mit den Tieren und Pflanzen des Waldes oder der göttlichen Gegenwart in sich selbst in Gemeinschaft zu leben. Jeder Mensch, wie sehr er es auch leugnen mag, sehnt sich nach dem Kontakt mit anderen Menschen. Manchen mag ein ganz klein wenig Kontakt reichen, während andere sich nicht wohlfühlen, wenn nicht immer andere Menschen um sie herum sind. Für den Einzelnen stellt die Gesellschaft anderer Menschen einen nicht-materiellen und nicht-bezifferbaren Wert dar und ist für seine geistige und seelische Gesundheit und sein Wohlbefinden unerlässlich. Aber natürlich profitiert er auch materiell: Die Gemeinschaft anderer Menschen bietet ihm Schutz und Unterstützung. Und wo viele Menschen beisammen sind, gibt es auch viele verschiedene Fähigkeiten, die sich ergänzen und das Leben für den Einzelnen angenehmer gestalten.

Je primitiver oder auch durch die Umwelt gefährdeter eine Gemeinschaft ist, desto restriktiver ist sie und desto mehr sind handwerkliche Grundkenntnisse gefragt, wie Gartenbau, Landwirtschaft, Jagd, Backen, Nähen, Weben, Schreinern... Gefestigtere und größere Gemeinschaften haben dann auch noch künstlerische Bedürfnisse. Allgemein kann man sagen, dass Gemeinschaften die Neigung haben, festzulegen, welche Fähigkeiten erwünscht sind und welche nicht, und alles, was den Status Quo verändern könnte, ist generell unerwünscht. Die Mitglieder einer jeden Gemeinschaft werden also in der Entwicklung mancher Fähigkeiten gefördert und bei anderen unterdrückt. Dabei wird das Bewusstsein ihrer Mitglieder so subtil manipuliert, dass diese damit meist auch zufrieden sind. Das führt dazu, dass Gemeinschaften die Tendenz haben, traditionell zu werden und zu stagnieren. Manchmal gibt es einen Schub, technische Neuerungen oder eine kleine Revolution, aber das ist selten dauerhaft und umfassend progressiv, sondern mündet bald in die nächste Stagnation.

Diese Gefahr besteht auch für die Öko-Habitate. Die Habitate an sich sind sicher eine aufregende Neuerung, aber die Menschen sind vielfach weniger aufregend und neigen dazu, sich mit den Neuerungen zu arrangieren und sich ein neues, bequemes, traditionelles Leben zu gestalten. Die Öko-Habitate sind aber eigentlich ein erster Schritt aus dem gewöhnlichen selbstmörderischen Leben hinaus und in ein progressives, zukunftsorientiertes Leben hinein. Wenn wir als Menschheit eine Chance haben wollen, dann dürfen die Habitate kein altes Leben in neuem Gewand werden, sondern müssen zu Kristallisationspunkten werden, um die herum sich ein neues Leben, ein neues Gemeinschaftsideal entfaltet.

Dazu muss sich auch das bisherige Verhältnis von Individuum und Gemeinschaft ändern. In Öko-Habitaten ist es wichtig, dass die Bewohner stetig im Bewusstsein wachsen. Es geht nicht darum, nur die Fähigkeiten zu entwickeln, die für das übliche Gemeinwohl wichtig sind. Da die Gemeinschaft sich aus den Individuen zusammensetzt und von ihnen definiert wird, ist es wichtig, dass diese Individuen sich auch optimal entwickeln. Jeder Mensch ist einzigartig und hat eine ganz eigene Sicht der Dinge und ganz eigene Fähigkeiten. Alle Menschen zusammen bestimmen die Lebendigkeit, die Farbigkeit, die Ausdruckstiefe einer Gemeinschaft. In einem Öko-Habitat unterliegt man nicht mehr so ohne weiteres der Gemeinschaft, obwohl natürlich die Gemeinschaft feststellen kann, was ihrer Entwicklung förderlich ist und was nicht, sondern man formt die Gemeinschaft selbst mit. Das Verhältnis von Individuum und Gemeinschaft muss dynamisch werden, denn beide profitieren voneinander. Das bisherige System ist für Öko-Habitate mega-out.

In einem wahren Öko-Habitat wird also auch die Ökologie der Menschen gepflegt. Nur ein erblühter, reicher Charakter kann ein verantwortungsvoller Bestandteil der Gemeinschaft sein, und die Gemeinschaft profitiert von einem solchen mehr als von jedem Mitläufer. Darum wird die Gemeinschaft großen Wert darauf legen, dass alle zukunftsträchtigen Aspekte der Mitglieder optimal gefördert werden, also die künstlerische Ausdruckskraft, das Verständnis für den Mit-Habitanten, die wissenschaftliche Ausbildung,

das Bewusstseinswachstum, die Kritikfähigkeit, die Persönlichkeitsentwicklung, die Fähigkeit, Zusammenhänge zu erkennen,
Flexibilität, Begeisterungsfähigkeit, handwerkliches Geschick...
Jeder Mensch kann so vieles lernen und so vieles sein und dadurch
so viel zur Gemeinschaft beitragen. Und damit die Gemeinschaft
nicht einschläft, ist es wichtig, jeden Tag Fortschritte zu machen,
jeden Tag dazuzulernen, jeden Tag vollkommener zu werden, jeden Tag mehr man selbst.
Jede Ökologie ist ein dynamisches System, und die Zukunftsöko-
logie der Öko-Habitate macht es möglich, dass dieses System
kein natürliches, statisches Gleichgewicht findet, wie in der Natur
bislang üblich, sondern ein dynamisches, hoffnungsvolles, fort-
schrittliches Gleichgewicht.

Zufriedenheit hängt nicht von äußeren Umständen ab, sondern von einem inneren Zustand.

Mira Alfassa

Zukunftsträume

Das menschliche Leben auf der Erde bewegt sich zur Zeit immer mehr in Richtung Auslaufmodell. Die Menschen kommen nicht miteinander aus und zerstören so ganz nebenbei ihre eigenen Lebensgrundlagen; und kaum einer bemerkt es, und keiner will es gewesen sein. Aber so wie bisher kann es auf der Erde nicht weitergehen. Das sollte mittlerweile eigentlich jedermann bewusst sein, der mit zumindest halb offenen Augen durch das Leben geht. Und trotzdem unternimmt kaum jemand etwas. Es scheint, als ob die Welt von lauter Kaninchen bevölkert ist, die bei dem Anblick ihrer selbstgemachten Schlange in Starre verfallen. Die Öko-Habitate als konkreter erster Lösungsschritt wären rein technisch gesehen bereits heute problemlos machbar. Wir könnten jederzeit anfangen, sie Wirklichkeit werden zu lassen.

Doch wie soll das vor sich gehen? Wie kommt es zur Bildung der ersten Öko-Habitate? Man könnte nun natürlich meinen, es würde reichen, dass ein Staat sich entschließt, ein paar Öko-Habitate zu fördern, ein Architekt entwirft sie, und dann kämen von überall her Menschen, die an diesen coolen, zukunftsträchtigen Orten leben möchten, und nach kurzer Zeit würden diese Habitate zu einem selbstlaufenden Erfolgsmodell, das sich überall auf der Erde verbreitet. – Das kann man zwar machen, aber das wird so nicht funktionieren. Das würde eine Totgeburt werden, wie es schon bei Brasilia der Fall war. Wenn eine Sache nicht in den Herzen der

Menschen angekommen ist, dann ist sie nicht richtig lebensfähig. Und für die Öko-Habitate, und ganz besonders für die ersten von ihnen, ist dies eine zwingende Grundvoraussetzung. Zwar kann der Staat, oder besser die Staatengemeinschaft, schon etwas unternehmen, um den Öko-Habitaten auf den Weg zu helfen. Die Staaten können Grundlagen schaffen (sofern ihnen ihr Paragrafendschungel die nötigen Freiräume lässt und die politischen Recken sich mal zu einer gemeinsamen Anstrengung FÜR etwas durchringen können), rechtliche Rahmenbedingungen etwa, die durch die Einräumung von mehr Freiheiten für die zukünftigen Öko-Habitate ihren Bewohnern den Aufbau der Habitate erleichtern, und auch eine finanzielle Unterstützung wäre hilfreich – ohne Bedingungen. Doch mehr wäre kontraproduktiv, denn ein Öko-Habitat ist ein lebendiger Organismus, der wachsen muss. Man kann ihn nicht wie Frankenstein künstlich erschaffen oder wie eine Kulturrevolution anordnen. Es bringt nichts, in einem technokratischen Lösungsansatz ein Gemeinwesen aus Menschen zusammenzusetzen, die nichts anderes verbindet als der Wunsch, dem allgemeinen Wahnsinn in ein angenehmes Leben zu entkommen. Noch ehe die ersten Habitate fertiggestellt wären, würden sie wie viele künstliche Trabantenstädte zu Problemfällen werden.

Der Aufbau, das Wachsen und das Erblühen von Öko-Habitaten ist nur im Prinzip eine einfache Sache, dann nämlich, wenn sich alle Beteiligten einig sind und die optimalen Umstände vorliegen. Aber diese Rahmenbedingungen sind bislang nicht in Sicht. Die Genese der Öko-Habitate wird also anfangs von Widerständen begleitet sein. Hinzu kommt, dass man sich dabei auch auf unerforschtes Terrain begibt, denn etwas Vergleichbares ist im Bewusstsein der meisten Menschen bislang noch nicht angekommen – obwohl in Mirapuri, der Stadt des Friedens und des Zukunftsmenschen in Europa, immerhin schon daran gearbeitet wird. Öko-Habitate und die mit ihrer Entstehung einhergehenden Begleitumstände sind noch Terra inkognita.

Darum ist es wichtig, dass die richtigen Menschen zusammenfinden. Die Gründer und künftigen Einwohner der geplanten Öko-Habitate benötigen vor allem eine gehörige Portion Pioniergeist.

Das scheint ein einfaches Konzept zu sein, aber Pioniergeist ist mehr als ein romantischer Siedlertreck mit Planwagen, Kühen und Schreinern, wie er in manchen Hollywoodproduktionen zu sehen ist.

Pioniergeist fängt zum Beispiel schon damit an, dass man den Mut hat, in sich Den Traum zu entdecken und sich der Aufgabe zu stellen, die diese Entdeckung in sich birgt. Jeder Mensch trägt Den Traum in sich. Man könnte sagen, Der Traum ist die Wahrheit des eigenen Wesens, und bisweilen unterscheidet sich diese Wahrheit von dem Bild, das man bislang von sich selbst hat. Darum braucht man Mut, sich selbst gegenüber ehrlich zu sein, wenn man sich auf Entdeckungsreise begibt.

Dieser Traum, diese Wahrheit ist mal mehr, mal weniger stark verschüttet. Er ist das Ideal, nach dem zu leben es uns drängt, unser inneres Gesetz. Je mehr man dieses Ideal freilegen kann, desto besser kann man versuchen, es vollständig auszudrücken und umzusetzen. Manchmal blitzt ein kleines, begrenztes Teilstück durch, und so hat etwa Napoleon entsprechend dem damaligen Bewusstsein und Wissensstand versucht, Europa zu vereinigen, indem er es mit Krieg überzogen hat. Andere haben versucht, diese Blitze in Bilder oder Musik umzusetzen, oder glauben, die Welt missionieren zu müssen.

Ein wahrer Pionier muss sich also zuerst einmal auf die Suche nach Dem Traum machen, und wenn er ein Zipfelchen gefunden hat, darf er nicht sagen, er habe die absolute Wahrheit entdeckt, sondern muss noch tiefer graben. Die Suche nach Dem Traum ist eine Lebensaufgabe und erfordert wachsende Aufrichtigkeit. Um Fortschritte zu machen, muss man sich stetig bewegen, immer nach noch mehr streben, denn wer glaubt, am Ziel angekommen zu sein, stagniert im besten Fall. Die Schaffung von Öko-Habitaten erfordert ganzen Einsatz, blühendes Leben, unermüdliche Begeisterung und ausdauernden Fortschritt. Man setzt sich nicht für ein Öko-Habitat ein, um einen Ort des Ausruhens zu schaffen, sondern um progressiv Den Traum zu verwirklichen.

Wenn der wirkliche Pionier einen ersten Zipfel Des Traums gefunden hat und die Öko-Habitate ein Bestandteil dieses Traumes sind, was durchaus nicht bei jedem Menschen der Fall sein muss, dann ist erneut Mut gefragt, denn im heimischen Bett von Heldenmut zu träumen und den ersten mutigen Schritt in eine unbekannte Zukunft zu wagen, sind zwei ganz verschiedene Dinge. Im normalen Leben kommt man mit Mitläufertum und Verantwortungsdelegation oder -verweigerung ganz gut zurecht, aber als Pionier, als zukünftiger Held sieht man sich wirklichen Herausforderungen gegenüber. Da kann man das sichere Leben, das man bisher geführt hat, vergessen. Beim Aufbau von Öko-Habitaten gibt es keine Checkliste, die man nach und nach abhaken und an deren Ende man sich im Habitat zur Ruhe setzen kann. Man trifft damit eine grundlegende Entscheidung für ein neues Leben, das mit dem bisherigen nicht mehr viel zu tun hat. Wer seinem Traum folgen will, braucht Mut, denn er muss einen Schritt ins Ungewisse wagen, einen Sprung in die Zukunft tun.

Wenn man diesen ersten und entscheidenden Schritt getan hat, dann kommen viele Veränderungen auf einen zu. Man muss immer wieder Entscheidungen treffen, auch unangenehme, und sich manchmal wiederholt mit der Frage auseinandersetzen, ob man mit diesem Schritt das Richtige getan hat. Man muss immer wieder Kräften entgegentreten, die einen ins alte Leben zurückziehen möchten oder die sagen, dass es der halbe Einsatz auch tut.

Wenn man seinen Traum erkannt hat und den Mut hatte, den ersten Schritt zu tun, dann war diese Entscheidung auch von einer Begeisterung für Den Traum und für das Ziel begleitet. Diese Begeisterung muss man in sich immer lebendig erhalten, damit man sich nicht entmutigen lässt, wenn es beim Aufbau der Öko-Habitate nicht nur Fortschritte gibt. Dann hat man die Kraft, immer wieder von vorne anzufangen und suboptimale Entwicklungen weiter zu perfektionieren, denn die Begeisterung gilt dem Ideal in seiner Vollkommenheit, nicht in einer groben Anmutung davon. Man kann sich das wie eine Beziehung zwischen zwei Menschen vorstellen. Nach dem Erkennen der Liebe oder auch gleichzeitig mit der Erkenntnis hat man sich für eine Beziehung entschieden, und wenn man das verbindende Element in ihr nicht immerzu am Leben erhält oder besser immer stärker entfacht, dann wird die Beziehung zur Gewohnheit und Gleichgültigkeit und stirbt unbemerkt. Wenn man sich für die Teilnahme am Aufbau eines Öko-Habitats entschieden hat, dann muss man in seinem Herzen das Feuer der Aspiration und der Hingabe entfachen und es wie eine Fackel vor dem inneren Auge mit sich tragen.

Wenn man sich dann mit anderen zusammen an die Verwirklichung des Öko-Habitats macht, dann wird von den zukünftigen Habitanten recht bald die Fähigkeit zur Gemeinschaftsbildung gefordert, denn hier ist man kein kleiner Angestellter einer Habitats-Projektleitung, sondern man ist selbst ein verantwortlicher Bestandteil des Habitat-Aufbaus. Ein wirkliches Öko-Habitat kann nicht von oben herab entstehen, auch wenn vielleicht manche über die noch anstehenden Schritte und Arbeiten einen besseren Überblick haben als andere und darum natürlich besser befähigt sind, die gemeinsamen Bemühungen zu koordinieren und zu kanalisieren, sondern von innen heraus und im Zusammenspiel aller, aus einem gemeinsamen Interesse und Traum heraus.

Die Fähigkeit zur Zusammenarbeit ist eine der wichtigsten Pioniertugenden überhaupt, denn niemand ist in der Lage, den Aufbau ganz allein zu schultern. Gemeinsam geht jede Arbeit leichter und freudiger von der Hand. Und über der gemeinsamen Arbeit kommt man sich auch leichter näher und wächst zusammen. Gemeinsam kann man Den Traum verwirklichen und seine vielen Aspekte erforschen, und im Austausch mit anderen kann man ihn in sich lebendig halten und sogar neue Einblicke gewinnen und ihn so noch vertiefen.

Ein Öko-Habitat ist der Gegenentwurf zur vereinzelten Gegenwartsgesellschaft. Gemeinschaft, gewollte und gelebte Gemeinschaft bewusster und wirklich individualisierter Menschen, bildet eine seiner Lebensgrundlagen. Blinder Herdengehorsam ist out, Solidarität, die Bemühung um Verständnis der Bedürfnisse des Anderen und der Gemeinschaft, die Suche nach dem angemessenen und ureigensten Platz im großen Gefüge, das Wohlwollen und die Liebe zu den Mit-Habitanten und das Gefühl des Einklangs sind dagegen absolut in. Diese Bereitschaft, sich auf die anderen einzulassen, ist ein wichtiger Teil des Pioniergeistes und sollte, wenn

nicht natürlicherweise in ausreichendem Maße vorhanden, erarbeitet und ausgebaut werden.
Wenn man mit anderen Menschen zusammenlebt und -arbeitet, bleibt einem die Erkenntnis nicht verborgen, dass viele von ihnen anders denken, anders handeln und andere Wertmaßstäbe haben als man selbst, wobei diese mitunter als der eigenen Seinsweise über- oder unterlegen erscheinen mögen. Jede Begegnung ist dabei eine Möglichkeit, etwas zu lernen, über andere und über sich selbst. Jede Begegnung ist eine Möglichkeit zu wachsen, neue Sichtweisen kennen zu lernen und sicher geglaubte Ansichten zu hinterfragen. Jede Begegnung ist eine Gelegenheit zu Selbsterkenntnis und Wachstum. Und wenn man sich für die Gemeinschaft öffnet, hat man viele Möglichkeiten zu wachsen und auch zum Wachstum der Gemeinschaft als Ganzes beizutragen. In der Auseinandersetzung mit Anderen, in der Begegnung, in allen Arbeitssituationen findet sich immer wieder ein Element, welches das Potenzial hat, uns wachsen zu lassen, Flexibilität zu lernen, offener und weiter zu werden und alte, verkarstete Strukturen aufzubrechen. Wenn man sich an die Verwirklichung Des Traums macht, dann macht man sich gleichzeitig an die Verwirklichung seiner selbst.
Bei der Verwirklichung eines Öko-Habitats treffen viele Träume und viele Selbstverwirklichungen aufeinander, die nicht immer vollständig übereinstimmen oder die unterschiedliche Schwerpunkte setzen. Das bietet natürlich jedem die Gelegenheit, die eigenen Träume klarer herauszuarbeiten. Aber wenn all diese Träume, die in ihrem reinsten Kern wahrscheinlich alle eng miteinander verwoben sind, ungefiltert aufeinandertreffen und sich zu verwirklichen trachten, dann besteht zum einen die Gefahr der Spaltung, wenn Differenzen als unüberbrückbar wahrgenommen und akzeptiert werden, und zum anderen einer verschwommenen, nebelhaften Entwicklung des Habitats. Eine gewisse Organisationskultur und die Bereitschaft zu Gutwille und Zusammenarbeit vermögen diese Tendenzen zwar etwas auszugleichen, aber eine wirkliche Gemeinschaft braucht etwas mehr; sie benötigt einen Kondensationskeim, eine subtile Struktur, einen Mittelpunkt, von dem aus sie wachsen kann.

Ein Mittelpunkt der Habitatsbildung ist Der Traum, das Ideal eines jeden Aspiranten. An diesem Traum kondensiert sozusagen das Öko-Habitat. Es ist nicht so, dass zuerst der Grundstein gelegt wird und sich daraus dann alles entwickelt. Zuallererst ist da Der Traum, der immer konkreter wird und dann über Planungen, Kontakte und Landkäufe immer mehr Substanz bekommt, immer materieller wird. Es ist der Geist, die Idee, das Ideal, das der Verwirklichung vorausgeht, das den Mittelpunkt bildet.

Aber dieser Mittelpunkt reicht nicht aus, um Chaos und scheinbar widerstreitende Tendenzen in Zaum zu halten. Die Habitatsidee verbindet zwar Interessen, aber nicht unmittelbar die Menschen und nicht die Seelen. Es werden natürlich vielfältige Freundschafts- und Liebesbande entstehen, aber für eine wirkliche Gemeinschaft, die das Öko-Habitat zum blühenden Leben erweckt und zur Fortschrittskraft werden lässt, fehlt ein kraftvoller Mittelpunkt, etwas, das die Menschen verbindet, ein Ideal, das sich nicht auf Umweltschutz und gute Nachbarschaft beschränkt, sondern über die Idee der Öko-Habitate noch hinausweist.

Die Öko-Habitate sind notwendig geworden, weil das Leben auf der Erde immer mehr in die Irre geht. Die Kräfte und Interessen der Menschen streben auseinander. Gemeinschaften, kommunale wie globale, verlieren durch Betonung von Ego-Interessen und Tunnelblick-Mentalität ihren Zusammenhalt. Das Leben auf der Erde war allenfalls lokal und zeitlich begrenzt von Ganzheitlichkeit geprägt gewesen, aber seit vielen Jahren stellt es zunehmend jede Rücksichtnahme auf unterbewusstes und dumpf wahrgenommenes Unwohlsein hintan. Die Gegenbewegung, die ihre Präsenz ab und an schüchtern erkennen lässt, setzt auf das Schlagwort der Ganzheitlichkeit, doch bemüht sie sich bislang vor allem um einzelne Aspekte und Auswüchse und unterliegt ansonsten der gleichen Krankheit von Nicht-Zusammenarbeit, Egozentrik und Tunnelblick.

Die Öko-Habitate sind, wenn man sie in ihrem Potenzial richtig versteht, nicht in erster Linie das Mittel gegen diese alte Mentalität, sondern vor allem eine beispielgebende und letztendlich mitreißende Kraft des Wandels, welche die Menschen und Kräfte ver-

eint, die diesen umfassenden Wandel suchen. Deshalb werden die
Öko-Habitate ihre Bemühungen nicht auf die physischen Wachs-
tumsprozesse des Habitat-Aufbaus beschränken, sondern tiefer
schürfen. Ein wirkliches, gut funktionierendes Öko-Habitat ist eine
Welt für sich. Es ist ein Muster-Planet, auf dem im Wesentlichen
alle Funktionen des großen, idealen Gemeinwesens Erde abgebil-
det sind, so wie es sein könnte. Es wird, auch in seinen Beziehungen zu den anderen Habitaten, ein Beispiel dafür sein, wie die Erde
funktionieren und erblühen könnte, und das ist auch eine seiner
wichtigsten Funktionen.

Darum wird im Mittelpunkt der Öko-Habitate nicht in erster Linie
der Umweltschutz, die Energieeinsparung oder die Hilfe für be-
drohte Arten stehen, sondern der Mensch. Das Heilmittel für diesen Planeten ist entweder die Ausrottung des Menschen oder sein
Erblühen. Mit seinem Erblühen werden sich die übrigen Probleme
dann fast automatisch lösen.

Die Öko-Habitate sind also vor allem ein Feld zur Entwicklung des
wahren Menschseins, eine Stätte der Entfaltung eines wirklichen
Humanismus und der Erforschung des Bewusstseins oder des bewussten Seins. Bemühungen dazu gab es schon immer. In den unbewussten Anfangszeiten der Menschheit haben sich die Religionen
um die Herausarbeitung des wahrhaft Menschlichen im Menschen
verdient gemacht, aber mittlerweile sind ihre dogmatisch-politi-
schen Strukturen, Engstirnigkeit und der Ballast der Jahrtausende,
den die Religionen mitschleppen, meist mehr Hindernis als Hilfe.
Parallel dazu bildeten sich schwach-konfessionelle Gruppen, die
im Geheimen die Natur des Menschen und des Universums er-
forschten. Außerdem entstand auch der Yoga, eine Wissenschaft,
die sich unabhängig von den Religionen ganz dem Menschen und
seinen verschiedenen Aspekten widmete. Ein zeitgemäßeres, weniger geheimnisvolles Wort für die Zusammenfassung aller Yoga-
wege ist die Bewusstseinsforschung, die gewissermaßen für ein
moderneres Konzept des Yogagedankens steht.

Aber wie auch immer man diese Bemühungen um das Heraus-
arbeiten der wahren menschlichen Natur auch nennen mag,
sie sind ein würdiger und auch unverzichtbarer Mittelpunkt des

Öko-Habitat-Gedankens, denn wenn sich die menschliche Natur, wie sie sich derzeit ausdrückt, nicht grundlegend wandelt, sind alle Bemühungen, das Dasein auf diesem Planeten auf neue, zukunftsträchtigere Beine zu stellen, vergebens. Wissenschaft und Technologie haben in den letzten beiden Jahrhunderten Gewaltiges vollbracht, jetzt ist es endlich an der Zeit, dass das menschliche Bewusstsein deren Vorsprung einholt und sich die nötige Reife für den verantwortungsvollen Umgang mit diesen Technologien und Kräften erarbeitet.

Diese Ausarbeitung eines zumindest planetaren Humanismus, welcher Ökologie, Ökonomie, globales Denken, die Entfaltung der Seele und der Gewissensstimme, Spiritualität und Bewusstseinsausweitung mit dem Streben nach Schönheit, Harmonie, Weisheit, Kraft, Freude, Mut und Liebe vereint, ist ein umfassenderes, stärkeres, dauerhafteres und verbindlicheres Bindeglied als purer Öko-Aktivismus, und er ist auch dann noch aktuell und zukunftsweisend, wenn die technische Seite eines Öko-Habitats längst abgeschlossen ist.

Das weltweit wahrscheinlich einzige Projekt, das sich aufgemacht hat, ein einem Öko-Habitat entsprechendes Konzept in vollem Umfang zu verwirklichen, ist das in Italien entstehende Mirapuri, die Stadt des Friedens und des Zukunftsmenschen in Europa. Mirapuri wurde 1978 auf Anregung von Mira Alfassa von dem Künstler und Bewusstseinsforscher Michel Montecrossa gegründet. Die innere Grundlage bilden Erkenntnisse und Menschenbild von Sri Aurobindo, einem indischen Dichter, Philosophen und Revolutionär, und von Mira Alfassa, einer französischen Malerin, Pionierin und Bewusstseinsforscherin.

Und es war Mira Alfassa, die vor bald hundert Jahren ihren Traum wie folgt formulierte: *„Es sollte irgendwo auf der Erde einen Platz geben, den keine Nation als ihr Eigentum beanspruchen kann, einen Platz, an dem alle gutwilligen Menschen, ehrlich in ihrem Bestreben, frei als Bürger der Welt leben können und einer einzigen Autorität folgen, der höchsten Wahrheit. Ein Platz des Friedens, der Eintracht, der Harmonie, wo alle kämpferischen Instinkte des Menschen ausschließlich dazu benützt würden, die Ursachen seines Leidens und*

*Elends zu bewältigen, seine Schwäche und sein Unwissen zu über-
winden, über seine Grenzen und Unfähigkeiten zu triumphieren. Ein
Platz, an dem die spirituellen Bedürfnisse und die Sorge um Fortschritt Vorrang hätten vor der Befriedigung von Verlangen und Lei-
denschaften, dem Suchen nach materiellem Vergnügen und Genuss.
An diesem idealen Ort wäre Geld nicht mehr der unumschränkte
Herrscher. Individueller Wert hätte größere Bedeutung als der Wert,
der aus materiellem Reichtum und sozialer Stellung kommt. Arbeit
würde nicht dazu dienen, seinen Lebensunterhalt zu erwerben. Sie
wäre das Mittel, um sich auszudrücken, um seine Fähigkeiten und
Möglichkeiten zu entwickeln, während man gleichzeitig einen Dienst
für die Gemeinschaft tut, die ihrerseits für die Lebensbedürfnis-
se und das Tätigkeitsfeld des Einzelnen sorgen würde. An diesem
idealen Platz wären Kinder in der Lage, ganzheitlich heranzuwach-
sen und sich zu entwickeln, ohne die Verbindung mit ihrer Seele zu
verlieren. Ausbildung würde nicht im Hinblick auf Prüfungen und
Zeugnisse und Positionen erteilt, sondern um die vorhandenen Fähigkeiten zu bereichern und neue hervorzubringen. Kurz, es wäre
ein Platz, an dem die Beziehungen zwischen den Menschen, die ge-
wöhnlich fast ausschließlich auf Konkurrenz und Streit begründet
sind, durch Beziehungen des Wetteiferns um das Bessertun ersetzt
würden, des Wetteiferns um Zusammenarbeit und Beziehungen
wahrer Brüderlichkeit."*

Diesen Traum versucht Mirapuri zu verwirklichen, und dieser
Traum kann auch bei der Geburt weiterer Öko-Habitate Pate stehen.

Wenn ich alleine träume, ist es nur ein Traum.
Wenn wir zusammen träumen, ist es
der Anfang der Wirklichkeit.

Brasilianische Weisheit

Update 1

Öko-Habitate stellen einen Schritt in ein neues Leben auf der Erde und in die Zukunft dar. Neue Anforderungen, neue Materialien und neue Technologien werden zwangsläufig zu neuen Bauformen führen. Neubauten werden nicht mehr im Hinblick auf primäre Kosteneffizienz errichtet, sondern unter anderem unter den Gesichtspunkten von Ästhetik, Wohnqualität, Energieeffizienz, Dauerhaftigkeit, Integrierbarkeit in die umgebende Natur und Förderung der Gemeinschaftsbildung.

Die bisherigen Bauten sind für dieses zukunftsträchtige Vorhaben allerdings nicht geeignet. Andererseits werden Öko-Habitate keine Retortenstädte sein und vor allem in der Anfangszeit nicht am digitalen Reißbrett entstehen. Die Habitate werden langsam wachsen und sich nach und nach entfalten, vor allem die Pionier-Habitate. Wenn nicht gerade ein großer Geldtopf darauf wartet, in futuristische Bauwerke umgesetzt zu werden, wird man anfangs nicht umhinkommen, auf die vorhandene Bausubstanz zurückzugreifen. Und wenn man gar in einem Land lebt, in dem Neubauten genehmigungspflichtig sind und die Vorstellungen der Genehmiger am Kleinbürgertum orientiert sind, dann sind die Möglichkeiten für fortschrittliche Neuerungen eher begrenzt.

Also wird die erste Bauform meist das Update-Haus sein. Dieses ist ein Haus von eher herkömmlicher Bauform, das den Umständen entsprechend so gut und so bald wie möglich den erhöhten Ansprüchen angepasst wird.

Das bedeutet eine bessere Isolierung der freien Außenwandflächen und dort auch Einbau von Isolierglasfenstern. Auf das Dach kommen Sonnenkollektoren für Brauchwassererwärmung und evtl. Heizung oder Zusatzheizung. Die Möglichkeiten der Nutzung der Sonnenenergie und anderer natürlicher Energiequellen sind vielfältig und längst noch nicht ausgenutzt. Wissenschaft und Industrie sind stetig am Forschen und Weiterentwickeln der Möglichkeiten. Diese werden zum Beispiel von Mirasolaris in das Mirasolaris Bausystem integriert und praxistauglich gemacht, vor allem im Hinblick auf den Einsatz in Öko-Habitaten.

Die Sonnenseiten können mit einem durchaus auch zweistöckigen Anlehngewächshaus isoliert werden, das darüber hinaus die Erntesaison verlängert und ein wenig wetterunabhängig macht. Und für die heiße Luft in den oberen Bereichen findet sich sicher früher oder später auch eine Verwendungsmöglichkeit, z. B. als Zusatzbeladung für einen Erdwärmespeicher oder als Heizung für einen Biogasreaktor.

Flachdächer lassen sich, geeignete Statik vorausgesetzt, nach Aufbringung einer zusätzlichen Feuchtigkeitsisolierung und Dränage mit Erde auffüllen und zu einem Dachgarten umfunktionieren, oder gar zu einem Gewächshaus ausbauen.

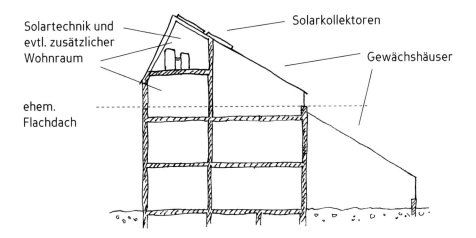

Solartechnik und evtl. zusätzlicher Wohnraum

Solarkollektoren

Gewächshäuser

ehem. Flachdach

Nahe beieinander stehende Häuser lassen sich durch den Anbau weiterer Räume, ein Brückengeschoss oder ein Gewächshaus zu einer Einheit verbinden.

Davon abgesehen, hat man natürlich immer die Möglichkeit, Wege leicht zu überdachen und an den Rändern Kiwis, Brombeeren oder Stangenbohnen anzubauen. Diese sind natürlich, zusammen mit Spalierobst, auch für die Begrünung von blanken Hauswänden geeignet.

Wenn man das Mauerwerk isoliert, kann man auch vor den Fenstern Hochbeete aufmauern und so z. B. auf Höhe des Küchenfensters einen Kräutergarten anlegen, den man dann natürlich auch verglasen kann.

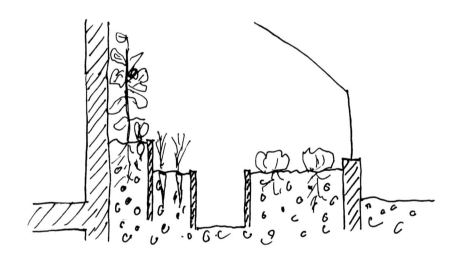

Innengestaltung eines Anlehngewächshauses: Zum Haus hin gestufte Hochbeete und nach außen ein einfaches Hochbeet als zusätzliche Dämmung. Zusammen mit dem tiefergelegten Weg erleichtert diese Gestaltung auch das Arbeiten.

Siedlungsplanung

Wenn die ersten Hürden genommen sind und mit einem zukunftsweisenden Öko-Habitat-Verständnis die Basis für eine Habitatsgründung gelegt wurde, werden sich die ersten praktischen Fragen mit der grundlegenden Planung befassen. Was kommt wohin? Wie viel Platz benötigen wir? Wie groß sollen wir planen? Wie fügt sich das Habitat in die Landschaft ein?
Für alle diese Fragen gibt es bekannte und noch unbekannte Richtwerte. Aber ein Öko-Habitat soll keine technokratische Hochburg werden, die auf leblosen Berechnungen aufgebaut ist, wenngleich man wichtige Erkenntnisse auch nicht missachten sollte. Die erste Überlegung gilt darum der Harmonie. Diese ist dann gegeben, wenn alles an seinem Platz und in Einklang ist. Und der erste Einklang gilt dem Land. In einer weiten Ebene wird man anders bauen als in einem Gebirgstal, an einem Fluss anders als an einer Küste, in den Tropen anders als in den gemäßigten Breiten. Man muss sich die Gegend ansehen, sich in sie hineinfühlen und dann herausfinden, wie man sich in die Landschaft harmonisch einfügen und das Land am besten nutzen kann. „Am besten nutzen" bedeutet, nicht nur auf den Nutzwert für den Menschen zu achten, sondern auch zu sehen, dass die Natur davon optimal profitiert. Wirkliche Effizienz bedeutet nicht, das Beste für den Menschen oder gar nur für ein paar wenige Menschen herauszuholen, sondern die verfügbaren Möglichkeiten so zu nutzen, dass die Natur und ihre Ressourcen

nicht weniger, sondern nach Möglichkeit mehr werden. Gegenseitigkeit und Miteinander von Mensch und Natur gehören zu den Erfolgskennzahlen eines wirklichen Öko-Habitats. Dass der Mensch sich auf diese Weise dauerhafte Lebensgrundlagen schafft, ist so gesehen eine natürliche Folge dieser Bemühungen.

Dabei ist die Natur an sich eigentlich ziemlich anspruchslos. Sich selbst überlassen, also ohne dauernde menschliche Eingriffe, erobert sie sich auch ohne unsere aktive Hilfe jeden Lebensraum zurück, der von uns nicht mehr belegt ist. Genau genommen ist sie ständig dabei, alle Bereiche, die nicht ausreichend von ihr durchdrungen sind, wieder in Besitz zu nehmen, und der Mensch kämpft stetig dagegen an. Das wird sich auch nicht völlig vermeiden lassen, denn Straßen und Äcker, auf denen Bäume wachsen, sind keine Straßen und Äcker mehr. Aber andererseits muss man auch nicht alles fast steril halten. Ein Mehr an Natur im menschlichen Lebensbereich wirkt bisweilen für das emotionale und seelische Wesen Wunder. Man sollte aber auch nicht in die Haltung verfallen, dass der Mensch der große Sünder ist, und die Natur darum immer zuerst kommt und wichtiger ist als der Mensch. Der Mensch ist Teil der Natur und hat darum Anspruch auf einen angemessenen Lebensraum, den er auch seinen Bedürfnissen und Notwendigkeiten entsprechend gestalten kann.

Bei der Siedlungsplanung muss man sich also zuerst darüber klar werden, wer was bekommt und wer wo Zugeständnisse machen kann und in welchem Ausmaß eine friedliche Koexistenz möglich ist. Das Verhältnis der Lebens- und Übergangsräume von Mensch und Natur ist also ein wichtiger Aspekt der Siedlungsplanung.

Der andere Aspekt betrifft den Menschen selbst: Wie viele Menschen sollen in dem Habitat leben? Wie ist das Habitat zu gestalten, um die menschliche Entwicklung optimal zu unterstützen? Wie wird das Habitat strukturiert?

Prinzipiell können Öko-Habitate fast unbegrenzt groß werden, denn der Mensch lebt überall auf der Welt, und wenn sich alle Menschen eines Tages in Öko-Habitaten organisiert haben werden, dann ist die Welt auch ein einziges durchgehendes Öko-Habitat – so wie es eigentlich auch sein sollte. Aber man kann nicht einfach ein Riesenhabitat über die Welt streuen. Das zukünftige Gesamt-Habitat muss irgendwie strukturiert und unterteilt werden. So wie ein Organismus aus Organen aufgebaut ist und die Organe aus Gewebeschichten und die Gewebe aus Zellen, so gibt es auch so etwas wie eine Urzelle in der Habitatsgenese. Diese hat zwei Komponenten: Das Urbild, die Idee, die Blaupause und seine Ausarbeitung, die Verwirklichung oder Materialisation. Das Urbild, das bereits angesprochene Ideal ist der Ausgangspunkt. Jetzt geht es darum, dieses Urbild umzusetzen und in die materielle Wirklichkeit hineinwachsen zu lassen.

Fangen wir am besten mit ein paar Zahlen an: Ein Richtwert für den Mindest-Landbedarf zur Versorgung einer Person ist 0,07 Hektar. Wenn wir diesen Wert umrechnen, dann kommen wir auf eine Zahl von ca. 1400 Menschen, die theoretisch von einem Quadratkilometer leben könnten. Aktuelle Bevölkerungsdichten in Personen/km^2 sind: USA 31, Afrika 30, Europa 65, China 137, Deutschland 231, Indien 350. Keine dieser Zahlen reicht auch nur annähernd an die theoretisch mögliche Bevölkerungsdichte heran. Allerdings kann man diese Zahlen natürlich nicht unbesehen so akzeptieren. In China sind z.B. ca. 30 % der Landesfläche Ödnis, so dass die bereinigte Bevölkerungsdichte dann ca. 200 wäre. Und der Umfang bebaubarer Ackerfläche nimmt global stetig ab – durch Misswirtschaft, Erosion, Vergiftung und Versiegelung durch Baumaßnahmen. Hinzu kommt, dass nicht alle Flächen, auch wenn sie prinzipiell für Ackerbau geeignet wären, die gleiche Fruchtbarkeit aufweisen. Und dann ist das Pflanzenwachstum selbst durch vier Faktoren begrenzt: Licht, Wärme, Nährstoffe und Wasser. Licht und Wärme gibt es zu den Polen hin weniger, was die Vegetationsdauer im Vergleich zu den äquatornahen Regionen stark begrenzt. Nährstoffe lassen sich prinzipiell überall organisieren. Wasser dagegen gibt es vor allem in den nördlichen Regionen regelmäßig und ausreichend, während es zum Beispiel in Teilen Afrikas, in Kleinasien, Indien und Australien bisweilen so knapp ist, dass kaum vernünftige Landwirtschaft betrieben werden kann. Wenn nicht genügend Wasser zur Verfügung steht, sind sämtliche theoretische Bevölkerungszahlen Makulatur. Wodurch diese Zahlen weiterhin relativiert werden, ist die Art der Nutzung. Ein Mensch, der sich vegetarisch ernährt, benötigt nur einen Bruchteil der Fläche, die jemand in Anspruch nimmt, der sich überwiegend mit tierischer Nahrung versorgt. Man kann also davon ausgehen, dass man im fruchtbaren Norden und klimatisch günstigen Gebieten mit diesem Richtwert zurechtkommen könnte, man diesen Wert aber in ungünstigen Gegenden vervielfachen kann.

Ein anderer Richtwert hängt mit Psychologie und Bevölkerungsdynamik zusammen: 150. Es scheint so, dass diese Zahl angibt, wie viele Menschen untereinander noch überblickbar sind. Bis zu 150 Menschen kommen gut miteinander aus. Man kennt sich noch einigermaßen, und man kann sich noch absprechen. Und man versteht sich noch als Einheit. Steigt die Größe einer Gruppe über diesen Wert, dann scheint das menschliche Bewusstsein überfordert zu sein und der Zusammenhalt der Gruppe und das Verantwortungsgefühl und vielleicht auch das Selbstwertgefühl schwinden. Man fühlt sich der Gruppe, der Gemeinschaft nicht mehr wirklich verbunden, man identifiziert sich nicht mehr mit ihr, wird gleichgültig und gibt Verantwortungsgefühl und Zuständigkeit ab und beginnt sein eigenes Süppchen zu kochen. Das Motto der Musketiere macht dem Motto des Kapitalisten Platz.

Das heißt nun nicht, dass dieser Richtwert absolut ist, auch wenn er seit der Zeit der alten Römer wohl stabil geblieben ist. Dieser Wert ist keine Naturkonstante, sondern Ausdruck des Bewusstseins, das sich wohl seit Jahrtausenden nicht wirklich tiefgreifend verändert hat. Wenn der Mensch es schafft, in seiner Evolution signifikante Fortschritte zu machen und sein Bewusstsein in der Folge weiter und schneller und umfassender wird, dann wird auch diese Größe ins Wanken geraten. Mit einem wirklichen Bewusstseinswachstum verliert dieser Wert zunehmend an Bedeutung und Daseinsberechtigung. Aber noch ist es nicht so weit, und es richtet auch für die Zukunft keinen Schaden an, wenn man ihn in der Planung berücksichtigt.

Die maximale Habitatsgröße wird dadurch jedoch nicht beeinträchtigt, da Öko-Habitate nicht nach dem zentralistischen Konzentrationsprinzip aufgebaut sein werden, wie die heutigen Metropolen, sondern Zelle neben Zelle, wobei mehrere Zellen sich wie Organe zusammenschließen können. Natürlich wird nicht alles völlig dezentral ablaufen, aber es ist durchaus vorstellbar, dass manche Zellen bestimmte Funktionen übernehmen, z. B. überregionale Verwaltungsaufgaben, Herstellung von Solarzellen oder Windrädern oder Einsatz und Pflege landwirtschaftlicher Maschinen für die umliegenden 10 oder 100 Habitatszellen. Letztlich geht es nur darum, einer Gruppe von Menschen durch einfache bauliche oder gestalterische Maßnahmen ein Zusammengehörigkeitsgefühl zu vermitteln, ohne Konkurrenzgedanken zu den nachbarlichen Zellen aufkommen zu lassen. Deshalb sollten auch nie mehr als 150 Zellen zusammen verwaltet werden, was einer maximalen Verwaltungseinheit von 22.500 Menschen entspräche, wobei Verwaltung hier nicht Bürokratie bedeuten sollte, sondern die Koordinierung von Einkauf, Verkauf, Bedürfnissen, Geräteeinsatz, Produktion, Materialfluss und Ähnliches.

Wenn wir jetzt diese beiden Zahlen und die damit verbundenen Schlussfolgerungen miteinander verbinden, dann kann man daraus das Urbild einer Öko-Habitats-Grundzelle ableiten. Vorweg sollte man sich aber darüber im Klaren sein, dass dieses Urbild nur ein mögliches Idealbild darstellt und kein absolutes Muss ist. Solange Öko-Habitate nicht regelmäßig, also in großem Maßstab entstehen, wird sich dieses Urbild kaum jemals in seiner Reinform verwirklichen lassen, denn das, was an Möglichkeiten zur Verfügung steht, wird sich kaum an unseren Wünschen und Vorstellungen orientieren. Dieses Urbild dient also vor allem als Anhaltspunkt.

Gehen wir also von 150 Menschen pro Einheit aus, dann haben wir einen Bedarf von ca. 11 ha, was etwa einem Kreis mit 370 m Durchmesser entspricht. Die nötige Wohnfläche, wenn man sie auf einer Ebene ausbreitet, beträgt etwa einen halben bis einen ganzen Hektar, ist also bei mehrstöckiger Bauweise eher marginal. Wenn man noch 20 % Sicherheits- und Ausweichflächen dazurechnet, kommt man auf etwa 14 ha. Um den Öko-Anspruch zu erfüllen, darf sich aber nicht von einem Horizont zum anderen Nutzfläche an Nutzfläche reihen. Aus ökologischen und auch landwirtschaftlichen Gesichtspunkten, und auch im Hinblick auf das Wohlbefinden der

Öko-Habitanten sollten die Habitate in unterschiedlicher Stärke, je nach Lage zu den Nachbarzellen, von der gleichen Fläche Wald umgeben sein. Das bedeutet, dass sich letztlich sämtliche Nutzflächen in einem großen Wald befinden, der sich irgendwann über den ganzen Planeten erstreckt. Die Fläche einer solchen Zelle inklusive Wald würde dann etwa 28 ha betragen, was einem Kreis mit einem Durchmesser von etwa 600 m entspricht. Umgerechnet bedeutet das, dass auf einem Quadratkilometer etwa 500 Menschen leben könnten, ohne sich beengt fühlen zu müssen. Das ist eine deutlich höhere Bevölkerungsdichte, als selbst viele dichtbesiedelte Länder aufweisen, so dass eigentlich sehr viel Land übrig bleibt, sei es, um Menschen aus klimatisch schwierigeren Lagen anzusiedeln, für Schutzflächen (Naturschutzgebiete, sofern diese dann noch nötig sind) oder auf die Nutzbarmachung von unwegsamen Gegenden verzichten zu können oder zusätzliche Flächen landwirtschaftlich zu nutzen für den Export in weniger begünstigte Gegenden der Erde oder für die Produktion von Biomasse für Energie- oder Rohstoffgewinnung.

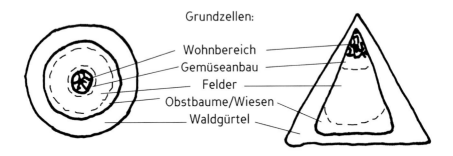

Grundzellen:

Wohnbereich
Gemüseanbau
Felder
Obstbaume/Wiesen
Waldgürtel

Um das Zusammengehörigkeitsgefühl zu stärken, sollte sich die Bebauung nicht im Zentrum einer kreisrunden Nutzfläche befinden, sondern eher an der Spitze eines Dreiecks oder eines ausgebeulten Ovals. Legt man mehrere solche Flächen an den Spitzen nebeneinander, so bildet sich eine kreisförmige Anordnung mit einem gemeinsamen Mittelpunkt. In diesem Mittelpunkt könnte man dann eine Versammlungshalle für gemeinsame Veranstaltungen, Besprechungen, Feste und zur Meditation errichten. Die zentra-

le Lage ist auch gut geeignet für eine Haltestelle eines Nahverkehrssystems, sei es unterirdisch, oberirdisch oder überirdisch.
Von oben würde eine solche Anordnung dann wie eine Blüte aussehen, was gut zu ihrer Funktion als Öko-Habitat passen würde.
Eine solche Blütenstadt hätte dann bei beispielsweise zwölf Blütenblättern eine maximale Bevölkerung von 1800 Menschen, was
eine angenehme Größe für ein Gesamthabitat darstellt. Jedes Blü-
tenblatt kann sich dann, in Richtung des gemeinsamen Zentrums,
um einen anderen Bereich der Infrastruktur kümmern, also etwa
ein Schwimmbad oder Sportanlagen bereitstellen, eine Mediathek
anlegen und verwalten, eine Schule einrichten oder Ähnliches. Auf
diese Weise wäre der Wohnbereich des Öko-Habitats auf einer
vergleichsweise kleinen Fläche konzentriert, die von Wald durch-
wirkt und optimal in die Natur, also den Wald und die landwirt-
schaftlichen Flächen, eingebettet ist. Die Wegstrecken wären klein
und könnten leicht zu Fuß zurückgelegt werden, so dass Verkehr
hauptsächlich von Habitat zu Habitat nötig ist.

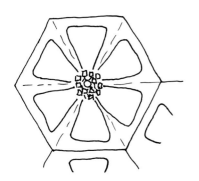

Öko-Habitat aus sechs Grundzellen
für ca. 900 Menschen
Größe ca. 1,6 x 1,4 km
Abstand der Habitatszentren: 1,4 km
Die Wabenform ist ideal für eine optimale
Flächenverteilung.

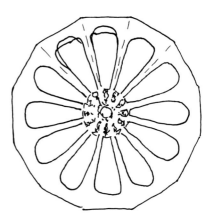

Öko-Habitat aus zwölf Grundzellen
für ca. 1800 Menschen
Größe ca. 2 km Durchmesser
Man kann dieses Habitat natürlich auch
in der günstigen Wabenform gestalten.

Dies ist natürlich nur eine Gestaltungsmöglichkeit, die sich etwa für das flache Land anbietet. Neben dieser zentralistischen Variante, die wegen der zu erwartenden Synergieeffekte die wohl effizienteste Siedlungsform ist und der Einfachheit halber das Grundmodell für weitere Überlegungen bildet, gibt es natürlich auch eine Randversion, in der die Gebäude dem Waldrand entlang die landwirtschaftliche Fläche umgeben, und eine sehr individualistische Anarchovariante, bei der Gebäude der verschiedensten Bauformen mit umliegenden Gärten das Land ebenso durchziehen oder sich gar darin verstecken, wie größere und kleinere Waldstücke. Hinzu kommt, dass man natürlich die landschaftlichen Gegebenheiten berücksichtigen muss. In Gebirgsgegenden zum Beispiel stehen andere Anforderungen im Vordergrund: Nutzung der flachen Talsohlen für Landwirtschaft und der Hanglagen für Gartenbau, Wald und Wohnen, wobei das Wohnen auch durchaus vorteilhaft in die Steillagen verlegt werden könnte. Man wird also für jede Lage und jedes Gelände individuelle Lösungen erarbeiten müssen, die Ausdruck einer potenziell unendlichen Vielfalt und Individualität sind und das konstruktive und progressive Zusammenleben von Mensch und Natur widerspiegeln.

Die Welt hat genug für jedermanns Bedürnisse, aber nicht für jedermanns Gier.

Mahatma Gandhi

Update 2

Während man bereits bestehende Ein- bis Mehrfamilienhäuser mit angeschlossenem Garten relativ leicht in ein Habitat integrieren kann, ist das mit großen Wohnanlagen und Hochhäusern, sollten diese einem entstehenden Öko-Habitat zufallen, schon deutlich schwieriger. Zwar weisen solche Bauten eine geringe Außenmauerfläche pro Bewohner auf und sind dadurch ein energetisch durchaus günstiges Wohnmodell, aber das ist auch schon der einzige Faktor zu ihren Gunsten. Überschreitet schon die Einwohnerdichte in Einfamilienhaussiedlungen die für eine Selbstversorgung optimale Bevölkerungsdichte um ein Vielfaches, so liegt sie in solchen Wohnsilo-Anlagen noch deutlich höher. Hinzu kommt, dass die meisten dieser Anlagen die ideale Zellengröße locker übersteigen. Aber auf der anderen Seite entspricht es nicht der Philosophie der Öko-Habitate, funktionsfähige Dinge, in die viel Energie und Material investiert wurden, einfach zu zerstören, weil sie nicht ins Konzept passen. Ganz im Gegenteil sind solche Fälle ein Prüfstein für die Flexibilität und Umsetzbarkeit des Öko-Habitat-Konzeptes. Ein wichtiger Punkt bei der Problemlösung liegt in der Herstellung der Öko-Habitat-Fähigkeit. Das bedeutet, dass man die unübersichtlichen Riesenstrukturen durch bauliche und organisatorische Maßnahmen in menschenfreundliche Einheiten unterteilt. Menschenfreundlich bedeutet zuerst einmal, dass die Menschen, die zusammen leben wollen, auch zueinander finden können. Die vorher abgeschlossenen Wohnungsfestungen könnten offener gestaltet und mehr miteinander verbunden werden. Statt vielen, kaum ausgenutzten Einzelküchen könnte man wenige und dafür große Gemeinschaftsküchen einrichten, ebenso Wohnzimmer, Fernsehzimmer, Mediathek und Kinderbetreuung. Für eine solche Grund-Einheit könnte man auf diese Weise eine kleine Infrastruktur einrichten, die von der Zusammenarbeit der Zusammenwohner lebt.

Große Hochhäuser, in denen mehrere hundert Menschen leben können, müsste man dazu in Etagenblöcke für maximal 150 Menschen unterteilen, andere Wohnanlagen mit kleineren Einheiten durch geeignete Bepflanzung, Laubengänge, Gewächshäuser oder neue Gemeinschaftsräume miteinander verbinden. Darüber hinaus kann man ganze Etagen oder Häuser als größere Begegnungsstätten herrichten, in denen sich die Bewohner vieler solcher Grundzellen bei gemeinsamen Veranstaltungen begegnen und kennen lernen und zu einem Habitat zusammenwachsen können, in dem sich die einzelnen Zellen als Teil eines größeren Organismus empfinden.

Was die Energieversorgung, Selbstversorgung und die Einbindung in die Natur betrifft, so sind solche Anlagen natürlich gehandicapt, auch wenn man baulicherseits durchaus ein paar Möglichkeiten hat.

Energietechnisch sind vielfältige Maßnahmen möglich. Auf den Dächern kann man viele kleine Windkrafträder anbringen oder große horizontale Windkraftanlagen mit vertikaler Achse, die auf Hochhäusern vielleicht besser sind, und die gewonnene Energie gleich nutzen, ins Netz einspeisen, verbesserte Batterien aufladen, Wasserstoff für Brennstoffzellen produzieren, oder die Windräder so modifizieren, dass sie gleich Pressluft liefern, die später zur gezielten Erzeugung von Strom nach Bedarf genutzt werden kann, wenn das technisch möglich ist. Die Wände können herkömmlich besser isoliert oder über das Mirasolaris-System Teil eines Heizungs-Kühlungs-Systems werden, was vor allem dann sinnvoll ist, wenn man die Häuser mit einem Glasvorbau umgibt, der sich im Sommer ziemlich aufheizen kann. Und natürlich kann man die Wände mit Solarenergiefarbe streichen und, zusammen mit den

Dächern, mit Wärmekollektoren und Solarzellen bestücken. Wenn möglich kann man beim Umbau von den üblichen Zentralheizungen auf sparsamere Fußbodenheizungen umstellen oder Heizsysteme oder gut isolierte Häuser für Übergangszeiten oder für Kältespitzen mit sparsamen Infrarot-Flachheizungen ausstatten, wenn das Energiekonzept das zulässt. Ergänzen kann man das Ganze noch mit der Einführung von Biogas-Toiletten, die Energie zum Kochen und evtl. für die winterliche Zusatzheizung liefern.

Als Nebeneffekt fällt dabei auch Düngematerial an. Die Grünflächen solcher Ballungsgebiete sind aber zu klein, um der Selbstversorgung zu dienen. Außerdem werden sie dringend benötigt, um kleine Naturenklaven zu schaffen, die das psychische Wohlbefinden der Bewohner fördern sollen. Sie sollten in reichhaltig geformte und vielfältig bepflanzte und gestaltete Parks mit integrierten Begegnungsflächen und Spielplätzen umgestaltet werden, die an die Häuser heranreichen und diese möglichst miteinbinden.

Aber ein wenig Selbstversorgung, vor allem mit Kräutern und Gemüse und vielleicht auch etwas Obst ist durchaus möglich. Das fängt damit an, dass man Flachdächer bepflanzen und mit einem Gewächshaus krönen kann. Darüber hinaus kann man, eine geeignete Statik oder statikfördernde Baumaßnahmen vorausgesetzt, die Häuser auf den sonnenzugewandten Seiten mit großen Balkonkragen versehen, eventuell von oben nach unten größer werdend, und das Ganze verglasen. Damit würde man eine enorme Fläche für den Anbau von Kräutern, Feingemüse, Fruchtgemüse und Kleinobst gewinnen, allerdings etwas auf Kosten der Solarenergiegewinnung. Andererseits ist so ein Gewächshaus ein großer Wärmekollektor, und da die Wärme ja nach oben steigt, kann man oben Energie daraus gewinnen. Wenn man bei Schrägdachhäusern die Dachkollektoren opfern möchte oder kann, dann kann man auch eine Schräge oder eine Teilschräge abbauen und durch einen Wintergarten ersetzen.

Die übrige Versorgung mit Grobgemüse, Obst und Getreide kann entweder über andere Habitate in der Umgebung gesichert werden, die zu diesem Zweck auf der landwirtschaftlichen Seite etwas größer angelegt sind und denen man bei Bedarf auch mit Arbeits- und Ernteeinsätzen behilflich ist, oder mit landwirt-schaftlichen Exklaven, die in nicht zu großer Entfernung liegen und verkehrstechnisch gut erreichbar sind oder gemacht werden. Alternativ kann man natürlich versuchen, geeignete Hochhäuser für Vertikal Farming umzurüsten, auch wenn dieses System ökologisch nur begrenzt empfehlenswert ist, weil man wesentlich mehr Energie in die Beleuchtung stecken muss, als man über Photovoltaik gewinnen kann, denn das natürliche Sonnenlicht, das die Pflanzen für die Photosynthese benötigen und das wesentlich heller ist als das Licht, das wir in unseren Wohnräumen gewöhnt sind, reicht nur für eine Etage. Ob man solche Systeme in künftige Öko-Habitate integrieren kann, hängt letztlich auch davon ab, ob sich ein solches künstliches Biotop ohne chemische Keule aufrechterhalten lässt, denn hier kann die Natur nicht mehr regulierend eingreifen. Wenn sich ein Schädling einnistet und sich kein Nützling findet, der ihn dezimiert, ist man ohne Chemie aufgeschmissen, und Nützlinge, die überhandnehmen, können schnell zu Schädlingen mutieren.

Ein Grund, warum solche Arrangements mit Exklaven und die Aufrechterhaltung mancher Wohnanlagen in Großstädten bedingt sinnvoll ist, liegt in der Technik-Konzentration an solchen Orten. Man kann nicht jede Art von Industrie einfach so in ein Öko-Habitat verpflanzen. Zwar kann man langfristig eine Dezentralisierung und Entgigantisierung anstreben, aber mittelfristig sollte man die vorhandenen Möglichkeiten bei deutlich verstärktem Umweltschutz und Netzwerkgedanken durchaus nutzen. Schließlich bedeuten Öko-Habitate kein Nein zur Technik, sondern den Versuch, eine passende Technik für den Menschen zu entwickeln, die Gigantomanie zurückzuschrauben und eine sinnvolle Verzahnung von Leben, Natur und Technik herauszuarbeiten. Das geht nicht mit einem Weniger an Technik, sondern mit einer verbesserten und verfeinerten, maßgeschneiderten Technik. Und dazu wird man noch eine ganze Zeitlang eine gewisse Konzentration von Menschen und Industrie brauchen.

Aber wo immer möglich, kann man schon mit dem Rückbau beginnen und Erfahrungen damit sammeln, wie man Altbauten und Altanlagen sowie unterirdische Altlasten am besten wiederverwertet bzw. notfalls auch vernünftig entsorgt, z.B. durch künstliche Hügel zur Landschaftsgestaltung auf abwechslungsarmen weiten Ebenen oder zur Schaffung eines günstigen Kleinklimas. Möglichkeiten wird es immer geben. Und im Zuge der zunehmenden Rohstoffverknappung und eines zukünftigen effektiven und intelligenten Rohstoffmanagements werden die veraltenden Städte zu den Rohstoffminen der Zukunft.

Verkehr

Sobald die Anzahl der fertigen oder im Entstehen begriffenen Öko-Habitate aus den kleinen Zahlen herauskommt, gewinnt die Frage des zukünftigen Verkehrssystems eine immer größere, genau genommen sogar globale Bedeutung. Das System des hemmungslosen Individualverkehrs auf Erdölbasis nähert sich trotz steigender Ölpreise dem Kollaps und ist einer der Hauptverursacher von Umweltverschmutzung und Klimakastastrophe. Die anderen Hauptverkehrsnetze sind Flugzeug, Schiff und Bahn. Auch der Flugverkehr, der einen immensen Kraftstoffbedarf hat, verzeichnet allen Krisen zum Trotz stetige und beachtliche Zuwachsraten. Wie sind die Ansprüche einer von Öko-Habitaten geprägten zukünftigen Welt? Was ist sinnvoll? Was ist nötig?

Fangen wir mit der Betrachtung mal im Kleinen an. Wenn wir von einem Klein-Habitat mit maximal zwölf Parzellen mit je 150 Personen ausgehen, so kommen wir auf eine Bevölkerung von 1800 Personen auf einer Fläche von 336 ha. Das Gesamtareal hat also einen Durchmesser von etwa zwei Kilometern, wobei die bewohnte Fläche vielleicht 400 m im Durchmesser aufweist, wenn sich alle Wohnbereiche um einen gemeinsamen Mittelpunkt gruppieren. Das bedeutet, dass man nicht mehr als 400 m, also 5 Min. zu gehen hat, wenn man an irgendeinen bewohnten Punkt des Habitats gelangen möchte. Selbst wenn die Wohnbereiche im kompletten Habitat weit verstreut liegen, was gewollt oder durch die Umstände verursacht sein kann, ist die maximale Entfernung zwischen zwei Punkten nie mehr als 2 km Luftlinie, was zu Fuß eines Zeitaufwands von 20-30 Min. bedarf. Für den Verkehr innerhalb eines Habitats benötigt man also idealerweise keine Fahrzeuge, außer vielleicht Fahrräder. Für das interne Wegesystem sind somit keine wartungs- und rohstoffintensiven Teerstraßen erforderlich; statt dessen kann man die Wege schmaler halten und z.b. mit unverwüstlichem Granit pflastern, wobei man die Pflastersteine mit heutiger Technik sicherlich ebenmäßiger hinbekommt, als das bei mittelalterlichen Stadtkernen der Fall ist. Alternativ kann man natürlich auch Betonplatten oder Gittergrassteine verwenden. All diese Materialien versiegeln den Boden nicht, so dass man auch keine aufwendige Wasserableitung vorsehen muss. Sollte man allerdings in Gebieten leben, in denen Wasserknappheit herrscht, kann man die Wege natürlich auch durch geeigneten Aufbau unterhalb der Drainage mit einer Wassersammelfunktion ausstatten. Zusätzlich kann man die Häuser, vor allem, wenn sie näher beisammenstehen, auch mit überdachten Brücken, Hängebrücken, Laubengängen, Gewächshäusern und Tunneln miteinander vernetzen. Der Grundgedanke dabei sollte sein, Kommunikation und Austausch untereinander zu fördern.

Ein Habitatsdurchmesser von zwei Kilometern bedeutet auch, dass man bei zentraler Wohnlage zu Fuß auch nur 20-30 Min. bis zu jedem der umgebenden Habitatszentren benötigt. Dazu reichen Fahrräder und Feldwege bzw. evtl. mit Gittergrassteinen befestigte Wege. Selbst der nächste Kreis wäre zu Fuß noch gut erreichbar. Wenn jemand schlecht zu Fuß ist, oder für den kleinen Gütertransport könnte man auch darüber nachdenken, in jedem Habitat ein paar Pferdekutschen in Dienst zu nehmen. Diese sind weder energie- noch rohstoffintensiv. Weitere Verkehrsmittel hängen davon ab, was die Zukunft bereithält. Kleine, gemütliche solar- oder druckluftbetriebene Fahrzeuge in robuster und einfacher Leichtbauweise, die nicht nach wenigen Jahren Dauerbetrieb den Geist aufgeben, sondern idealerweise Jahrzehnte halten, sind für den nahen Inter-Habitat-Verkehr durchaus auch denkbar.

Die nächste Verkehrsstufe kommt zum Einsatz, wenn man sich ein wenig weiter nach oben und in die Zukunft begibt. Bleiben wir bei den zentrischen Kleinhabitaten gleicher Größenordnung, dann gruppieren sich idealerweise, wenn auch sicher nicht immer in der Praxis, sechs Kleinhabitate um ein zentrales Kleinhabitat. Diese sieben Kleinhabitate ergäben zusammen ein sechseckiges Großhabitat von maximal 12.600 Einwohnern, was bereits der Bevölkerung einer Kleinstadt entspricht. Bei einer Fläche von 5 x 6 km kann man zu Fuß immer noch jeden Punkt in etwa einer Stunde erreichen, und auch die umliegenden Großhabitatszentren liegen damit nur eine Stunde Fußwegs auseinander. Wenn man diese Strecke aber öfter zurücklegen muss, ist der Verkehr per pedes etwas aufwändig.

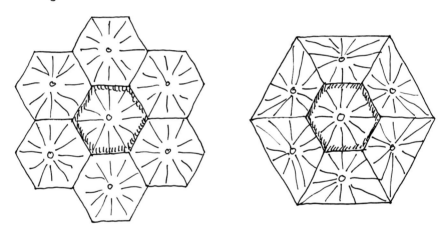

Blüten- und Diamantform eines Großhabitats

Hier bietet sich der Einsatz eines flexiblen Nahverkehrssystems an. Dieses System sollte optimal auf die zu erwartenden Bedürfnisse zugeschnitten sein. Die gegenwärtige Situation in Deutschland (stat. Bundesamt), die sich in ihrer Relation von der übrigen industrialisierten Welt nicht wesentlich unterscheiden dürfte, ist so, dass der Personenstraßenverkehr mit Autos etwa 60 % des gesamten Verkehrsenergieverbrauchs verursacht, gefolgt vom Güterstraßenverkehr mit ca. 25 %. Knapp die Hälfte des Personentransports dient Freizeit und Urlaub, der Rest beruflichen Zwecken, gefolgt von Einkaufsfahrten. Öffentliche Verkehrsmittel werden im Vergleich nur zu etwa 10-20 % genutzt. Das ist die Situation der gegenwärtigen Welt. Und zu dieser Situation gehört auch, dass die energie- und materialaufwändig hergestellten Fahrzeuge nur etwa 4 % der Zeit benutzt werden und trotzdem nur ein paar wenige Jahre halten.

Dieses Transport-, Verhaltens- und Konsummuster kann natürlich nicht als Vorbild eines Öko-Habitats dienen, eher als abschreckendes Beispiel. Und darum liegt den Öko-Habitaten auch eine gänzlich andere Lebens-, Wohn- und Arbeitsphilosophie zugrunde. Ein Öko-Habitat ist idealerweise gleichzeitig Lebens-, Wohn- und Arbeitsbereich. Man arbeitet also an Ort und Stelle und muss nicht jeden Tag 20, 50 oder 100 km zurücklegen, um zu seiner Arbeitsstelle zu kommen. Da manche Tätigkeiten etwas spezialisierter sind und nicht jedes Habitat alle Tätigkeitsbereiche abdecken kann, Beziehungen und Freundschaften einem Wechsel in ein geeignetes Habitat aber entgegenstehen können, wird es wohl auch in der Zukunft Pendelfahrten geben, wenn auch in deutlich reduziertem Umfang, was Menge und Weglänge betrifft. Zukünftige Öko-Habitate werden außerdem ein deutlich höheres Kultur- und Freizeitangebot bieten, so dass die Notwendigkeit, das eigene Großhabitat zu verlassen, eher gering sein wird. Auch der Bedarf an Urlaubsreisen zur Erholung wird zurückgehen, weil die krankmachende Arbeitswelt in den Habitaten der Vergangenheit angehören sollte, von den Auswirkungen des für den Habitatsaufbau ohnehin nötigen Bewusstseinswachstums ganz zu schweigen. Fernreisen werden dann mehr der Bildung dienen. Und wenn jemand wirklich an anderen Kulturen interessiert ist, dann steht ihm immer noch eine Möglichkeit offen, die es in der Form heute noch nicht gibt: Er kann sich, Internet sei Dank, mit anderen fernen Habitaten in Verbindung setzen und für ein paar Monate oder Jahre in ein geeignetes Habitat umziehen und auf diese Weise andere Kulturen wirklich kennen lernen und Kultur aktiv austauschen.

Was den gegenwärtigen Gütertransport betrifft, so ist dieser vor allem auf Grund einer fehlgeleiteten Wirtschaftsauffassung und von gedankenlosem Konsumverhalten so enorm. Die Wirtschaft unterscheidet nicht zwischen sinnvoll und nicht sinnvoll, sondern nur zwischen gewinnbringend und nicht gewinnbringend, unterstützt von hirngewaschenen Verbrauchern, die sich einreden lassen, dass eine Butter aus mehreren Tausend km Entfernung besser sei als die von der Molkerei nebenan, vor allem, wenn sie dabei auch noch billiger ist. Bei Luxusartikeln wie Schokolade, Kaffee oder Mangostanen wird man um Ferntransporte nicht herumkommen. Aber das Ideal der Öko-Habitate ist eine weitgehende Autonomie. Man produziert, was man kann, selbst und konsumiert auch die Eigenproduktion. Dabei können sich etliche benachbarte Habitate die Arbeit teilen. Es muss nicht jedes Habitat Sojafleisch herstellen, oder Strümpfe... Es ist besser, wenn sich ein Habitat eine Maschine anschafft, die gut genutzt wird, als wenn sich zehn Habitate die gleichen Maschinen anschaffen, die dann lange ungenutzt vor sich hin rosten. Darum fallen in den Habitaten nur sehr wenige und meist kurze Gütertransporte an.

Man kann also davon ausgehen, dass in den zukünftigen Öko-Habitaten der Verkehr mangels Notwendigkeit minimal sein wird. Richtige Stoßzeiten wird es auch nicht geben. Das bedeutet, man braucht kein großzügig ausgelegtes, regelmäßig verkehrendes Volllastsystem, sondern ein flexibles, leicht erweiterbares System zur individuellen Beförderung kleiner Passagierzahlen.

Bis es so weit ist, dass ein solches System eingesetzt werden kann, wird sicher noch viel Zeit vergehen, und über die technologischen Möglichkeiten zu diesem Zeitpunkt kann man jetzt nur spekulieren. Im Moment bieten sich zwei Möglichkeiten an, wobei die elegantere der beiden zur Zeit noch schwer durchführbar ist, aber wer weiß, was die Zukunft bringt. Dieses System ähnelt einer überdimensionierten Rohrpost. Dazu wird der Boden in einer sinnvollen Tiefe von einigen Metern von kleinen Tunneln durchzogen, in denen idealerweise ein leichtes Vakuum herrscht. Und durch dieses Vakuum rasen kleine, automatisch gesteuerte Ein-Personen-Kapseln ihrem vorprogrammierten Ziel entgegen. Da dieses System aber nur für die Überbrückung relativ kurzer Strecken gedacht ist und der Zeit-Hetz-Faktor in Öko-Habitaten keine Rolle spielen sollte, dürfte das anspruchsvolle Vakuum kein absolutes Muss sein; eine günstige aerodynamische Riffelung und unterstützende Luftpolster sollten auf weniger aufwändige Weise zu annehmbaren Ergebnissen führen. Der Nachteil dieses Systems liegt in der extrem aufwändigen Erstellung langer Röhren- oder Doppelröhrensysteme, die zudem erdbebensicher und wasserdicht ausgeführt werden müssen. Außerdem benötigt es viel empfindliche Hochtechnologie.

Die Alternative, die zur Zeit leichter verwirklichbar scheint, ist ein Kabinentaxisystem. Dazu werden in 6-10 m Höhe Schienen installiert, an denen unten eine Kabine hängt, und oben, unabhängig davon, eine weitere Kabine in die entgegengesetzte Richtung fahren kann. Die Kabinen sind in Leichtbauweise ausgeführt, bieten Platz für 4-6 Personen und werden z. B. durch Druckluft angetrieben, die in jeder Station nachgefüllt werden kann, damit man keine großen,

schweren Druckluftbehälter mitschleppen muss. Dieses System würde keine komplizierte Mechanik benötigen. Es würde durch ein Zusammenspiel mehrerer Computer geregelt, deren Wirkensbereiche sich überschneiden, so dass selbst beim Ausfall mehrerer Rechner der Betrieb weitergeführt werden könnte.

Funktionieren würden beide Systeme so, dass man an der Haltestelle sein Ziel eingibt und sich dann vollautomatisch hintransportieren lässt. Sollte gerade kein Fahrzeug bereitstehen, macht sich das nächstliegende Fahrzeug automatisch zum Anforderungsstandort auf.

Es gibt aber noch eine dritte Alternative, die zumindest dem heutigen Zeitgeist mehr entspricht: der Individual-Straßenverkehr. Dazu werden an zentraler Stelle in jedem Habitat mehrere leichte Kleinwagen mit Solar-, Elektro-, Brennstoffzellen- oder Druckluftantrieb zur allgemeinen Nutzung für den Transport zwischen den Habitaten bereitgestellt. Die technologische Entwicklung sollte bis zu diesem Zeitpunkt so weit gediehen sein, dass die Energieeffizienz und Robustheit deutlich besser als heute ausfällt. Allerdings erfordert diese Möglichkeit deutlich mehr Disziplin, da die Fahrzeuge kein geschlossenes System mit permanentem Ausgleich bilden. Da kann es dann leicht passieren, dass ein Habitat plötzlich ohne Fahrzeuge dasteht.

Wenn wir uns jetzt der Linienführung zuwenden, dann legen wir wieder das System der siebenteiligen Großhabitate zugrunde. Diese haben idealerweise eine sechseckige Struktur wie die Bienenwaben. Das bedeutet, dass jedes Großhabitat von weiteren sechs Großhabitaten umgeben ist. Wenn wir also jeweils im Zentralhabitat eine Station einrichten, dann müssen von dieser aus sechs Linien zu den umgebenden Zentralhabitaten führen. Da dies für jedes Zentralhabitat zutrifft, ergibt sich daraus ein dichtes Netz aus Linien, die alle zusammenhängenden Habitate verbinden. Durch die spezielle Geometrie ergibt es sich sogar, dass dabei auch die zwischen den zentralen Habitaten liegenden beiden Kleinhabitate durchquert werden, wenn auch nur in zwei Richtungen, statt in sechs. Auf diese Weise erhält jedes Habitat eine eigene Haltestelle.

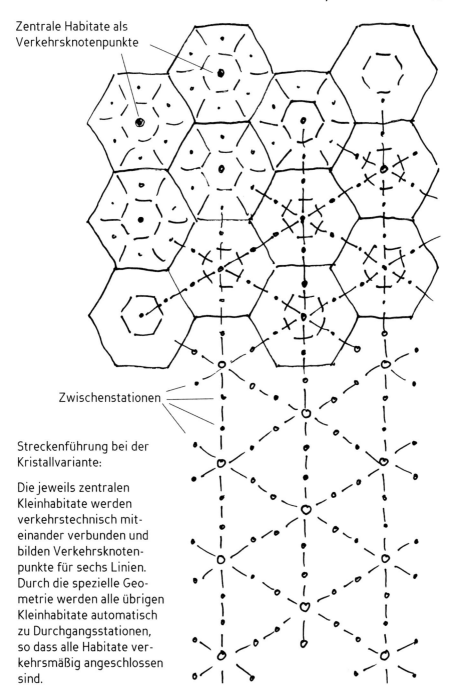

Zentrale Habitate als
Verkehrsknotenpunkte

Zwischenstationen

Streckenführung bei der
Kristallvariante:

Die jeweils zentralen
Kleinhabitate werden
verkehrstechnisch mit-
einander verbunden und
bilden Verkehrsknoten-
punkte für sechs Linien.
Durch die spezielle Geo-
metrie werden alle übrigen
Kleinhabitate automatisch
zu Durchgangsstationen,
so dass alle Habitate ver-
kehrsmäßig angeschlossen
sind.

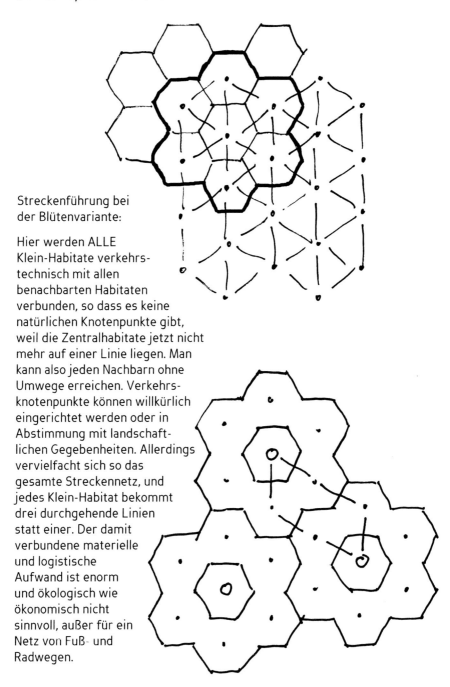

Streckenführung bei der Blütenvariante:

Hier werden ALLE Klein-Habitate verkehrstechnisch mit allen benachbarten Habitaten verbunden, so dass es keine natürlichen Knotenpunkte gibt, weil die Zentralhabitate jetzt nicht mehr auf einer Linie liegen. Man kann also jeden Nachbarn ohne Umwege erreichen. Verkehrsknotenpunkte können willkürlich eingerichtet werden oder in Abstimmung mit landschaftlichen Gegebenheiten. Allerdings vervielfacht sich so das gesamte Streckennetz, und jedes Klein-Habitat bekommt drei durchgehende Linien statt einer. Der damit verbundene materielle und logistische Aufwand ist enorm und ökologisch wie ökonomisch nicht sinnvoll, außer für ein Netz von Fuß- und Radwegen.

Damit wäre dann der Verkehrsfluss in Umkreis von ca. 30 – 50 km geregelt. Aber wie sieht es mit größeren Entfernungen aus? Nach dem gleichen Prinzip wie das Nahverkehrssystem kann man ein Verkehrssystem für einen Bereich bis vielleicht 300 km aufbauen, das seinerseits in ein wirkliches Fernverkehrsnetz einspeist, das einen ganzen Kontinent durchzieht. Für diese beiden Netze kommen Weiterentwicklungen der bekannten Eisenbahnen in Frage, die vor allem im mittleren Netz nicht unbedingt schneller sein müssen, sondern eher umwelt- und ressourcenfreundlicher. Für das Kontinentalnetz dagegen, das im Extremfall von Lissabon bis nach Südkorea oder Wladiwostok über 10.000 km überbrücken muss, sind durchaus technisch anspruchsvolle Hochgeschwindigkeitszüge angebracht, mit denen sich diese Strecke notfalls in zwei Tagen zurücklegen lässt.

Flugzeuge dagegen sind, wenn sich nicht gravierende Verbesserungen durch neue Technologien ergeben, auf Dauer ein Auslaufmodell. Sie sind zwar schnell, haben aber einen extrem hohen Wartungsbedarf und Energiehunger. In einer von Öko-Habitaten und damit einhergehend von Frieden und Zusammenarbeit dominierten Welt und im Hinblick auf eine immer bessere Telekommunikationstechnik ist es nicht mehr wirklich wichtig, schnell mal von London nach New York zu jetten. Wirtschaftliche Entscheidungen werden dann nicht mehr gegeneinander, sondern miteinander getroffen, und Konkurrenzdenken wird eher in einem freundschaftlichen Wettkampf um die besten Ideen für das Wohlergehen der Welt ausgetragen, als darin, wer die meisten Aktien hat oder sich eine umkämpfte Firma einverleiben kann. Eventuell liegt in der Silanchemie (wobei man sehr darauf achten muss, kein neues Umweltproblem zu kreieren) und neuen Formen, wie der Diskusform, und neuen Materialien noch eine Chance für schnelle Fluggeräte.

Was definitiv eine Chance hat, sind die durch die hektische Technologie verdrängten Zeppeline. Sie können beachtliche Massen auch an manche unwegsamen Stellen transportieren und mit Hilfe neuer Techniken sicher auch zentimetergenau absetzen. Sie sind zwar nicht sehr schnell und ein wenig wetterabhängig in ihrem Einsatz, aber sie sind sehr sparsam in ihrem Energieverbrauch.

Wenn der Zeppelineinsatz sich durchsetzt, kann man auch auf große Straßen für Schwertransporte verzichten, die durch die neue
Philosophie des nachhaltigen Bauens und Konstruierens sowie
durch zunehmende Modularbauweise ohnehin nachlassen werden.
Zeppeline können, zusammen mit neu konzipierten Schiffen, die
vielleicht langsamer sind als bisherige Modelle, aber Energie aus
Sonne, Wind und Wellen gewinnen können, auch den Personen-
und Güterverkehr zwischen den Kontinenten abwickeln.
Für die nächste Verkehrshierarchiestufe, den Schritt in die Erdum-
laufbahn und zum Mond, bieten sich als erster Schritt die bereits in
Planung befindlichen Weltraumaufzüge mit Weltraumbahnhof an,
sofern die derzeitigen technologischen Hindernisse überwunden
werden können. Ihre Fertigstellung würde weitere Raketenstarts
von der Erdoberfläche aus unnötig machen und die Erforschung
des Alls vom Weltraum aus, insbesondere von einer dann leichter
zu errichtenden Station auf dem Mond aus, deutlich vereinfachen.
Dann lassen sich auch neue Technologien für verbesserte An-
triebstechniken leichter testen, und der Mensch kann dann einen
Schritt im Äußeren machen, den er bis dahin vielleicht in seinem
Inneren schon vollzogen hat.

Pyramiden

Eine der ältesten bekannten Bauformen, mit der in der Vergangenheit gerne Monumental- und Zeremonialbauten auf der ganzen Erde errichtet wurden, ist die der Pyramide. Pyramiden sind statisch ausgewogen und vor allem in ihrer massiven Variante ausgesprochen erdbebensicher.

Die Gründe, diese heutzutage ziemlich unübliche Bauform in die Reihe Öko-Habitat-tauglicher Modelle aufzunehmen, sind vielfältig. Wenn es nur darum geht, mit möglichst wenig Materialeinsatz auf geringer Grundfläche möglichst viele Menschen in gut isolierten Gebäuden unterzubringen, dann sind moderne Hochhäuser sicher nicht so einfach zu schlagen. Aber ein Öko-Habitat stellt größere Anforderungen, und viele Menschen auf wenig Raum zu konzentrieren, zählt nicht dazu.

Öko-Pyramiden sind keine glatten Pyramiden, wie sie dem pharaonischen Konzept entsprechen, sondern Stufenpyramiden, obwohl man sie zum Zwecke der Solarenergiegewinnung auch glatt konzipieren kann. Die Stufen sind gut 1 m hoch und werden mit ebenso hohen erdgefüllten Wannen bedeckt, die etwa 0,5 bis 1 m breiter sind, so dass die Pyramiden von einer dicken, terrassierten Erdschicht bedeckt sind. Man kann die Stufen zwar auch schmaler und niedriger machen, aber wer Pflanzkästen mit einem Querschnitt von 30 x 30 cm oder 40 x 40 cm kennt, der weiß, dass sie schnell durchwurzelt sind, leicht austrocknen und im Winter leicht komplett durchfrieren, wobei ein Teil des Bodenlebens zugrunde geht und die notwendigen Zersetzungsvorgänge im Frühjahr nicht richtig in Gang kommen, mit der Folge, dass man die Erde in diesen Kästen jedes Jahr austauschen muss. Bei einer Bodenhöhe von 80 oder 100 cm kann der Boden gar nicht ganz durchfrieren, so dass Würmer und anderes Bodenleben, das sich im Winter in frostfreie Regionen zurückzieht, hier überleben und im Frühjahr sofort seine Arbeit wieder aufnehmen kann. Auf diesen Terrassen kann man Gemüse, Kräuter, Blumen und sogar Beerensträucher und Kleinstobstbäume anbauen, so dass ein Teil der Fläche, den die Wohnpyramide belegt, für die Bewirtschaftung gar nicht wirklich verloren geht.

Gewächshaus
auf der Spitze

Solarkollektor

Gewächshaus-/
Wintergartenstufe

Dicke Erdschicht wirkt
als Wärmedämmung

Man kann sogar einen Schritt weitergehen und eine komplette Etage aus drei Stufen mit Isolierglas verkleiden, so dass man auch im Winter mehr oder weniger Frischgemüse zur Verfügung hat, je nachdem, ob man das dadurch entstehende Gewächshaus als Kalt- oder Warmhaus oder als Wintergarten betreibt. Die Möglichkeiten der Nutzung sind jedenfalls sehr vielfältig. Hinzu kommt die Spitze der Pyramide, die idealerweise ebenfalls als Gewächshaus genutzt wird.

Wenn man zwei Stufen zusammenlegt, dann kann man die daraus entstehende senkrechte Mauer mit variabel an den Sonnenstand anpassbaren Solarkollektoren für Warmwassergewinnung verkleiden. Und die im Sommer sich unter dem vielen Glas stauende Wärme kann entweder genutzt werden, um unter der Pyramide gelegene Wärmespeicher aufzuladen oder Strom zu erzeugen.

Diese Methode, Wohnpyramiden zu errichten, sorgt für eine weitere Ähnlichkeit mit den großen Pyramiden, die über die grobe äußere Form hinausgeht. Durch die dicke Erdschicht, die sie umgibt, muss die Pyramide nur wenig wärmegedämmt werden. Die Erde sorgt dafür, dass der umbaute Raum im Winter nicht zu stark auskühlt, und im Sommer sorgt sie dafür, dass er sich nicht zu stark erwärmt. Sie stabilisiert gewissermaßen das Innenklima.

Da etwa drei Stufen einer Raumhöhe von ca. 3 m entsprechen, sind auch die Innenräume entsprechend gestuft. Wenn man nun die oberste Einbuchtung verkleidungstechnisch nach unten verlängert, bekommt man einen Schrank mit sehr viel Stauraum entlang der Außenwand, der wärmetechnisch gesehen einen zusätzlichen Puffer darstellt, und der übrige Raum ist mit ca. 3 m etwas höher und angenehmer als die zur Zeit übliche Raumhöhe, auch im Hinblick auf die zunehmende Körpergröße jeder neuen Generation. Oder man nutzt nur die untere Stufe als Stauraum und den Raum unter der zweiten Stufe als Arbeitsplatz. Dieses Design lässt jedenfalls sehr viel Raum für fantasievolle, individuelle Gestaltungen.

Natürlich kann das Design der umlaufenden Pflanzflächen nicht streng durchgezogen werden, denn jeder Raum benötigt Fenster, und es sollte auch die Möglichkeit geben, von innen das Gewächshaus zu betreten und von einer Stufe zur anderen zu gelangen. Man

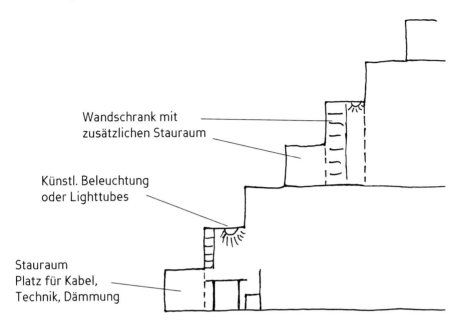

Wandschrank mit
zusätzlichen Stauraum

Künstl. Beleuchtung
oder Lighttubes

Stauraum
Platz für Kabel,
Technik, Dämmung

könnte auch Lichtschächte vorsehen, die Licht ins Innere leiten, vor allem bei größeren Pyramiden. Außerdem kann man die absolute Spitze, also die Gewächshausspitze, sowie die Erdwannenwände mit einem Lichtkollektor versehen, der Lighttubes mit Licht versorgt. Lighttubes sind speziell ausgekleidete Röhren, die Licht in verschiedene Bereiche eines Gebäudes leiten können und so für eine natürliche Beleuchtung sorgen.

Was nun die Geometrie und Größe der Pyramiden betrifft, so sind verschiedene Gesichtspunkte zu berücksichtigen.

Wenn man die Pyramide, wie die Pyramiden von Giseh, an der Nordachse ausrichtet, dann hat man eine einigermaßen gut beleuchtete Ost- und Westseite, eine sehr gut beleuchtete Südseite und eine eher dunkle Nordseite, die für produktiven Pflanzenanbau weniger geeignet ist. Dreht man die Pyramiden dagegen um 45°, so bekommen die NO- und NW-Seiten jeweils etwas mehr Licht ab als die reine Nordseite des anderen Modells, und die SO- und SW-Seiten etwas weniger als die Südseite. Und wenn man Rundpyramiden baut, bekommt man Werte zwischen diesen beiden Möglichkeiten mit fließenderen Übergängen.

Ein anderer Gesichtspunkt ist die Steilheit der Pyramiden. Der Winkel des Sonneneinfalls variiert je nach Tageszeit, Jahreszeit und die Nähe zum Äquator. Mittags und im Sommer und am Äquator steht die Sonne mit vielleicht 60° am höchsten, während sie mittags im Winter und näher an den Polen mit vielleicht 15° ziemlich niedrig steht, wie sie auch zum Morgen und Abend hin niedriger steht. Wenn man also eine ziemlich flache Pyramide hat, dann kann es sein, dass im Sommer auch die Nordseite noch Sonne abbekommt. Auf der anderen Seite bieten flache Pyramiden zwar viel Stau- aber vergleichsweise wenig Wohnraum. So hat man etwa bei einer 20 m breiten Pyramidengrundfläche und 30° Neigung nur eine Etage von 13 x 13 m (ab 2 m Raumhöhe) und ein flaches Gewächshaus zur Verfügung, während 45° bereits zwei Etagen und ein etwas größeres Gewächshaus bietet. Bei 52°, dem Winkel der Cheopspyramide, kann man entweder über zwei Etagen und ein sehr großes Gewächshaus verfügen oder über drei Etagen und ein kleines Gewächshaus. Wenn man die Pyramide gar 30 m breit macht, kann man auch noch eine Etage zulegen. Entsprechend kann man in Pyramiden dieser Größenordnungen fünf bis mind. fünfundvierzig Menschen unterbringen.

Pyramiden mit 20 m und 30 m Kantenlänge
und einer Neigung von 30°, 45° und 52°
und 3 m hohen Etagen

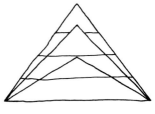

Basisbreite	20 m			30 m		
Neigungswinkel	30°	45°	52°	30°	45°	52°
Pyramidenhöhe	7 m	10 m	13 m	9 m	15 m	19 m
Wohnfläche ca.	170 m²	350 m²	530 m²	530 m²	1270 m²	1670 m²
Bewohner ca.	5	15	20	15	40	45

Für eine Habitats-Grundeinheit wären vier 30 m/45°-Pyramiden ausreichend. 45°-Pyramiden mit einer Breite von 25 m wären aber vielleicht angenehmer.

Ein Vorteil von Pyramiden ist ihr geringer Schattenwurf. Schachtelhäuser werfen relativ lange und kompakte Schatten. Bei Pyramiden ist der Schatten, der am längsten ist, auch der Schatten, der am schmalsten ist. Und ein Großteil des breiten Schattens fällt auf die Pyramide selbst. Der von Pyramiden verursachte Kernschatten auf das umliegende Land fällt also geringer aus als bei den üblichen Boxenkonstruktionen.

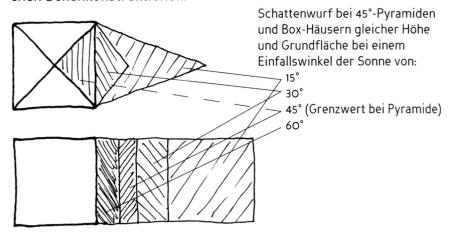

Schattenwurf bei 45°-Pyramiden und Box-Häusern gleicher Höhe und Grundfläche bei einem Einfallswinkel der Sonne von:
15°
30°
45° (Grenzwert bei Pyramide)
60°

Was nun das Innere betrifft, so sind Nordseiten generell schlecht nutzbar, da sie schlecht beleuchtet und dadurch auch kälter sind. Die große nutzbare Fläche im Erdgeschoss lädt dazu ein, Räume an den Außenwänden entlang anzuordnen, so dass in der Mitte eine relativ große Fläche freibleibt. Bei größeren Pyramiden kann man im 1. Stock eine etwas kleinere Mittelfläche freilassen, so dass der Raum auch höher und weiter wirkt. Wenn man die Nordräume bewohnen möchte, kann man sie über die schon erwähnten Lighttubes mit natürlichem Licht versorgen. Ansonsten bietet es sich an, vor allem im Erdgeschoß, diese Räume als Lager- und Wirtschaftsräume zu benutzen, also um zum Beispiel die Solartechnik und eine Komposttoilettenendstation unterzubringen, Lebensmittel zu lagern, Werkstätten einzurichten, Fahrräder abzustellen. Und natürlich sollte man einen großen, lichten Eingang zusammen mit den nach oben führenden Treppen im eher unproduktiven Norden unterbringen, gegenüber einem großen Lichtschacht im

Süden. Die große Halle kann man für Versammlungen, als allgemeinen Aufenthaltsraum, als Übungsraum oder Meditationssaal verwenden. In den oberen, kleineren Stockwerken, kann man die Räume auch von Süd nach Nord durchziehen, und auch einen Teil der Südschräge mit Glas verkleiden oder aussparen, so dass man ein nach innen verlängertes Gewächshaus erhält und mehr Licht in den nördlichen Bereich fällt.

In unmittelbarer Nähe der Küche kann man auch einen Teil der verglasten Erdstufen als Regenwurmkompostplatz verwenden, in dem die Küchenabfälle von der Wurmzucht schnell in wertvollen Kompost verwandelt werden.

Als Heizung bietet sich eine Fußbodenheizung an, die über effiziente Diffuslichtkollektoren gespeist wird, oder über die im Sommer unter der Pyramide eingelagerte Wärme.

Insgesamt ist die Wohnpyramide also eine ausgesprochen innovative Wohnstätte, die modernen Komfort mit Lebensqualität, einem hohen Grad an Selbstversorgung, wenig Naturbelastung und naturnahem Wohnen verbindet.

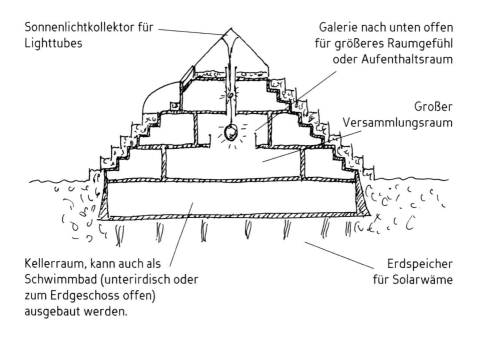

Sonnenlichtkollektor für Lighttubes

Galerie nach unten offen für größeres Raumgefühl oder Aufenthaltsraum

Großer Versammlungsraum

Kellerraum, kann auch als Schwimmbad (unterirdisch oder zum Erdgeschoss offen) ausgebaut werden.

Erdspeicher für Solarwäme

Arbeitsphilosophie

Wenn man von Öko-Habitaten spricht, dann assoziieren die meisten Menschen damit wohl unweigerlich ein Leben in Frieden, im Einklang mit der Natur und das Genießen ihrer Harmonie, also so eine Art Schlaraffenlandparadies. Aber was ist das Leben? Woraus setzt es sich zusammen? Was ist wichtig im Leben?

Man könnte sagen, zum Leben gehören Arbeit, Ruhe, Betrachtung, Meditation, Austausch, Hingabe, Schöpfung, Geben, Nehmen, Freude, Spiel... All das sind Bestandteile des Lebens. Im individuellen Leben nehmen diese Bereiche unterschiedlich viel Platz ein und erfahren eine unterschiedliche Wertschätzung. Um ein ausgewogenes, zufriedenes und erfülltes Leben in einem Schlaraffenlandparadies führen zu können, müssen alle Teile des Lebens untereinander austariert sein. Da jeder Mensch ein einmaliges Individuum darstellt, ist die Beziehung und Bedeutung der einzelnen Lebensbestandteile bei jedem Menschen auch einzigartig. Aber jeder Bestandteil hat seine Existenzberechtigung; jeder Bestandteil hat eine wichtige Funktion. Wird ein Element nicht-wesensgemäß über- oder unterbewertet, so führt das zu einem Ungleichgewicht im Leben, und dann wird das schönste Schlaraffenlandparadies zur persönlichen Hölle.

In unserer hektischen Zeit, die ungemein konsum-, leistungs-, regulierungs- und egalisierungsorientiert ist, werden durch sozialen und finanziellen Druck, dem kaum individualisierte Massen-

menschen oft nichts entgegenzusetzen haben, manche Wesens-
elemente über Gebühr gefördert und andere vernachlässigt oder
unterdrückt. Wirklich gesunde, in sich ruhende, bewusste Menschen, an denen sich wachsende oder auch haltsuchende Menschen
orientieren könnten, gibt es nur selten, und so reagieren die Menschen sehr unterschiedlich auf sie überfordernde Gegebenheiten.
Es entwickeln sich aggressive Menschen, deprimierte, workaho-
lische, vergnügungssüchtige, sich entziehende, prostestierende,
arbeitsscheue, opportunistische… Sie orientieren sich ohne groß
zu reflektieren an schlechten oder bequemen Beispielen, geben
dem einen oder anderen Druck nach oder igeln sich ein. Und zudem
fehlt neben dem guten Beispiel noch ein wirklicher Mittelpunkt. Der
einflussreichste Gott in unserem Leben ist ein selbstzufriedenes,
sich trotzig verweigerndes Ego, das alles akzeptiert, was nicht am
persönlichen Status quo rüttelt. Darüber hinaus werben auch andere mögliche Mittelpunkte um Aufmerksamkeit: Religion, Politik,
Fußball und die zugehörigen fanatischen Fraktionen für Hartge-
sottene. Dabei liegt man eigentlich mit dem Gott in uns gar nicht
so sehr daneben, nur muss man den Oberflächen-Ego-Gott links
liegen lassen und weiter nach innen vorstoßen zu den Tiefen der
Persönlichkeit, zum wahren Wesen mit dem seelischen Kern. Nur
dort kann man sich wirklich von den Formationen und Ansprüchen
und dem allgegenwärtigen Druck freimachen und einen Eindruck
davon gewinnen, welches Lebenselement welchen Platz benötigt. Doch schon auf dem Weg dorthin ist es sinnvoll, sich über die
grundsätzliche Bedeutung der Lebensbestandteile klar zu werden
und darüber, in welcher Beziehung sie zueinander stehen.
Eine Gruppe von Menschen, denen man nachsagt, dass sie zufriedener sind als andere Menschen, und dies, obwohl sie auf Sex verzichten müssen, sind die Mönche. Eine recht bekannte Lebensregel
der Mönche, genauer gesagt ein Grundsatz der Benediktiner Mönche lautet: Ora et labora – Bete und arbeite. Aber dieser Ausdruck
ist eine Verkürzung; vollständig lautet er: Ora et labora et lege;
Deus adest sine mora. Übersetzt bedeutet das: Bete und arbeite
und lese; Gott ist da ohne Verzug. Zu diesem eineinhalb Jahrtausende alten Ordensgrundsatz existiert auch eine noch ältere und

gleichzeitig moderne Entsprechung. In Indien gibt es seit Jahrtausenden drei wichtige Yogasysteme, die der benediktinischen Dreiheit entsprechen; es sind dies der Bhakti-Yoga, der Yoga der Liebe und Hingabe für das Beten, der Karma-Yoga, der Yoga der Arbeit und des tätigen Wirkens für das Arbeiten und der Jnana-Yoga, der Yoga des Wissens für das Lesen. Diese drei Yoga-Systeme hat der moderne Kosmopolit Sri Aurobindo zur Grundlage für seinen Integralen Yoga zusammengefasst, da sie die wichtigsten Bereiche des menschlichen Lebens ansprechen.

Wenn man in diesem Licht den Benediktinergrundsatz für den modernen Menschen neu formuliert, dann könnte dieser so heißen: Sei hingebungsvoll und voller Liebe, führe ein aktives und arbeitsames Leben, sei aufgeschlossen und weite beständig dein Bewusstsein, und du wirst zu dir finden. Diese drei Punkte sind also offensichtlich für ein zufriedenes Leben bei jedem Menschen von grundlegender Bedeutung, auch wenn diese für die einzelnen Elemente bei jedem individuell unterschiedlich stark ist. Erst durch diese drei Grundelemente hat man die Möglichkeit, zu jemand zu werden, eine wirkliche Persönlichkeit zu entwickeln. Alle anderen Punkte, wie schöpferischer Ausdruck, richtiges Geben und Nehmen, Austausch jeglicher Art, Seinsfreude... hängen in ihrer Authentizität vom Grad der Verwirklichung unseres tiefsten Selbst ab.

Der Aufbau eines Öko-Habitats bedarf der gleichen Tugenden. Ohne ein Mindestmaß an Liebe zu den Mit-Habitanten und der Hinwendung an sie und an das große, alle verbindende Ideal gibt es nicht den notwendigen Zusammenhalt, um aus allen Problemen und Zerreißproben gestärkt hervorzugehen. Ohne beständige Bewusstseinsausweitung und stetig wachsendes Verständnis für Andere, für kleine und große Zusammenhänge, für Abläufe und überpersönliche Erfordernisse und vor allem für das zentrale Ideal verliert man den Blick für Relationen und für das, was wichtig ist, und verzettelt seine Kräfte oder geht in die Irre. Und ohne Arbeit wird sich schlichtweg nichts bewegen. Selbst die kleinste Vision bedarf der Arbeit, um sie Wirklichkeit werden zu lassen. Und große Visionen bedürfen einer Menge Arbeit. Und wenn man ein Öko-Habitat Wirklichkeit werden lassen möchte, dann kann man die Bedeutung der Arbeit gar nicht überschätzen. Für die Anfangs-phase, die sehr lange dauern kann, wird es sich darum nicht ver-meiden lassen, dass die Arbeit eine fast zentrale Bedeutung ein-nimmt. Damit das Wesen aber nicht zu sehr ins Ungleichgewicht gerät, ist es darum ausgesprochen wichtig, die Punkte „beten" und „lesen" nicht zu vernachlässigen oder sie gar als weniger wichtig abzutun.

Wenn man also die Erschaffung und die spätere detaillierte Aus-arbeitung eines Öko-Habitats anstrebt, dann muss man sich dar-über im Klaren sein, dass in der Philosophie des Schlaraffenland-paradieses die Arbeit einen ziemlich prominenten Platz einnimmt. Eine Schöpfung ist ein arbeitsintensiver Prozess – nicht umsonst musste der biblische Gott nach vollbrachter Arbeit erst einmal eine Ruhepause einlegen. Wer also von einem Leben als naturver-bundener Couchpotato träumt, tut gut daran, einen weiten Bogen um Öko-Habitate zu machen, seien sie noch im Entstehen begrif-fen oder schon vollendet.

Wer glaubt, dass Arbeit unspirituell ist, hat das Wesen von Spiri-tualität nicht begriffen. Spiritualität ist ein stetiges Streben nach immer höheren Erkenntnissen und ihre Umsetzung im Leben und in der Materie. Das ist Arbeit in Reinkultur. Und physisch konkrete Arbeit ist auch ein Feld, in dem man gewonnene Erkenntnisse prak-tisch testen kann und das auch zu neuen Erkenntnissen zu führen vermag. Arbeit schändet also nicht – Arbeit adelt, und sie hilft, das menschliche Wesen auf der Erde und im Gleichgewicht zu halten und zu stabilisieren. Die Erde kann nur von denen gerettet werden, die aktiv etwas für sie tun; große Ideen reichen nicht aus.

Leider ist das Arbeiten seit einigen Jahrzehnten sozusagen in Ver-ruf geraten und in den reicheren Ländern macht sich zunehmend die Haltung breit, dass nur Arbeiten, denen man aus dem Weg ge-gangen ist, gute Arbeiten sind. Wo die Ursachen liegen, ist schwer zu sagen; vielleicht in der Industriellen Revolution, während der die Arbeit ihre Menschlichkeit verlor, vielleicht, als sie für den Klassenkampf instrumentalisiert wurde, vielleicht auch erst, als der Kapitalismus immer abstrusere Formen annahm und sich eine auf Gewinnmaximierung gegründete Ethik herausentwickelte, die nichts mehr mit wirklichen Lebenszusammenhängen zu tun hatte und in einer Rechtspraxis samt staatlicher Interventionen gipfelte, die von dieser Ethik abgeleitet sind. Arbeit ist heutzutage nur noch ein Mittel, sich seine Brötchen kaufen zu können, hat aber meist keinen direkten Bezug zum eigenen Leben mehr. So gesehen scheint es dann tatsächlich egal, ob diese Brötchen von der Arbeit oder vom Sozialstaat finanziert werden. Aber die meisten Sozialstaatbrötchenempfänger geben dabei die Kontrolle über ihr Leben vollends ab, nachdem sie sich eigentlich schon viel früher davon verabschiedet haben.

Eine andere kranke Blüte, die das Verhältnis von Arbeit, Gesellschaft und Wirtschaft hervorbringt, ist dieser Drang oder Zwang, schnellstmöglich in Rente zu gehen. Diese neuzeitliche Erfindung mag zwar irgendwie wirtschaftlich und gesellschaftlich begründet sein, aber sie geht an der Lebenswirklichkeit vorbei und ist absolut künstlich. Wie sinnlos eine Tätigkeit auch gewesen sein mag – man verliert nicht mit einem bestimmten Alter die Fähigkeit, diese auszuführen. Und wenn man versucht, so schnell wie möglich aus der Arbeit auszuscheiden, dann sicher nicht, weil sie einen wertvollen Platz im Leben einnahm.

Wenn man sich daran macht, ein Öko-Habitat aufzubauen, kann man diese Haltungen und alte wirtschaftliche Überlegungen getrost hinter sich lassen. Arbeiten in einem Öko-Habitat sollten so geartet sein, dass man weiß, was man warum macht, dass man einen Bezug zu seiner Arbeit hat und die Arbeit und man selbst einen Bezug zum großen Ganzen. Die Arbeit ist mehr als eine Brötchenquelle, sie ist ein integraler Bestandteil des Lebens und hört, den eigenen Möglichkeiten entsprechend, nie auf. Sie mag sich mit den eigenen Fähigkeiten und Möglichkeiten wandeln, aber sie gehört immer zum Leben. Wenn man aufhört zu arbeiten, in welcher Form auch immer, beginnt man zu sterben. Wer die Neue Welt anstrebt, muss bereit sein, die Formationen und Irrtümer der alten Welt hinter sich zu lassen. Die Neue Welt ist auf dem Leben aufgebaut, auf Zusammenarbeit, Liebe, Vertrauen und auf persönlichen wie kollektiven Fortschritt.

Erdhäuser

Bei den Pyramiden wurde ein großer Teil der Wärme-, Schall- und Strahlungsisolierung durch eine dicke Erdschicht übernommen. Dieses Konzept lässt sich mit einer anderen Bauform noch weiter und naturverbundener ausbauen, und zwar mit Erdhäusern, wie sie schon die alten Hobbits kannten, wenn auch moderner und mit Verbesserungen des Konzepts ausgestattet.

Grundsätzlich gibt es drei Versionen von Erdhäusern: Erdloch-häuser, ebenerdige Erdhäuser und Hang- und Schluchtenerd-häuser.

Erdlochhäuser werden, wie der Name schon sagt, in die Tiefe ge-baut, wie es etwa bei Erdgewächshäusern der Fall ist. Der Haupt-wohnraum liegt unter der Erdoberfläche und ist dadurch vor

Lighttube-Kollektor
und Belüftung

Sonnenkollektor

Lichtschacht, Belüftung und Fenster

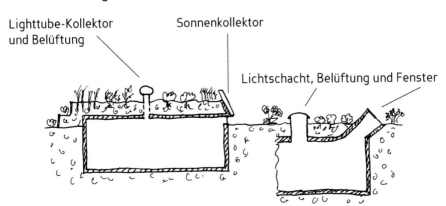

Klimaschwankungen bestens geschützt, wodurch auch der Heizbedarf geringer ausfällt. Das Dach schaut so weit über die Oberfläche hinaus, dass Platz für hochgelegene Fenster vom Südosten bis Südwesten des Hauses vorhanden ist, während der Rest des Hauses mit einer dicken, bewirtschaftbaren Erdschicht bedeckt ist. Oder man verzichtet wie die australischen Opalsucher, die auf diese Weise der Tageshitze und der Nachtkälte ausweichen, auf oberirdische Bauteile und verlegt das Haus ganz in die Tiefe und setzt Lighttubes für die Beleuchtung ein, deren oberirdische Teile man mit Belüftungsschächten kombinieren kann. Auf diese Weise kann man in unberührt wirkenden Landschaften wohnen. Der Nachteil der Erdlochhäuser liegt darin, dass Kälte und vor allem Wasser immer nach unten strömen, was bei Überschwemmungen besonders katastrophal ist. Außerdem bietet diese Konstruktion keine Möglichkeit für den Einsatz von Sonnenkollektoren.

Die beiden anderen Modelle weisen diese Nachteile nicht auf. Ebenerdige Erdhäuser werden, evtl. mit Keller, fast wie normale, eingeschossige Häuser in die Landschaft gestellt und dick (mind. 60-70 cm, besser 1 m) mit Erde bedeckt. Dieses Modell ist sehr vielfältig einsetzbar. Man kann von den Außenwänden einen Kragen in Erdstärke nach oben führen, der Platz für Solarkollektoren bietet, und die Erde befestigt. Das kann man ringsum machen, an den sonnenbeschienenen Seiten oder nur an der Südseite und an den übrigen Seiten Terrassenstufen anbringen oder sie hügelartig aufschütten. Oder man kann in der Art eines Hobbithole alle Seiten mit Erde verkleiden und nur den Platz für Fenster und Türen aussparen. Durch den Einsatz von Lighttubes und einem geeigneten Belüftungssystem können solche Häuser ziemlich weitläufig werden. Diese Art des Bauens ist gut geeignet, flache und öde Landschaften zu beleben. Man kann auch viele Häuser in vielen Bauformen (Zylinder, Pyramide mit hervorstehender Gewächshausspitze, Kuppeln, Höhlen…) kombinieren und durch Tunnel miteinander vernetzen und danach alles auf eine Ebene auffüllen. Dann hat man eine große Fläche, die man gut bewirtschaften kann. Und in die Lücken zwischen den Häusern und Tunneln kann man sogar groß wachsende Bäume setzen. Der Nachteil, den dieses System

Lighttube-
Kollektoren,
Fenster,
Belüftung

Sonnen-
kollektoren

Die Fassade ist größer als die dahinter liegenden Räumlichkeiten, weil die auf-
liegende Erdschicht verblendet werden muss, was Platz für Kollektoren bietet.

hat, ist die fehlende Verbindung der oberbaulichen Erdschicht zum Grundwasser. Je flacher also die Erdschicht ausfällt, desto schneller trocknet sie aus und muss künstlich bewässert werden. Da man Gemüse ohnehin meist künstlich bewässert, eignen sich die Flächen also am besten zum Anbau pflegeintensiver Kulturen.

Das dritte Modell sind die Hang- und Schluchtenerdhäuser. Um der Erosion vorzubeugen, die Flächen leichter bewirtschaftbar zu machen und auf Dauer die Bodenfruchtbarkeit zu erhöhen, müssen Hanglagen terrassiert werden, wie das in Asien, speziell für den Reisanbau, schon seit alten Zeiten üblich ist. Allerdings fallen die Terrassenbreiten um so schmaler aus, je steiler der Hang ist. Damit steigt auch der Aufwand für die Errichtung der Terrassen. Auf der anderen Seite münden Hanglagen meist in fruchtbare Täler, die von Straßen durchzogen und von Ansiedlungen versiegelt sind, die sich immer weiter ausbreiten und das fruchtbare Ackerland zurückdrängen. Die Hang- und Schluchtenerdhäuser wären für eine solche Gegend die ideale Bauweise. Man könnte die Täler Stück für Stück renaturieren und die Ansiedlungen in die nach Süden gerichteten Bergflanken verlegen, während man die nördlichen Flanken vor allem in den steileren Lagen bewaldet.

Hangerdhäuser sind so aufgebaut, dass man in den Hang hineingräbt, bis man tief genug ist oder auf Fels stößt. Darauf wird dann ein ein- oder auch zweistöckiges Gebäude errichtet, dessen Dach dann mit Erde aufgefüllt wird und zu einer breiten, bewirtschaftbaren Terrasse mutiert. Je höher es wird, desto breiter fällt die Terrasse aus. Viele Räume kann man der Belüftung und Beleuchtung wegen nicht hintereinander unterbringen, aber man kann zur Seite und nach oben ausweichen. Genau genommen kann man auf einen Teil des Daches bereits das nächste Haus ansetzen und so zu einer Serie von schräg übereinander liegenden Wohnungen und Terrassen gelangen. Über die Felsrückwand kann man auch Treppen führen, welche die verschiedenen Etagen wettergeschützt miteinander verbinden. An den Frontseiten kann man Solarkollektoren anbringen, die im Sommer die überschüssige Wärme in den Fels leiten, der sie im Winter wieder abgibt. Zusätzlich kann man die Frontseite bis maximal über die gesamte Terrassenbreite mit einem Anlehngewächshaus überdachen, das man als Wintergarten, aber auch für den Anbau von Intensivkulturen nutzen kann.

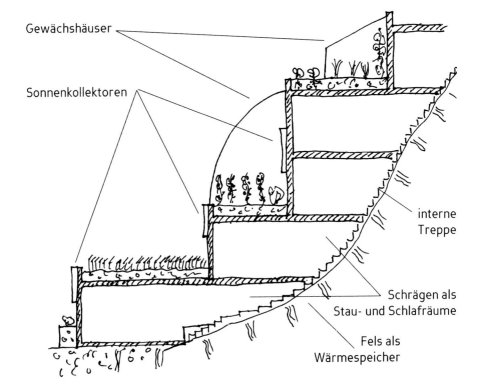

Gewächshäuser

Sonnenkollektoren

interne
Treppe

Schrägen als
Stau- und Schlafräume

Fels als
Wärmespeicher

Eine Sonderform der Hangerdhäuser sind kaskadierende Erdhäuser. Wegen der Hanglage und aus Beleuchtungsgründen kann man Erdhäuser meist nicht besonders tief machen. Kaskadierende Erdhäuser machen aus diesem Problem eine Tugend, wenn der Hang nicht zu steil verläuft. Das sieht dann so aus, dass man das Haus ganz normal anfängt, aber wenn man an das hintere Ende stößt, baut man eine Stufe mit einer Treppe und macht das Haus entsprechend höher, so dass man dann Platz für ein Oberlicht und eine Belüftungsmöglichkeit gewinnt. Auf diese Weise kann man sehr lange Räume schaffen, die man auch in mehrere Zimmer aufteilen kann. Man kann sogar einen ganzen Hang in ein riesiges Erdhaus mit Fluren, Zimmern und Versammlungsräumen verwandeln.

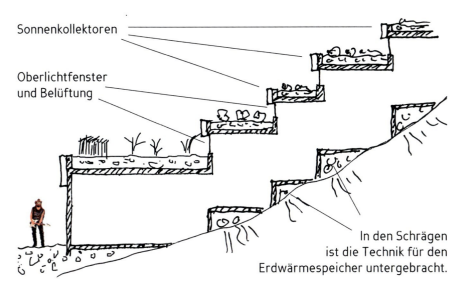

Sonnenkollektoren

Oberlichtfenster und Belüftung

In den Schrägen ist die Technik für den Erdwärmespeicher untergebracht.

Bergflanken verlaufen aber selten längere Zeit geradlinig, sondern weisen immer wieder Einschnitte auf, kleine Schluchten, die man im Zuge der Terrassierung auch überbauen und dabei begradigen kann. Die dadurch gewonnenen Räume und Terrassen werden dabei deutlich größer und lassen sich für vielfältige Zwecke einsetzen, vor allem als Räumlichkeiten für Feiern und Versammlungen, aber auch als Sammelbecken für Wasser, das nicht nur zum Trinken und als Brauchwasser verwendet werden kann, sondern auch, um kleine dezentrale Wasserkraftwerke zu betreiben, besonders, wenn durch die Schlucht natürlicherweise ein Bach fließt.

Wasserdurchleitung

Gewonnene Kulturfläche durch Ausnutzung von Einbuchtungen. Darunter: Erdhaus, Lagerraum, Wasserreservoir...

Eine der übereinander liegenden Terrrassen kann man nutzen, um ein kleines Nahverkehrssystem zu beherbergen, das die einzelnen Öko-Habitate, die sich entlang der Talflanken bilden, miteinander verbindet.

Für alle Erdhausformen gibt es natürlich die Möglichkeit, sie zusätzlich noch ganz oder teilweise mit einem Gewächshaus zu überdachen, so dass der Effekt der Wärmeisolation noch stärker ausfällt und man das Gewächshaus außerdem auf reizvolle Weise auch wohntechnisch integrieren kann.

Gartenbau und Landwirtschaft

Der erste Gedanke, wenn man den Begriff Öko-Habitat hört, gilt sicherlich in den meisten Fällen der Natur im Allgemeinen und dem Gartenbau und der Landwirtschaft im Besonderen. Das Überleben des Menschen ist trotz aller Technisierung der letzten Jahrhunderte immer noch in nicht geringem Maße von der Natur abhängig. Zunehmendem Wissen und den Erleichterungen durch vielfältigen Technologieeinsatz haben wir es zu verdanken, dass die Ernährungssituation, vor allem in den Industrieländern, besser ist als je zuvor, was sich auch im zunehmenden Durchschnittsalter und seit dem Mittelalter stetig steigender Körpergröße bemerkbar macht. Trotzdem sind viele Menschen unzufrieden mit der vorherrschenden Nahrungsmittelproduktion. Dass sie sich mehr an äußeren als an inneren Werten und an Wirtschaftlichkeitsüberlegungen orientiert, woran die Konsumenten durchaus nicht unschuldig sind, ist ein häufiger Kritikpunkt. Und damit zusammenhängend ist der zweite Kritikpunkt der nachgerade sorglose Einsatz von Kunstdünger und Bioziden aller Art. Und seit Neuestem ist als dritter Punkt die Gentechnik in den Brennpunkt der Kritik gerückt. Mit all diesen Fragen müssen sich die Öko-Habitate, die für die Einführung und Optimierung einer Landwirtschaft der Zukunft prädestiniert sind, eingehend beschäftigen.

Was die Lebensmittelqualität betrifft, so erwarten die Konsumenten ein perfektes Äußeres mit einem köstlichen Geschmack, langer

Haltbarkeit und günstigem Preis. Da sich Geschmack und Haltbarkeit aber erst bei der Zubereitung und dem Verzehr bemerkbar machen, werden Kaufentscheidungen gerne über Aussehen und Preis getroffen. Und deshalb baut die Nahrungsmittelindustrie bevorzugt Sorten an, die eine zuverlässige und reiche Ernte an optisch makellosen und robusten, möglichst kaum nachreifenden Früchten garantieren. Dagegen wäre an sich kaum etwas einzuwenden, aber was in den Supermärkten zu sehen und zu kaufen ist, verhält sich zur Wirklichkeit wie die Spitze eines Eisbergs zu seinem verborgenen Unterbau, und es verändert unsere Ansprüche und unsere Wahrnehmung der Wirklichkeit wie eine regelrechte Gehirnwäsche. Wir haben keinen wirklichen Bezug mehr zu unserer Nahrung, sondern in zunehmendem Maße einen Bezug zu unserem heimischen Supermarkt. Was wir kaufen, sind keine Produkte, sondern Formationen, Vorstellungen, wie die Wirklichkeit zu sein hat. Da soll es bereits Kinder geben, die keine Erdbeeren mögen, weil diese nicht so schmecken, wie im Erdbeerjoghurt. Das klingt vielleicht für viele Zeitgenossen wie Ausrutscher in der Statistik, aber unser Essverhalten wird dazu führen, dass das in 50 Jahren die Norm sein wird. Oder eine andere Sache: Wer würde farblosen Apfelsaft kaufen? – Niemand. Warum? – Weil er nicht gut schmecken kann. Ein guter Apfelsaft ist goldbraun. Doch woher kommt die Farbe? Für die Apfelsaftgewinnung werden die Äpfel vermahlen und gepresst. Dabei kommt der frische Apfelbrei mit dem Sauerstoff der Luft in Berührung, und die Oxidation der im Apfel vorhandenen Polyphenole sorgt dafür, dass sich der braune Farbstoff bildet. Das ist das gleiche Phänomen, das dafür sorgt, dass angeschnittene Äpfel auf der Schnittfläche braun werden. Die Menge an Polyphenolen ist bei verschiedenen Apfelsorten unterschiedlich, und so werden vermehrt Sorten angebaut, die polyphenolarm sind, damit angeschnittene Äpfel länger appetitlich aussehen und, da viele Polyphenole auch eher sauer sind, gefälliger und süßlicher schmecken. Dummerweise unterbinden die Polyphenole auch eine Immunreaktion des menschlichen Körpers auf Apfeleiweiß, so dass mittlerweile bereits häufiger Fälle von Apfelallergie auftreten. Was den Apfelsaft betrifft, so bedeutet eine braune Farbe, dass entweder Äpfel mit reichlich Polyphenolen versaftet wurden (was gut ist), oder der Saft relativ lange dem Luftsauerstoff ausgesetzt war (was schlecht ist), oder beides. Ein heller bis farbloser Apfelsaft hingegen bedeutet, dass entweder polyphenolarme Sorten verwendet wurden (was schlecht ist), oder dass sie zügig und vitaminschonend oder in gut gekühltem Zustand (Kälte verlangsamt die Oxidation) verarbeitet wurden (was gut ist), oder beides. Man sieht also, dass die Farbe des Saftes nichts über seine Qualität aussagen kann, auch wenn wir dies noch so sehr glauben. Dass der Apfelsaft goldbraun ist, liegt also vor allem daran, dass der Konsument ihn so will; mit dem heutigen Wissen und der aktuellen Technik wäre es kein Problem hochwertigen, farblosen Apfelsaft herzustellen, wenn er denn gekauft würde.

Ein anderes Phänomen, das auftaucht, wenn die Menschen den Bezug zur Produktion von Nahrung verlieren, sind Schwierigkeiten bei der Einschätzung der Qualität naturbelassener Nahrung. So werden etwa glänzend polierte Äpfel als gesund angesehen, auch wenn Äpfel sortentypisch eher fettig, wachsig oder rau sind. Oder es wird angenommen, Pflaumen und Zwetschen seien gespritzt, wenn sie eine dünne Wachsschicht aufweisen, aber diese Beduftung, wie sie genannt wird, ist natürlichen Ursprungs, und ihre Unversehrtheit zeugt zwar nicht von Giftstofffreiheit, aber doch von schonendem Transport.

Für Öko-Habitanten ist es also wichtig, einen neuen, objektiveren und unmittelbareren Bezug zur Nahrung zu finden und mehr Wert auf die inneren als auf die äußeren Qualitäten zu legen, vor allem, wenn man sich die Philosophie der Öko-Habitate zu eigen macht, so weit wie möglich autark zu werden, insbesondere was die Nahrungsmittelproduktion betrifft. Auch sollte man sich im Klaren darüber sein, wie die schöne Supermarktware zustande kommt, denn die Natur kennt keine Norm-Möhren und Norm-Pfirsiche. Die Ergebnisse der Natur folgen eher einer mal mehr, mal weniger steilen Gaußschen Normalverteilung. Das bedeutet, um wieder auf die Äpfel zurückzukommen, dass ein Apfelbaum unter Normalbedingungen eine geringe Anzahl sehr großer, eine größere Anzahl großer, eine sehr große Anzahl mittlerer, eine größere Anzahl kleiner und eine geringe Anzahl sehr kleiner Äpfel hervorbringt. Dasselbe gilt auch für den Reifegrad und die äußere Unversehrtheit der Äpfel. Durch geeignete Schnittmaßnahmen, Düngung, chemische Ausdünnung und Einsatz diverser Spritzmittel kann man den Median, die Hauptmasse der Äpfel in Richtung höherer Ausbeute an großen und schönen Äpfeln bewegen. Aber so viele Mittel man auch einsetzt, das, was man im Supermarkt bekommt ist immer nur ein Teil der Ernte. Der Rest wird entweder, je nach Geschäftsmodell, entsorgt, versaftet, vermust, zur Herstellung von Pektin oder Konzentraten verwendet. In einem Öko-Habitat, das möglichst wenig im Supermarkt einkauft, muss man sich mit dem weniger schönen Anteil der Ernte selbst beschäftigen, und diesen einfach zu entsorgen, ist nicht die Option der Zukunft. Ganz im Gegenteil sollte man sich hier ein wenig an der Philosophie der Indianer orientieren, die immer danach getrachtet haben, jeden Bison, den sie erlegten, möglichst vollständig zu verwerten und nicht leichtfertig mit den Gaben der Natur umzugehen.

Zwar muss man die Ansprüche an die äußere Qualität der produzierten Nahrungsmittel etwas zurückstellen, aber das heißt nicht, dass Öko-Habitate schlechter produzieren als konventioneller Land-, Obst- und Gartenbau. Allerdings ist es schwieriger, den Anteil an Premiumware zu erhöhen, wenn man auf die chemische Keule aus Kunstdünger, Bioziden, Wachstumshormonen und Ähnlichem verzichtet. Dem kann der ökologische Anbau nur mit einem Mehr an Arbeit und an Wissen entgegentreten. Aber auf Dauer gesehen zahlt sich die ökologische Wirtschaftsweise aus, während die mittlerweile traditionellen technologischen Anbauverfahren genau betrachtet ein Verlustgeschäft sind, ein ungedeckter Kredit auf die Zukunft, denn manche Unkrautvernichtungsmittel zerstören aktiv die Fruchtbarkeit des Bodens, andere Biozide töten das Bodenleben ab, kunstdüngeroptimierte oder überdüngte Pflanzen verlangen einen stärkeren Einsatz von Pestiziden, und die Bodenfruchtbarkeit ist ein vernachlässigter Faktor, was dazu führt, dass der Humusgehalt in traditionell bewirtschafteten Böden drastisch gesunken ist und damit auch deren Fähigkeit, Wasser zu regulieren und zu halten, als Nährstoffpuffer und -reservoir zu dienen und den Boden locker und luftig zu halten. Und deswegen haben traditionell orientierte Landwirte unter trockenen Sommern auch mehr zu leiden als ökologisch wirtschaftende.

Die Grundlagen der Bewirtschaftung der Anbauflächen in Öko-Habitaten ergeben sich daraus eigentlich von selbst. Viel Gründüngung, viel Mulch, überlegte Fruchtfolge, minimale Bodenbearbeitung, viel Handarbeit, zukunftsorientiertes Denken, Arbeit mit der Natur. Auf diese Weise wird der Boden stetig verbessert, der jene Grundlage pflanzlichen Lebens ist, auf die wir den meisten Einfluss haben. Dazu gehört aber auch, alle Ressourcen zu nutzen, die uns zur Verfügung stehen und sie nicht zu verschwenden und dabei möglichst autark zu wirtschaften. Rhizinusschrot oder Hornspäne zuzukaufen mag zwar eine Zeitlang akzeptabel sein, aber nicht auf Dauer, wenn sie nicht gerade in Öko-Habitaten der Umgebung im Überfluss produziert werden. Da die Viehhaltung in Öko-Habitaten meist stark reduziert oder nicht existent sein wird, fällt auch der Mist als Düngerquelle weg. Da die Düngung offensichtlich ein Problem sein wird ebenso wie Ungleichgewichte in den biologischen Zusammenhängen, werden Öko-Habitate vermehrt in dieser Richtung forschen müssen. Neben den bekannten Jauchen, Kompostwirtschaft, stickstoffbindenden Leguminosen mit ihrem eiweiß- und damit stickstoffreichen Kraut als Mulchmaterial bieten sich etwa Algen und Mikroorganismen als neue hilfreiche und vielleicht auch harmonisierende Geister an.

Außerdem sollte man eine ganz wichtige Stickstoffquelle nicht verdrängen, wie dies gerne getan wird: unsere Ausscheidungen. Wir haben kein Problem damit, Kuh- und Pferdemist zu verwenden, aber unser eigener Mist ist tabu. Dabei sind unsere Ausscheidungen etwas, das dem Kreislauf der Natur stetig nur entnommen wird. Aber in einem Habitat nehmen wir von der Natur und müssen auch wieder zurückgeben, wenn wir kein Ungleichgewicht schaffen wollen. Und so unappetitlich oder gar bedenklich, wie sich das manche Menschen vorstellen, muss das auch gar nicht sein. Natürlich ist zuerst mal wieder etwas Bewusstseinswachstum nötig, denn ein Tabu zeigt immer einen unbearbeiteten Aspekt in uns auf, mit dem wir uns auseinandersetzen müssen. Und natürlich müssen wir uns auch von manchen liebgewordenen Formationen lösen, die uns einflüstern, dass „das" nun wirklich nichts ist, worüber wir uns Gedanken machen müssen. Sobald man dann mit der „Fäkalproblematik" zurechtkommt, ist es auch kein Problem mehr, zu einer Lösung zu finden. Komposttoiletten gibt es schon, so dass man keine komplett neue Technologie erfinden muss. Wenn es tatsächlich schwerwiegende mikrobiologische Einwände gibt, dann sollte es kein Problem sein, die Solartechnologie zu nutzen, um unseren Urin und Kot zu sterilisieren, evtl. unter Einbeziehung starker UV-Leuchten. Und danach kann man ihn, zusammen mit Erde, Tonmehl, Laub, Grünzeug, Essensresten und Mikroorganismen so kompostieren, dass würzig riechender Kompost entsteht.

Die Kultivierung der Pflanzen ist aber nur ein Aspekt, der Einfluss auf Erntemenge sowie innere und äußere Qualität der geernteten Produkte hat. Eng damit verbunden, ist die Sortenfrage. Die moderne Züchtung arbeitet Hand in Hand mit der chemischen Industrie darauf hin, die Pflanzen auf eine optimale Kunstdüngeraufnahme und Gifttoleranz hin zu züchten und die Kunden der Züchter von diesen abhängig zu machen. Ab und zu wird auch versucht, krankheits- und schädlingsresistentere Pflanzen zu züchten, bevorzugt in Kombination mit Hybridzüchtung, damit man das Saatgut nicht weitervermehren kann. Gleichzeitig werden immer mehr Sorten, vor allem alte Sorten, auch mit den Mitteln der Gesetzgebung vom Markt verdrängt, so dass der Genpool, der für Neuzüchtungen zur Verfügung steht, immer kleiner wird, beziehungsweise nur noch den Firmen zugänglich ist, die um den globalen Monopolstatus kämpfen.

Dieser Verarmung entgegenzuwirken sollte eine der Aufgaben eines Öko-Habitats sein. Wenn jedes Habitat wertvolle alte und damit ungeschützte Sorten weitervermehrt, kann der genetischen Verarmung Einhalt geboten werden, und man kann durch Anbautests aus der Vielfalt der dann verfügbaren Sorten diejenige herausfinden, die unter den gegebenen Bodenverhältnissen und den klimatischen Bedingungen am besten gedeiht. Darüber hinaus sollten in möglichst vielen Öko-Habitaten eigene Pflanzenzuchtarbeiten erfolgen, sei es mit dem Ziel der Auslese bestimmter

Qualitäten oder der Zucht von Landsorten. Diese sind vor allem im Getreideanbau bekannt. Heute werden fast nur noch Hochzuchtsorten angebaut, die zum Beispiel für die Bierherstellung, die Brot- oder die Feinbäckerei optimiert wurden. Die einzelnen Pflanzen eines solchen Feldes sind sich genetisch extrem ähnlich, was zu gleichmäßigen Erträgen mit gleichmäßiger Qualität führt, was an sich nichts Schlechtes ist. Allerdings reagieren auch alle Pflanzen auf die Umweltbedingungen auf die gleiche Weise. Wenn sie also mit dem Wetter nicht zurechtkommen, dann leiden alle Pflanzen darunter. Bei den alten Landsorten war das anders. Hier unterscheiden sich die einzelnen Pflanzen stärker voneinander, sie weisen also eine höhere genetische Variabilität auf. Wenn hier Pflanzen mit einer Wetterlage oder einem Schädling nicht zurechtkommen, dann gibt es andere, die damit weniger Probleme haben. Durch die eigene Nachzucht selektieren sich so langfristig automatisch Pflanzengemeinschaften heraus, die an das lokale Wettergeschehen und andere Ertragsfaktoren gut angepasst sind. Diese Landsorten haben zwar nicht die hohen Maximalerträge und die optimale Backfähigkeit der Hochzuchtrassen, aber sie liefern einen recht zuverlässigen Ertrag und sind relativ unempfindlich – und sie machen von der Saatgutmafia unabhängig.

Sortenwahl und Züchtung haben einen nicht zu unterschätzenden Einfluss auf Ertrag, Qualität und Schädlingsresistenz unserer Nutzpflanzen und sind darum für eine erfolgreiche Selbstversorgung von Öko-Habitaten eminent wichtig. Bei Kopfsalat gibt es zum Beispiel Sorten mit allen möglichen Grün-Schattierungen. Hellgrüne Sorten sind beim Konsumenten beliebt, weil sie zarter und lieblicher sind, während dunkle Sorten härter sind und mehr Biss haben. Auf der anderen Seite lassen sich Blattläuse lieber auf hellen Sorten häuslich nieder, weil sie diese leichter anbohren können. Helligkeit und Zartheit kann auch bedeuten, dass eine Pflanze schneller wächst, z.B. durch ein großes Nährstoffangebot und reichlich Wasser. Das Gewebe wird schwammiger und wird dann leichter von den allgegenwärtigen Pilzen befallen. Dann ist es auch so, dass Pflanzen abhängig von Sorte, Reifegrad und Umweltbedingungen, unterschiedliche Gehalte an Inhaltsstoffen aller Art haben (Vitamine, Mineralien, Polyphenole, Tannine, Zucker, Stärke, Eiweiß, ätherische Öle...), die wiederum auch für die Pflanzengesundheit mitverantwortlich sind. Ein Boskop-Apfel ist zum Beispiel gehaltvoller als ein Golden Delicius, ein reifer gehaltvoller als ein unreifer. Ein gut ernährter Blumenkohl ist gesünder und gehaltvoller als ein überernährter oder ein unterernährter.

Wichtig ist, dass man echte Sorten anbaut und testet, wie ihre Qualität, Wuchsfreudigkeit, Gesundheit und Ertrag unter den Anbaubedingungen des Öko-Habitats ausfallen. So nützt es nichts, wenn man Industrietomaten anbaut, die darauf gezüchtet wurden, im Gewächshaus einen hohen Ertrag zu liefern, schnell rot zu werden, platzfest, transportunempfindlich und lange lagerbar zu sein und dann feststellt, dass die Früchte zwar super aussehen, innen aber noch grün sind und wässrig schmecken. Auch bringt es nichts, eine gesunde und ertragreiche Sorte zu kultivieren, bei deren Züchtung Kunstdünger und reichliche Wassergaben der Standard waren, denn die Wahrscheinlichkeit ist groß, dass diese Sorten unter weniger komfortablen Bedingungen versagen, weil den Wurzeln die Kraft fehlt, in freier Wildbahn genügend Nährstoffe und Wasser aus dem Boden zu ziehen. Diese Sorten sind mehr für die Bedürfnisse der chemischen Industrie gezüchtet.

Und die Tendenz der Pfründe-Züchtung nimmt immer mehr zu. Die Hybridzüchtung etwa war ursprünglich dazu da, durch Synergieeffekte, den sogenannten Heterosis-Effekt, zu Ertragssteigerungen zu gelangen. Dass Hybridsorten nicht nachgebaut werden können, war anfangs ein angenehmer Nebeneffekt für die Züchter. Mittlerweile ist Qualität eins der unwesentlichsten Zuchtziele geworden. Wichtiger für die Züchter sind äußere Merkmale, eine zunehmende Abhängigkeit der Käufer, die irgendwann kein eigenes Saatgut mehr haben, auf das sie ausweichen könnten, und Synergieeffekte mit der chemischen Industrie, die meist zum eigenen Konzern gehört. Das ist etwa der Fall bei einer Maissorte, die gegen ein bestimmtes Unkrautvernichtungsmittel unempfindlich ist, so dass der Landwirt neben der teuren Maissorte beim gleichen Hersteller meist auch gleich das zugehörige teure Herbizid ordert. Seit einiger Zeit kommen für diese Züchtungsarbeiten auch gentechnische Verfahren zum Einsatz, etwa die Einbringung von artfremden Genen in das Pflanzengenom, um die Pflanze zur Produktion von speziellen Giften zu veranlassen, die einen bestimmten Schädling abwehren sollen. Was diese Gensequenz und ihr Produkt aber in der Interaktion mit anderen Genabschnitten und Inhaltsstoffen in der Zelle und dem Gesamtorganismus darüber hinaus anrichtet, ist unbekannt. Wir verstehen noch nicht einmal annähernd die Zusammenhänge auch nur der bekannten Substanzen im menschlichen Körper, und es gibt da noch viele unbekannte Substanzen zu entdecken; und dabei dürfte er der mittlerweile besterforschte Organismus auf der Erde sein. Wie sollen wir da wissen, was ein artfremdes Gen alles anrichten kann – und wie wollen wir wissen, wie die übrige Tierwelt darauf reagiert, dass eine bestimmte Substanz plötzlich gewissermaßen verkleidet ihr Unwesen treibt? Ist die Natur darauf eingestellt, mit einer aus dem Zusammenhang gerissenen Substanz und deren unbekannten Derivaten zurechtzukommen?

Nun ist Gentechnik an sich nichts grundlegend Schlechtes, sowenig wie Atomphysik etwas grundlegend Schlechtes ist. Aber wenn man nur mit Dollaraugen durch die Mikroskope sieht, werden mögliche Gefahren schnell heruntergespielt und die Geldbörse zur obersten Gewissensinstanz erklärt. Es ist so wie so oft, dass der Mensch mehr Möglichkeiten als Bewusstsein hat. Dabei kann man mit der Gentechnik viele Dinge machen, die anders nur erschwert oder gar nicht möglich sind. Eine verantwortungsvolle Gentechnik, die Zusammenhänge kennt und weiß, was nötig ist, wird in der Zukunft sicher eine Rolle spielen. Gentechnik bedeutet im Grunde genommen nur, dass man Dinge schafft, welche die Natur von sich aus nicht so ohne weiteres zustande bringt, und das betrifft auch die ganz konventionelle Sortenzucht, über die Auslese. Die Sorten, die dadurch entstehen, sind Lebensformen, die in der Natur als Potenzial durchaus angelegt sind, die sich aber nie dauerhaft verwirklichen konnten, weil es in der Natur die entsprechenden Umweltbedingungen nicht gibt. Das bedeutet im Umkehrschluss, dass diese im Grunde genommen anthropogenen Sorten auch in kürzester Zeit verschwunden sind, wenn der Mensch nicht für die

nötigen Umweltbedingungen sorgt. Die Gentechnik ist bei der Erzeugung anthropogener Sorten nur eine weitere Variante, die zur Zeit ausgesprochen verantwortungslos und ohne Not angewendet wird. So brüstet sich die Gentechnik mit dem sogenannten Goldenen Vitaminreis, der vermutlich wieder Menschen in Armut und Abhängigkeit treiben wird. Dieser Reis ist ein Zeichen für das, was die Gentechnik vermag. Aber er ist auch ein Zeichen für die Bankrotterklärung der menschlichen Gesellschaft, die glaubt, alles mit Technologie lösen zu müssen. Wo man Reis anbauen kann, kann man auch Obst und Gemüse kultivieren. Damit lässt sich Vitaminmangel viel einfacher und gesünder beheben, denn in Obst und Gemüse finden sich viele weitere gesundheitsfördernde Substanzen als nur Vitamin A. Man muss die Lebensumstände so verbessern, dass die Menschen in der Lage sind, sich selbst zu versorgen. Ihnen einen anderen Reis zu geben und die desaströsen Lebensumstände weiter zu zementieren, ist verantwortungslos.
Wie könnte die Zukunft der Sortenfragen im Öko-Habitat aussehen? Ungeschützte Sorten selbst weiterzuvermehren, ist ein erster Schritt. Eigene Landsorten zu züchten, wäre der nächste. Dazu nimmt man eine Vielzahl beliebiger Sorten, auch von Hybridsorten, oder Sorten, die gewünschte Eigenschaften aufweisen wie Trockenheitsresistenz, guter Ertrag, Robustheit, Vitamingehalt... Dann vermascht man sie, das heißt, man baut sie zusammen an, so dass sie sich alle untereinander kreuzen. Die Mischung wird im darauffolgenden Jahr angebaut, und Pflanzen mit unerwünschten Eigenschaften entfernt. Mit den Nachkommen dieses Anbaus wird im nächsten Jahr genauso verfahren. Macht man dies mehrere Jahre hintereinander oder kontinuierlich, so entsteht im Laufe der Zeit eine Landsorte, die an das eigene Klima und den Boden angepasst ist.
Eine neuere Methode, eine größere genetische Varianz zu erzeugen, wurde erst vor Kurzem entdeckt und muss noch weiter untersucht und bewertet werden. Sie besteht darin, Saatgut einem elektrostatischen Feld auszusetzen. Dadurch kommen evolutionär alte Erbinformationen wieder zum Vorschein. Das klingt etwas esoterisch, weil man dadurch eigentlich keine Gene verändern oder

gar gezielt rückwärts mutieren lassen kann. Aber es gibt ein neues Gebiet in der Genetik, das sich Epigenetik nennt. Die bisherigen Erkenntnisse lassen den Schluss zu, dass sich in der Evolution häufig weniger das Genom an sich ändert, als vielmehr überwiegend der Zugriff auf die Gene. Diese können an- und abgeschaltet werden, bleiben aber im Genom erhalten. Anpassungsvorgänge bedingen also meist eine Änderung auf den Genzugriff, der vererbbar ist. Mit einem elektrostatischen Feld hat man also die Möglichkeit, verloren geglaubte Erbinformationen, also auch die ehemalige Robustheit alter Kultursorten, ungesteuert wieder zu aktivieren. Diese Technik ist ein wenig ungefährlicher als das gentechnische Hinzufügen artfremder Gene, denn es können nur Gene aktiviert werden, die zum jeweiligen Organismus gehören, aber sie ist trotzdem nicht gänzlich gefahrlos, denn dabei können auch Gene wieder wirksam werden, die Gifte zur Abwehr von Fraßfeinden erzeugen oder die durch die Evolution deaktiviert wurden, weil sie sich aus irgendeinem Grund als schädlich erwiesen haben. Diese Züchtungstechnik sollte am Besten von intensiver Analytik begleitet werden, um eventuelle Gefahrenpotenziale einschätzen oder ausschließen zu können.

Diese Erkenntnisse bedeuten aber auch, dass vieles von dem, was wir noch werden können, bereits in uns enthalten ist, und nur noch nicht aktiviert wurde. Sie bedeuten auch, dass es für alle Organismen Möglichkeiten gibt, sich im Rahmen der genetischen Konstitution weiterzuentwickeln und an Umweltbedingungen anzupassen. Für die Züchtung der Zukunft muss man sich die Frage stellen, wie weit epigenetische Veränderungen und damit Züchtungserfolge ein Ausdruck des Bewusstseins sein können. In Maßen können elektrostatische Felder ein Werkzeug für bessere Züchtungen sein. Doch ihre Sicherheitslage ist noch unklar. Aber vielleicht führt die Bewusstseinsentwicklung des Menschen auch zu einem bewussteren und direkteren Einfluss auf die epigenetische Prägung unserer Nahrungspflanzen.

Garten- und Landbau in Öko-Habitaten bedeutet ein Wirtschaften mit der Natur zu beiderseitigem Nutzen und mit einem Minimalaufwand an externer Energie. Die pflanzliche Natur hat Millionen von Jahren ganz gut gelebt, ohne dass der Mensch Guano, Phosphate, Kalk und Ähnliches herangekarrt hätte. Riesige Erdölfelder und dicke Kohleflöze zeugen davon. Auf der anderen Seite freut sich die Natur auch über die Düngung des Amazonasgebietes mit herübergewehtem Saharastaub oder über die Mineralstoffzufuhr durch milchiges Gletscherwasser oder durch die Überschwemmungen des Nils. Von solchen Zufuhrmethoden abgesehen hat die Natur Mechanismen entwickelt, sich die benötigten Nährstoffe zu erschließen oder hat Arten entwickelt, die an niedrige Nährstoffkonzentrationen angepasst sind. Auf der anderen Seite sind die Mehrzahl unserer Nahrungspflanzen, auch wenn sie bereits sehr alt sind und mit modernen Züchtungsmethoden noch keine Bekanntschaft gemacht haben, im Grunde genommen Hochleistungssorten. Wenn man sich zum Beispiel die Möhre ansieht, so produziert deren Wildform eine Wurzel, die vielleicht bleistiftdick ist und nicht die Orangefärbung aufweist, die von einem hohen Vitamin-A-Gehalt zeugt. Durch ihren in die Breite gehenden Wuchs nimmt sie ein Vielfaches von dem Platz in Anspruch, den eine moderne Möhre benötigt, so dass man vielleicht das Hundertfache an Fläche benötigen würde, um das gleiche Gewicht durch robuste wilde Möhren zu erzeugen. Da die Kulturpflanzen nur deswegen so ertragreich sind, weil sie durch den Menschen geschützt werden und von seiner Pflege abhängig sind, können sie mit widrigen Umständen weniger leicht fertig werden, als ihre wildlebenden Verwandten. Sie sind also darauf angewiesen, dass wir ihnen zumindest die Nahrungsbeschaffung erleichtern. Dies geschieht dadurch, dass wir Konkurrenten in Zaum halten, den Boden pflegen und Nährstoffe zur Verfügung stellen bzw. es den Pflanzen erleichtern, sich die benötigten Nährstoffe zu beschaffen.

Wenn man es genau nimmt, strotzen die meisten Böden nur so vor Nährstoffen; allerdings sind diese festgelegt, tief in den Bodenmineralien gespeichert und kaum verfügbar. Und alles was an Düngung in den Boden gegeben wird, wird ebenfalls zügig festgelegt oder ausgewaschen, sofern es nicht gleich von der Pflanze aufgenommen wird. Im Zusammenspiel von Bodenleben, Bodenstruktur, Humusgehalt, Feuchtigkeit, Bodenchemie und den

Vorgängen an den äußersten Wurzelspitzen wird immer etwas von den gespeicherten Nährstoffen verfügbar gemacht. Dieses Zusammenspiel funktioniert in gesunden, gepflegten, humusreichen Böden besser als in den Äckern, die nur als Trägersubstanz für Wurzeln und Kunstdünger dienen und durch Herbizide, Pestizide und Erosion zusätzlich geschädigt werden. Der Ackerboden ist keine Fabrik, sondern ein wichtiger Partner der Pflanzen. Die Aufgabe des Menschen besteht darin, die durch den Anbau von Pflanzen gestörten Abläufe zu minimieren und zu kompensieren, also echte neue Nährstoffkreisläufe einzurichten, den Organismus Boden zu optimieren und so letztlich den Pflanzen die Nährstoffaufnahme zu erleichtern, also Gründüngung, Kompostwirtschaft, Rückführung menschlicher und tierischer Ausscheidungen, Mulchen, Einsatz von Heil- und Düngejauchen und Erforschung neuer Bodenmobilisierungskonzepte, wie etwa den belebenden Einsatz von abgestimmten Mikroorganismen. Die Zufuhr von mineralischen Komponenten wie Kalk, Bentonit oder Urgesteinsmehl mag eine Zeitlang notwendig und akzeptabel sein, aber diese nicht gerade leichten Substanzen dauerhaft über große Entfernungen zu transportieren ist sicher kein Dauerzustand. Wenn man nicht gerade ausgesprochen sandige oder anmoorige Böden bewirtschaften muss, sollte man sehr bald auf diese Zusätze verzichten können. Für Problemböden muss man dann Lösungen erarbeiten, die Bodenqualität ohne immensen Energieeinsatz schnell zu verbessern. Einen Ansatz dazu bietet die im Amazonasgebiet entdeckte Terra preta, die schwarze Erde. Die diesbezüglichen Forschungen sind noch nicht abgeschlossen, aber es scheint, dass Holzkohle, die für sich genommen fast nährstofffrei ist, richtig eingesetzt, dazu geeignet ist, die Bodenfruchtbarkeit nachhaltig zu erhöhen, indem sie in ihrer porösen Struktur Wasser sowie Nährstoffe speichert, die sonst ausgewaschen würden und darüber hinaus verschiedenen Mikroorganismen Schutz bietet, während sie sich selbst kaum zersetzt. Für Öko-Habitate ist das ein interessantes Forschungsgebiet.

In einem Öko-Habitat gibt es in der Regel verschiedene Bereiche oder Zonen, die sich für den Nutzpflanzenanbau anbieten – und in diesem Zusammenhang sollte man vielleicht darauf hinweisen, dass Ziergartenbereiche letztlich auch einen Nutzgartencharakter haben, der gerne übersehen wird, denn sie bieten Nahrung für das ästhetische Empfinden, das Herz und die Seele und Heilung und Entspannung für gestresste Wesen. Zierpflanzenbereiche sollten darum Bestandteil eines jeden Öko-Habitats sein, und Gemüsegärten sollte man durchaus auch mit Zierpflanzen und schöner Gestaltung bereichern.

Den unmittelbarsten Anbaubereich, die Zone 1, bilden die Gewächshäuser und Wintergärten, die Bestandteil der Wohnhäuser sind oder direkt an diese angrenzen. Sofern diese Häuser nicht auf natürlich gewachsenem Grund stehen, was, wie zum Beispiel bei den Pyramidenbauten, meist der Fall ist, sollte man darauf achten, dass der bereitgestellte Boden nicht zu flach ist und richtige Erde enthält. Torf und Torfersatzsubstrate enthalten natürlicherweise keinerlei Nährstoffe und vor allem keine Nährstoffpuffer, wie ihn die Tonmineralien darstellen. Auch kann sich in ihm kein ausgewogenes Bodenleben bilden, so dass Wurzelreste quasi konserviert werden, was dazu führt, dass er immer wieder ausgetauscht werden muss. In richtiger Erde, vor allem, wenn sie tief genug ist (mindestens 40-50 cm), kann sich ein ausreichendes Bodenleben entwickeln, das für dauerhafte Fruchtbarkeit sorgt. Speziell in dieser Umgebung bieten sich bodenebene, zur umgebenden Erde offene Wurmkisten an, in denen man anfallende organische Abfälle entsorgen kann.

In den Gewächshäusern, die Bestandteil des Hauses sind und die im Winter auch von diesem profitieren oder die zum Teil vielleicht auch geheizt sind, kann man wärmeliebende Pflanzen anbauen, in geringem Umfang auch exotische, die sich sonst in kühleren Gefilden nicht kultivieren lassen, und die man vielleicht auch aus ökologischen Gründen nicht vom anderen Ende der Welt importieren möchte. Tomaten, Paprika, Physalis, Flügelbohnen... sind die natürliche Wahl, im Winter die Vitaminversorgung zu verbessern, außerdem natürlich alle Arten von Kräutern sowie verschiedene Salate. Insbesondere bei Gewächshäusern vom Wintergartentyp bieten sich die rückwärtigen Mauern als Rank- und Kletterfläche an sowie

als Möglichkeit, mit hängenden oder aus der Mauer herausragen-
den Blumenbeeten die kultivierbare Fläche ein wenig auszuwei-
ten. Über Wurmkisten kann man anfallende Küchenabfälle direkt
in Kompost umwandeln lassen und den Wurmbesatz und damit die
Fruchtbarkeit des Bodens fördern. Werden Pflanzen auf Tischen
kultiviert oder liegen Gewächshausteile baubedingt im Schatten,
so kann man dort und unter den Tischen vielfältige Pilzsorten kultivieren. Vor allem aus dem asiatischen Raum kommen immer neue
alte Arten mit besonderen gesundheitlichen Wirkungen zu uns.
Davon abgesehen sind diese Gewächshäuser ideal für die Jung-
pflanzenanzucht. Vor allem kann man auch versuchen, exotische,
wärmeliebende Pflanzen, die in nördlicheren Gegenden nicht gedeihen, hier vorzuziehen und sie später in andere Gewächshäuser
oder an geschützte Stellen im Freien umzusiedeln. Wenn man viel
hausnahe Gewächshausfläche hat, hat man so die Möglichkeit, eine
enorme Vielfalt an Nahrungspflanzen zu kultivieren. Und natürlich
sollen auch Blumenareale und Sitz- und Verweilplätze nicht fehlen, um die Nutzfläche mit der Wohnfläche zu integrieren und die
Wohnkultur aufzuwerten.

Die Zone 2 bilden die unmittelbar um die Häuser herum gelegenen
Flächen sowie die Flächen auf den Häusern, sofern sie wie die Erdhäuser mit einer ausreichenden Erdschicht bedeckt sind und die
Verbindungsflächen zwischen den Häusern, wenn diese nicht zu
weit auseinanderstehen. In dieser Zone befinden sich freistehen-
de, kaum oder nicht beheizte Gewächshäuser, die im Sommer alle
möglichen Gemüsearten vor Wetterunbilden schützen. Sie können
im Winter für Wintergemüse genutzt werden und um Ernten zu
verfrühen. Und natürlich sind sie auch für die spätere Jungpflan-
zenanzucht unentbehrlich, ebenso wie Frühbeetkästen, die ebenfalls in diese Zone gehören.

In diese Zone gehören auch Naherholungsgärten, Lauben, Pergolen,
Pavillons, Spiel- und Begegnungsflächen und Ähnliches. Idealerweise
mischt man hier das angenehme mit dem Nützlichen: Laubengänge
können außer mit Glyzinien und anderen Blütenpflanzen auch von Kiwis, Brombeeren, Wein oder anderen Nutzpflanzen berankt werden.
Begegnungsflächen können auch von fruchttragenden Zierpflanzen

eingerahmt werden, wie etwa die wunderschöne Felsenbirne, Sanddorn, Schlehen, Hagebutten, Mahonien, Maibeeren, Cranberries, Gaulterien. Und auch manche andere Zierpflanze ist ganz oder teilweise essbar. Allein durch die Nutzung solcher gern übersehenen Nahrungsmittel wird jeder Speiseplan vielfältiger. Diese Pflanzen bereichern auch den Speisezettel der Bienenvölker, die ebenfalls in diese Zone oder an den Übergang zu Zone 3 gehören. Worauf man allerdings achten sollte, ist die Gefahr, die von manchen Pflanzen für die Gesundheit anderer Pflanzen ausgeht. So ist etwa der Wacholder der Zwischenwirt für einen Pilz Birnengitterrost, der in weitem Umkreis Birnbäume befällt. Und auch Berberitzen und Feuerdorn sind Zwischenwirte für andere Pilzerkrankungen. Diese Pflanzen sollte man nicht anbauen, oder nur in vereinzelten Habitaten, die auf die gefährdeten Kulturen verzichten.

Noch zu Zone 2 gehören Nutzgärten mit Kräutern, Feingemüse und Beerenobst für den Frischverbrauch und natürlich die Kompostanlagen und Platz, um Geräte und Hilfsmittel unterzubringen, Jauchen anzusetzen und Kräuter zu trocknen. Außerdem sollte man hier, in Hausnähe, auch Platz für Versuchsfelder vorsehen, um exotische Pflanzen (wie sie auch Kartoffeln und Tomaten einmal waren) und vergessene alte Nutzpflanzen (Crosne, Haferwurz...) auf ihre Tauglichkeit zu testen und mehr über ihre Ansprüche herauszufinden. Auch die Saatgutzuchtarbeiten sollten in Zone 2 stattfinden, während die Auslesung aus Vermaschungsprozessen wegen des hohen Flächenbedarfs und authentischen Anbaubedingungen besser in Zone 3 erfolgen.

In der Zone 3 liegen außerdem die Flächen für alles, was man in größerem Maßstab benötigt, also für Lagergemüse (Möhren, Rote Bete, Lauch, schwarzer Winterrettich, Kohl, Zwiebeln, Chicoree, Pastinaken, Sellerie...), Kartoffeln und geeignete andere exotische Feldfrüchte, Eiweißpflanzen (Soja, Lupinen, Dicke Bohnen), Getreide und getreideähnliche Kulturen (Weizen, Roggen, Gerste, Hafer, Hirse, Buchweizen, Quinoa, Amaranth, Hochlandreis, Mais...), Teepflanzen, Färbepflanzen, Faserpflanzen (neben Flachs und Brennnessel kann man auch Versuche mit anderen Pflanzen machen) und vor allem Mulchpflanzen.

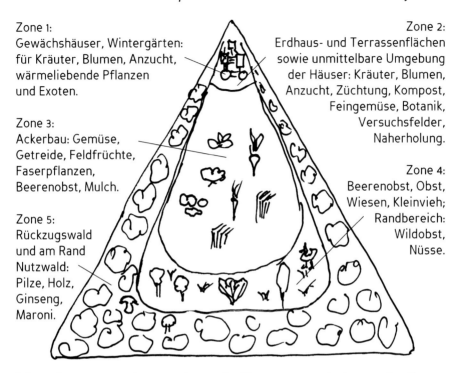

Zone 1:
Gewächshäuser, Wintergärten:
für Kräuter, Blumen, Anzucht,
wärmeliebende Pflanzen
und Exoten.

Zone 3:
Ackerbau: Gemüse,
Getreide, Feldfrüchte,
Faserpflanzen,
Beerenobst, Mulch.

Zone 5:
Rückzugswald
und am Rand
Nutzwald:
Pilze, Holz,
Ginseng,
Maroni.

Zone 2:
Erdhaus- und Terrassenflächen
sowie unmittelbare Umgebung
der Häuser: Kräuter, Blumen,
Anzucht, Züchtung, Kompost,
Feingemüse, Botanik,
Versuchsfelder,
Naherholung.

Zone 4:
Beerenobst, Obst,
Wiesen, Kleinvieh;
Randbereich:
Wildobst,
Nüsse.

Diese kann man aber auch gut in Zone 4 unterbringen. In dieser Zone befinden sich Wiesen, auf denen man wenn nötig Kühe weiden lassen kann, und auf denen eventuell auch Hühner ihren Auslauf haben. Da Hühner aber arbeitstechnisch besser in Zone 2 ihr Zuhause haben, sollte ein Ausläufer der Zone 4 bin an die Hauszone heranreichen. Auch wenn Tierhaltung in Öko-Habitaten nicht ganz das Wahre ist, weil sie normalerweise mehr Fläche zur Nahrungsproduktion verbrauchen als Pflanzen (von denen sie sich letztlich ernähren), so ist dies bei Hasen weniger problematisch, da sie sich gut von Wiesenkräutern und Ernteabfällen ernähren lassen. Allerdings muss auch jemand das Schlachten übernehmen, was die Hasenhaltung meist einschränken wird. Bei Hühnern ist es etwas einfacher, da man sich auf die Nutzung der Eier beschränken kann. Wenn Hühner ein ausreichend großes Gebiet mit viel Grünzeug zur Verfügung haben, dann können sie sich zumindest teilweise gut selbst versorgen und brauchen nicht zuviel Zufütterung. Außerdem haben Hühner in Zone 4 den Vorteil, dass sie Insekten fressen und so den Insektenbefall der Obstbäume und vor allem der Haselnüsse reduzieren, welche die Hauptbewohner dieser Zone sind. Außerdem ist hier auch das zur Verarbeitung gedachte Beerenobst untergebracht.

Den Übergang zu Zone 5 kann man mit Haselnüssen, Walnüssen, Ebereschen, Schlehen, Holunder und ähnlichem wie einen Waldrand gestalten, denn Zone 5 ist Wald. In ihm kann man Pilze züchten und Ginseng kultivieren. Außerdem kann man, vor allem im Randbereich und bei geeigneten klimatischen Bedingungen nutzbare Bäume anbauen: Kastanien, Walnüsse, Eichen (hier muss man entweder essbare Sorten finden, oder die Eicheln entsprechend behandeln), Buchen (sind ein eher unsicherer Kandidat, und Bucheckern sind nicht ganz einfach zu verarbeiten), Gleditschien, Zuckerahorn, Pinien sowie Bäume für Möbelholz. Darüber hinaus ist er bei kluger Bewirtschaftung eine nicht nachlassende Quelle für Feuerholz. Allerdings sollte man mehr die Wald-Rand-Zone bewirtschaften und die tieferen Bereiche als Rückzuggebiet für Waldtiere unberührt lassen.

Soweit die Zonenaufteilung. Davon abgesehen sollte man versuchen, die ganzen Anbauabläufe und die Anbautechnik so durchzuplanen, dass sich Abläufe ergänzen, der Boden nie lange offen – und damit der Erosion ausgesetzt – bleibt, und dass die Arbeit vereinfacht und dauerhaft effizient wird. Dabei sollte man vor allem auf langfristige und nachhaltige Maßnahmen setzen, auch wenn diese sich nicht immer sofort, sondern erst nach und nach umsetzen lassen, weil sie anfangs ziemlich aufwändig sind. Priorität hat dabei die Bodenpflege und -verbesserung, weil der Boden die Basis ist, auf der sich das pflanzliche Leben optimal entfalten kann. So muss man in Zone 1 dafür Sorge tragen, dass man problemlos mit Erde hantieren kann, also Kompost in die Wintergartenbereiche hineintransportieren, verbrauchte Erde aus den hängenden Bereichen abtransportieren, frische Erde herbeischaffen und neu befüllen. Also benötigt man mit Schubkarren befahrbare Wege und ggf. die Möglichkeit, Erde nach oben und unten zu befördern, sei es über eine Rampe, einen hydraulischen Widder, ein Förderband oder einen Lastenaufzug.

Für Zone 1 und 2 sollte man sich überlegen, evtl. die Wege etwas tiefer, auf jeden Fall aber die Beete etwas höher zu legen, weil sie so müheloser und rückenschonend bewirtschaftet werden können. Das kann zum Beispiel über Holzeinfassungen geschehen, aber wenn man diese nicht alle paar Jahre wieder aufwändig erneuern möchte, sind gemauerte Einfassungen besser. Noch besser, vor allem in Zone 2, sind Einfassungen aus stapelbaren Betonformsteinen, die sich leicht aufbauen lassen und bei Bedarf auch rückstands- und problemlos wieder abbaubar und woanders einsetzbar sind.

Für Zone 3, in der größere Flächen zu bewirtschaften sind, sollte man sich überlegen, ob es nicht eine Möglichkeit gibt, um von der traditionellen Art, Landwirtschaft mit Traktoren zu betreiben, loskommen zu können. Ein erster Ansatz wäre etwa Masanobu Fukuokas Methode, Reis anzubauen, die gänzlich ohne Maschineneinsatz auskommt und auf dem gezielten Einsatz von Wasser, Gründüngung und mit Lehm pilletiertem Saatgut basiert. Dieses System ist natürlich nicht überall unverändert verwendbar, bietet aber gute Denkansätze. Dass Getreidepflanzen einen deutlich höheren Ertrag liefern, wenn man sie weniger dicht sät und sie anhäufelt und sich intensiver um sie kümmert und man deshalb weniger Fläche bewirtschaften müsste, wäre ein anderer Ansatz. Dafür benötigt man aber etwas mehr Menschen, als derzeit üblich.
Es gibt zwar zur Zeit einen romantischen Hang zur Scholle, aber für die Arbeitssituation in Öko-Habitaten ist im Vergleich zur übrigen Welt ein grundlegendes Umdenken erforderlich. Bis zum Beginn der industriellen Revolution war die landwirtschaftliche Tätigkeit

ein Allerweltsberuf, die wichtigste Grundlage für das Überleben Aller. Mit der industriellen Revolution wanderten viele Menschen in die Fabriken ab, und im Gegenzug wurden Geräte entwickelt, die den Landwirten Arbeit abnahmen und die Industrialisierung der Landwirtschaft einleiteten. Nach und nach entstand das Trio Maschinen, Kunstdünger und Gift, das bis heute die Nahrungsmittelproduktion soweit beherrscht, dass der Landwirt über dieses Trio besser Bescheid weiß als über die Ansprüche von Pflanzen und Boden. Die Landwirtschaft ist heute eine Industrie und kein Handwerk und keine Kunst mehr. In einem Öko-Habitat sind aber Nahrung und ihre Produktion und Qualität keine verschiedenen Dinge, sondern bilden eine wichtige Einheit. Da das Habitat intern nicht vom Kapitalismus dominiert wird und darum manche Berufe (Verkäufer, Bank- und Versicherungskaufleute, Sachbearbeiter, Disponenten und ähnliche Schreibtischhengste) nicht im üblichen Maße nötig sind, werden entsprechend der Bedeutung des Garten- und Landbaus viele Menschen in nahrungsproduzierende und -verarbeitende Berufe drängen und der Entpersonalisierung der Landwirtschaft entgegenwirken und Maschinen und Kraft mit Wissen und Verständnis ersetzen oder ergänzen.

Trotzdem kann es sein, dass man auf den Einsatz von Technik nicht ganz verzichten kann. Aber das Problem der schweren und stinkenden Traktoren kann man natürlich auch technologisch modifizieren. So könnte man die Felder in mehrere Meter breite Streifen unterteilen, die von elektrifizierten Betonstreifen als Fahrspuren begrenzt sind. Auf diesen könnte ein leichtes, elektrisch betriebenes Grundgestell die Reihen abfahren, auf das man jeweils benötigte Komponenten montiert: Mäher, Grubber, Kultivatoren, Arbeitsplätze für Pflanzer, Jäter, Ernter... Das System hätte den Vorteil, dass es modular aufgebaut ist und die Module leicht erneuert, modernisiert, repariert und mit anderen Habitaten gemeinsam genutzt werden können. Der Nachteil ist, dass die Grundanlage sehr aufwändig ist und regelmäßiger Wartung bedarf. Außerdem ist es nur für flaches Gelände brauchbar.

Hügeliges Gelände muss ohnehin terrassiert werden, wenn die Bodenfruchtbarkeit nicht unter der Bewirtschaftung und der daraus

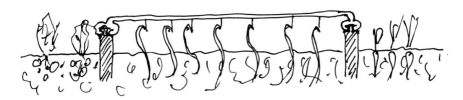

resultierenden Bodenerosion leiden, sondern stetig zunehmen soll, wie es in vielen asiatischen Ländern der Fall ist, die gezwungen waren, für den Reisanbau Terrassen anzulegen. Und auf Terrassen lassen sich Maschinen ohnehin kaum einsetzen.

Ein Thema, das zur Zeit groß im Gespräch ist, ist der sogenannte vertikale Gartenbau. Der Begriff bedeutet, Landwirtschaft und Gartenbau übereinander in mehreren Ebenen in Hochhäusern anzubauen. Das ist zwar möglich, aber angesichts der Berechnungen im 6. Kapitel (Siedlungsplanung) eigentlich nicht nötig, da reichlich Land zur Verfügung steht. Eigentlich ist dieses Konzept nur für Großstädte sinnvoll, die nach weitgehender Autarkie streben oder für schwimmende Inseln, auf denen nicht viel Platz zur Verfügung steht. Wenn man vertikalen Gartenbau anstrebt, muss man sich darüber klar sein, dass man ziemlich viel Energie aufwenden muss, um die eher dünnen Erdschichten (die übrigens irgendwo herkommen müssen) zu erneuern und zu regenerieren. Und man benötigt immens viel Energie für die Beleuchtung, denn Pflanzen haben keine Iris, wie der Mensch, die sich auf schlechte Beleuchtung einstellen könnte. Für die Fotosynthese ist ein Zigfaches der Beleuchtungsstärke nötig, die wir aus unseren heimischen Wohnzimmern kennen, und die Leuchtkörper, die nur begrenzt haltbar sind und im Gegensatz zur Sonne permanent erneuert werden müssen, weisen auch nur eine begrenzte Energieeffizienz auf. Aber wenn man Energie im Überfluss zur Verfügung hat und nur wenig oder unwirtliches Land, dann mag das akzeptabel sein.

Gartenbau und Landwirtschaft sind in Öko-Habitaten neben Bautechnologie und alternativer Energiegewinnung sicherlich das zentrale Thema, aber im Gegensatz zu den beiden anderen Themen lässt sich die Natur technologisch nicht so leicht vereinnahmen und vereinfachen. Darum gibt es viele verschiedene Anbauweisen und -philosophien. Dem engagierten Öko-Habitanten stellt sich damit die Aufgabe, sich einen Überblick zu verschaffen, aber vor allem mit der Natur in einen offenen und intimen Kontakt zu treten, die vielfältigen Aspekte von Pflanzenbau und freier Natur zu überblicken und zu berücksichtigen und dabei sein Bewusstsein stetig zu weiten.

Schwalbennester

In gebirgigen Gegenden kann man das System der versetzten Hang-Erdhäuser noch etwas ergänzen. Während diese an der Vegetationsgrenze oder an besonders steilen Stellen ihr natürliches Ende erreichen, kann man durchaus noch höher bauen, wenn man die ausgeprägte Stufenbildung mit Erdabdeckung aufgibt. Die einzelnen Etagen liegen dann direkt übereinander und kleben wie Schwalbennester im Fels. Diese Bauweise ist auch ideal für karge Gebirgsgegenden, in denen es nur wenig fruchtbaren Boden gibt, weil diese Böden dadurch unangetastet bleiben können.

Ideal für diese Bauweise sind nach Süden gerichtete Vorsprünge, die eine optimale Lichtausbeute gewährleisten und nach Süden offene Schluchten, die in Verbindung mit Lighttubes größere Räume und eine fast raumschiffartige Rundumverglasung über viele Stockwerke ermöglichen. Wenn diese Rundumverglasung senkrecht ausgerichtet ist, hat man keine Probleme mit abrutschenden Schneemassen, und man kann zur optimalen Lichtausnutzung immer mehrere Stockwerke terrassenförmig nach hinten versetzen und so auch ein wenig Anbaufläche gewinnen. Zudem wirkt die geschlossene und gut isolierte Fassade als Wärmepuffer, der für eine gewisse Grundwärme sorgt, die den dahinterliegenden Wohneinheiten zugute kommt, deren Heizsystem dadurch keine der im Winter üblichen extremen Temperaturunterschiede überbrücken muss.

Die gesamte Übergangszone zwischen den einzelnen Großstock-
werken kann für thermische Sonnenkollektoren genutzt werden,
die überschüssige Wärme in den rückwärtigen Fels leiten, der
damit als Erdwärmespeicher fungiert. Wenn man ab und zu ein
Stockwerk als fensterlosen Prozessbereich konzipiert (Kompost-
toilette, Biogasanlage, Pilzzucht, Heizungstechnik, Kompostierung,
Zisterne, Lager...), dann gewinnt man noch beträchtliche Kollek-
torflächen hinzu. Die Wärme, die sich durch den Treibhauseffekt
hinter Glas bildet, kann man durch eine Wärmepumpe ebenfalls in
den Fels leiten. Alternativ kann man die Verglasung auch infrarot-
reflektierend beschichten, so dass es im Sommer nicht zu heiß
wird und im Winter keine zu hohen Wärmeverluste durch Abstrah-
lung entstehen.

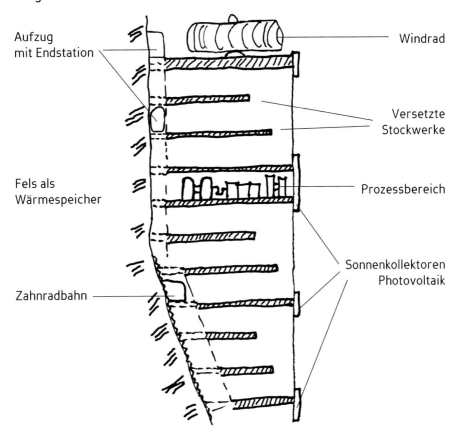

Aufzug
mit Endstation

Windrad

Versetzte
Stockwerke

Fels als
Wärmespeicher

Prozessbereich

Zahnradbahn

Sonnenkollektoren
Photovoltaik

Vor allem im Sommer kann man, sobald die entsprechende Technologie einsatzbereit ist, die einströmende Wärmeenergie auch in Strom umwandeln. Da man mit diesen Bauwerken recht hohe Höhen erreichen kann (auch weil die Baumasse nicht primär auf dem Grund ruht, sondern vor allem in den Felsen verankert ist), in denen der Wind viel und relativ stark und zuverlässig bläst, eignet sich vor allem die unmittelbare Umgebung in den höheren Lagen und das oberste Stockwerk als Standorte für Windräder. Eventuell lassen sich durch geeignete Baumaßnahmen im Zusammenspiel mit den angrenzenden Bergflanken regelrechte Windkanäle schaffen, die direkt in Windräder münden.

Als vertikales Transportmittel für dieses hohe Schwalbennesthaus wäre eine Zahnradbahn ideal, die innerhalb des Hauses verläuft und auch steilere Lagen bewältigt. Für kleinere Strecken gibt es immer noch die bewährten, kreislauf- und fitness-fördernden Treppen, und für ganz steile Bereiche auch Aufzüge.

Für den horizontalen Nahverkehr kann man entlang der Höhenlinien zwischen den einzelnen Schwalbennestern zum Berg hin überdachte Wege bauen oder die Siedlungen mit Tunneln durch die trennenden Bergflanken verbinden. Transportmittel, wenn man nicht zu Fuß gehen möchte, wären normale oder Riksha-ähnliche Fahrräder oder rundumgeschützte Zwei- oder Dreiräder, mit oder ohne Hilfsmotor, Roller oder Inlineskates oder die prozessorgesteuerten Stehzweiräder. Für die Anbindung an das Verkehrsnetz und an den Fernverkehr kann man die unteren Ausgangspunkte der Zahnradbahnen als Begegnungsstellen der verschiedenen Verkehrssysteme ausbauen und zum Beispiel mit einer Eisen- oder Schwebebahn entlang der unteren Hangkante miteinander verbinden. Diese Bahn stellt dann die Verbindung zu den überregionalen Verkehrssystemen her.

Seitlich der Schwalbennester kann man in geeigneten Felsformationen, solange man sich noch im Bereich der Vegetationsgrenze bewegt, kleine Kleinod-Gärten anlegen, die eher der Entspannung, dem Auge und der Meditation dienen, als zur physischen Ernährung beizutragen. Für die Selbstversorgung reichen die Anbauflächen hinter den Fassaden der Schwalbennester natürlich nicht aus,

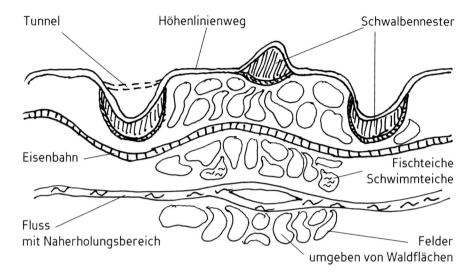

Tunnel   Höhenlinienweg   Schwalbennester

Eisenbahn   Fischteiche   Schwimmteiche

Fluss
mit Naherholungsbereich   Felder
umgeben von Waldflächen

und diese Wohnstätten im Fels sind auch nicht für völlige Selbstversorgung konzipiert, sondern dazu, den Talbereich zu entlasten. Für ihre Versorgung kultivieren die Bewohner der Schwalbennester die flacheren Hangbereiche und vor allem die für die Landwirtschaft optimale Talsohle. Durch zusammenhängende und nicht zu schmale Wald- und Buschstreifen, die in ihren Grenzbereichen Nutzbäume und -sträucher beherbergen, kann man die Tallandschaft in ein Netz überschaubarer Flächen gliedern und ein günstiges Mikroklima schaffen. Entlang des Fluss-/Bachlaufes, der in der Regel durch ein Tal führt, kann man einen Wald ansiedeln, Naherholungsgebiete einrichten und Fisch- und Schwimmteiche anlegen. Über viele schwimmende Wasserräder kann man auch ohne Stauseen die Wasserkraft zur Energiegewinnung nutzen. Von den Flussläufen kann man in Maßen auch Wasser für die Bewässerung der Felder ableiten, aber davon sollte nicht viel benötigt werden, da Talflächen meist einen relativ hohen Grundwasserspiegel haben und von den Bergen immer Wasser in den Talboden einströmt, so dass sich die meisten Pflanzen nach dem Anwachsen meist recht gut selbst versorgen können. Und bei richtiger Kultivierung können diese Böden ihre Fruchtbarkeit meist leicht steigern.

Wasserrad mit Generator

Befestigung und
Stromleitung

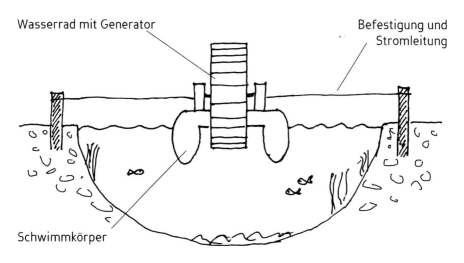

Schwimmkörper

Schwimmende Wasserräder können ohne Wasseranstauung und große Baumaßnahmen auch bei niedrigen Wasserstand kontinuierlich Strom produzieren. Für größere Strommengen lassen sich beliebig viele Anlagen hintereinander installieren. Prinzipiell kann man sie auch durch schwere Betonanker fixieren.

Besitzfragen

Über die Besitzverhältnisse zu Zeiten unserer Steinkeil-schwingenden Vorfahren ist nicht wirklich etwas bekannt, aber man kann davon ausgehen, dass der harte Überlebenskampf und das damit verbundene Aufeinander-angewiesen-sein kleine Gruppen von Menschen, meist unter der Führung eines Alpha-Menschen, eng zusammengeschweißt hat. Beute wurde wohl gemeinsam erlegt und konsumiert. Jeder trug seinen Teil zum Erfolg, also zum Überleben, bei, oder er wurde vor die Höhle gesetzt oder des Feuers verwiesen und musste dann allein klarkommen. Bis auf die unmittelbare persönliche Habe war alles Gemeineigentum und Gemeinverantwortung.

Als die Gemeinschaften größer und sesshafter und ihre Strukturen komplexer wurden, begannen die Beiträge der Einzelnen zum Gemeinwohl nicht mehr so deutlich sichtbar zu sein. Darum bildete sich der Tauschhandel heraus, und vielleicht mussten die Einzelnen noch bestimmte Zeiträume für die gemeinschaftlichen Belange tätig sein, wenn nicht ohnehin gegenseitige Hilfestellungen selbstverständlich waren. Allerdings wurde der Tauschhandel mit steigender Komplexität der Gesellschaft immer schwieriger, weil sich jetzt Berufe, und damit Spezialisierungen herauszubilden begannen und wegen unterschiedlicher Bedürfnisse nicht jeder mit jedem tauschen konnte und auch nicht jeder immer etwas zu tauschen hatte, was ein anderer brauchen könnte, und weil es auch oft unterschiedliche Meinungen darüber gab, wie viel eine Sache denn nun wert wäre.

Um diesen Schwierigkeiten aus dem Weg zu gehen, wurde schließlich das Geld erfunden. Geld ist sozusagen ein neutraler, normierter Tauschgegenstand, den jeder brauchen konnte. Nun war es möglich, über die Vermittlung dieser neutralen Instanz alle möglichen Sachen einzutauschen und Tauschwerte verbindlich festzulegen. Alle Transferfragen wurden dadurch viel einfacher zu handhaben. Umgekehrt sorgte das Tauschmittel Geld dafür, dass sich die Menschen stärker spezialisieren konnten, weil nicht mehr jeder alles machen musste, da er sich mit Geld sozusagen von bestimmten Tätigkeiten, wie etwa dem Gemüseanbau oder der Kleidungsherstellung freikaufen konnte. Dafür konnte man sich stärker auf seine Fähigkeiten besinnen und bestimmte Fertigkeiten intensivieren. Und auch immaterielle Güter wie Gesangs- oder Erzählkünste konnten auf diese Weise gefördert und in den Tauschhandel mit einbezogen werden. So war das Geld für das Erblühen einer vielfältigen Kultur mitverantwortlich.

Diese Entwicklung sorgte allerdings auch dafür, dass der Einzelne nicht mehr so stark von der Gemeinschaft abhängig war und diese dadurch langsam an Bedeutung verlor, während sich das Individuum immer mehr entfalten konnte.

Hatte das Geld früher noch durch seinen Materialwert (Gold, Silber, Kupfer) eine gewisse physische Grundlage, so wurde diese mit dem Aufkommen des Papiergeldes und einer nachlassenden Deckung durch Goldreserven immer weiter unterhöhlt. Mittlerweile wird das Geld immer transzendenter: durch Scheckkarten, elektronische Überweisungen oder Internettransaktionen besteht Geld zunehmend nur noch aus umgruppierten Bits. Und im Extremfall gibt es sogar Geld, das nur elektronisch generiert wird und sich trotzdem in echtes Geld umtauschen lässt (Linden-Dollars aus Second Life).

Dadurch, dass das Geld seine materielle Grundlage verloren hat, und lange vorher schon seine reine Vermittlerrolle für den Austausch von Waren und Dienstleistungen, hat das Geld eine eigene Dynamik entwickelt. Es ist von einer Hilfskonstruktion zu einer

Entität, einer Wesenheit mutiert mit Verhaltensweisen, Vorlieben und Gesetzen.

Dabei spielte auch eine Rolle, dass man durch das Geld erstmals eine Möglichkeit hatte, Reichtum anzusammeln, um den man sich nicht kümmern musste und der auch nicht viel Platz beanspruchte, wie etwa davor große Viehherden. Statt den Tauschobjekten, die sich kaum akkumulieren ließen, sammelte man die vermittelnde Substanz und konnte sogar nur mit dieser allein eine weitere Substanzvermehrung bewirken. Das heißt, dass man diesen Reichtum an universellen Vermittlern vielfältiger einsetzen konnte. So war es möglich, damit Macht und Ansehen zu erzeugen, durch gebührenpflichtigen Verleih oder Preisdiktat andere abhängig zu machen und durch die Fähigkeit, den Geldfluss zu manipulieren, ohne weitere Qualitäten zu einem Alpha-Männchen aufzusteigen und diesen Alpha-Bonus auch noch seinen Nachkommen zu vererben.

Der Mensch hat die Möglichkeiten, die ihm die Einführung des Geldes über den bloßen Tauschhandel hinaus bot, skrupellos ausgenutzt und seine Bedeutung in der Folge so stark gefördert, dass das Geldwesen ein Eigenleben entwickelt hat und nicht mehr so sehr vom Menschen abhängig ist, wie dieser vom Geld. Wirtschaftliche Überlegungen, fiktive Aktienkurse und Cashflow und ihr Missbrauch bestimmen Gesetze, sorgen für künstliche Krisen, Arbeitslosigkeit und Firmenschließungen. Vor allem in der Hochfinanz scheint es kaum noch um reale Werte zu gehen, sondern nur noch um Zahlenspielereien, und wenn bei diesen Spielereien der Daumen nach unten zeigt, dann muss ein Werk schließen, oder jemand, der gerade noch immense Zahlen sein eigen nannte, springt aus dem Fenster, weil er ohne diese Zahlen nicht mehr leben konnte. Und die Entwicklung geht rasant voran. Immer neue Kombinationen von Geld und Gesetzen und immer mehr Geschicklichkeit im Umgang damit führen zu immer extremeren Möglichkeiten, in diesem Spiel mitzumanipulieren und anderen Zahlen abzujagen, um diese anschließend auf dem eigenen Monitor darstellen zu können. Das hat nichts mehr mit dem Leben zu tun, sondern erweckt immer mehr den Anschein eines Computerspiels, nur dass ein solches irgendwann zu Ende ist und ohne größere Auswirkungen neu gestartet werden kann. Aber in ihrem Drang nach immer größeren Zahlen übersehen die hohen Herren, dass es von der Erde kein Backup gibt, das sie neu starten könnten, wenn sie den Karren in den Dreck gefahren haben.

Die Lage ist so verfahren, dass es im Grunde genommen kaum eine Möglichkeit gibt, dort wieder herauszukommen, wenn man nicht global ganz von vorne anfangen möchte. Und auch Öko-Habitate können sich der gefräßigen, wirtschaftlichen Eigendynamik nicht so ohne weiteres entziehen, denn auch sie müssen auf nicht absehbare Zeit Steuern bezahlen, weitere Örtlichkeiten zukaufen und Waren und Rohstoffe von außerhalb beziehen, die sie noch nicht selbst produzieren können und dazu auch selbst Waren und Dienstleistungen gegen Geld tauschen. Allerdings betrifft das nur den Kontakt der Öko-Habitate zur übrigen Welt. Innerhalb eines Öko-Habitats und im Austausch mit anderen Öko-Habitaten kann man sich seine Regeln und Abläufe weitgehend frei selbst gestalten.

In der alten Welt ist Geld vor allem ein Machtmittel, aber in der neuen Welt geht es nicht um Macht, sondern um Verwirklichung, und darum liegt die wahre Bedeutung des Geldes darin, dass es ein Instrument ist, das auf seine bescheidene Weise behilflich sein soll, unsere höchsten Ideale materiell umsetzen zu können. Es ist nicht dazu da, irgendwo um seiner selbst willen angehäuft zu werden oder mit sich selbst zu spielen, sondern in stetigem Fluss Dinge zu ermöglichen.

Die Beschäftigung mit Geldfragen hat leider einen oft schädlichen Einfluss auf unsere Verstandestätigkeit und auf unser Wohlbefinden. Wer sich viel mit Geld beschäftigen muss, verliert gerne Distanz und Objektivität und schlägt sich dann auf die Seite des Geldes, und statt virtuos die Finanzen zu verwalten, vertauschen sich schnell die Rollen, und ohne es zu merken, wird man unversehens zum Diener, wenn nicht Sklaven, des Geldes.

Um sich davor zu schützen, gibt es im Grunde genommen nur diese eine Strategie, die man für alles im Leben braucht: Beobachten, Erkennen, Gegensteuern oder in sich gleich eine revolutionär neue

Einstellung zu Geld und Besitz zu entwickeln – also in jedem Fall Bewusstseinswachstum.
Wenn wir nochmal zurückblicken in die ferne Vergangenheit, so wird klar, dass das Geld ein Mittel war, um eine evolutive Erscheinung zu kompensieren: Es war das Auseinanderbrechen der größer werdenden Gemeinschaften. In dem Maße, wie das Überleben des Einzelnen nicht mehr absolut zwingend von der Gemeinschaft abhing, wurde Raum geschaffen für seine stärker werdende Individualisierung, wozu eine zunehmende Egoentwicklung unabdingbar war. Diese bewirkte aber, dass man sich mehr an sich selbst orientierte als an der Gemeinschaft, man also die eigenen Bedürfnisse oder Wünsche über die der Gemeinschaft stellte. Indem man so aus dem Paradies gefallen war, fingen dann so Erscheinungen wie Drückebergerei und Schmarotzertum zu wuchern an, gefördert durch die wachsende Größe der Gemeinschaften, die bald keine Übersicht mehr über die Tätigkeiten des Einzelnen erlaubten. Die Einführung des Geldes trug dieser Entwicklung Rechnung und erlaubte es, die Beziehungen der einzelnen Gemeinschaftsmitglieder untereinander auf eine neue Grundlage zu stellen. Dadurch wurde auch die Gemeinschaftsbildung lockerer und das Gefühl der Verantwortung für die Gemeinschaft schwand, weil ja eigentlich alles in Ordnung war, solange man genügend Geld hatte. Um die Gemeinschaft trotzdem zusammenzuhalten, kam es zur Bildung von künstlichen Hierarchien von Menschen, die sich für Geld (und daraus folgend natürlich Macht) um die Belange der Gemeinschaft kümmerten. Verantwortung und Gemeinschaftsgefühl wurden also durch den Einsatz von Geld gewissermaßen delegiert.
Bei der Entwicklung der Öko-Habitate und auch sonst kommt es nicht darauf an, eine Entwicklung umzukehren, sondern eine Entwicklung zu vollenden. Es kommt nicht darauf an, das Paradies zurückzuerobern, sondern in das zweite Paradies hineinzuwachsen. Das erste Paradies war ein Geschenk, das Paradies der Unbewusstheit; das zweite Paradies, das Paradies der Bewusstheit muss man sich durch stetige Bewusstwerdung hart erarbeiten, aber es hat dann auch eine neue Qualität, einen Glanz, den das Vorgängermodell nicht hatte.

Zu diesem Zweck müssen wir bei der Bildung der Öko-Habitate die Qualitäten entwickeln, deren Verlust zur Entwicklung von Geld und Besitz geführt haben. Dabei ist es nicht zielführend, sich dem Geld und der Wirtschaftswelt völlig zu verweigern, nur weil sie Ausdruck von Gier und Unbewusstheit sind. Ganz im Gegenteil besteht der erste Schritt im Umgang mit Geld und Besitz darin, sich aus der Sklaverei zu befreien und das Geld wieder zu einem Werkzeug zu machen und es seiner eigentlichen Bestimmung gemäß einzusetzen, also Dinge zu ermöglichen und das höchstmögliche Bewusstsein, die progressivste Entwicklung und die leuchtendste Schönheit und Harmonie auszudrücken. Geld ist eine Sucht, und üblicherweise kann man eine Sucht nur dadurch in ihre Schranken weisen, dass man sich von der suchterzeugenden Substanz, wie zum Beispiel Alkohol oder Nikotin fernhält. Aber das ist nur ein kleiner Fortschritt – eine Sucht ist dadurch noch nicht besiegt. Wirklich besiegt ist sie erst, wenn man, was ungleich schwieriger ist, das Verlangen aufgegeben hat und mit dem Gegenstand der Sucht umgehen kann wie mit jeder anderen Sache auch. Das erfordert wesentlich stärkere Bemühungen und Bewusstseinswachstum, aber auf diese Weise kann man das Geld für den Fortschritt einsetzen, statt es in den Händen der Weltenzerstörer zu belassen.

Der zweite Schritt besteht darin, Vertrauen zu entwickeln. Geld hat das Vertrauen – außer in den Besitz selbst – obsolet gemacht. Solange man genügend Geld hatte, war man sicher und brauchte keine Angst davor haben, darben zu müssen, es sei denn, das Geld verlöre plötzlich seinen Wert, was auch schon geschehen ist. Für den Aufbau von Öko-Habitaten benötigt man zwar Geld und Besitz, aber nicht diese sind die Grundlage, sondern das Vertrauen, das die Gründer und die später Hinzukommenden ineinander und in die Idee und das Ideal der Öko-Habitate haben. Ohne Vertrauen wird es mit allem Geld der Welt nicht möglich sein, auch nur ein einziges wahrhaftes, lebendiges und lichtvolles Öko-Habitat aufzubauen.

Wenn man nun Vertrauen hat und das Ideal der Öko-Habitate das eigene Ideal ist oder zu ihm wird, dann kann man Teil des Habitats werden. Dann kann man auch von der Haltung abrücken, dass sich die Politik um alles zu kümmern hätte, weil sie dafür ja schließlich bezahlt wird, unser Leben zu regeln. Dann sind wir selbst das Öko-Habitat und für seine Entwicklung verantwortlich, und Verantwortung kann nicht wirklich delegiert werden. Es mag zwar in den Habitaten weiterhin Menschen geben, die sich um Finanzfragen kümmern oder um Planung, Entwicklung und Verwaltung, aber das ist dann keine Hierarchie. Das sind dann nur genauso wichtige Aufgaben wie der Anbau von Kartoffeln oder das Verfassen von Gedichten. Jeder übernimmt Verantwortung und macht das, was er am besten kann, aber diese Arbeiten sind keine Machtpositionen mehr.

Nachdem so dieses Macht- und Beziehungsgefälle abgebaut ist, kann sich eine richtige Zusammenarbeit entwickeln, bei der nicht Geld und hierarchische Positionen im Vordergrund stehen, sondern die gemeinsame Bemühung Gleicher um die Entfaltung der gemeinsamen Lebensidee, des Öko-Habitats. In dieser Zusammenarbeit entwickeln sich Werte, die bedeutender sind als Geld und Besitz.

Daraus kann dann eine Einheit entstehen, nicht nur mit der Idee des Habitats, sondern auch mit allen, die daran arbeiten, diese Idee zu verwirklichen. Die Gemeinschaft wächst zusammen, aber nicht auf Kosten des Individuums, denn diese Gemeinschaft wird jetzt eine bewusste Gemeinschaft, die von allen gewünscht und gefördert wird. Gemeinschaft und Individuum sind jetzt keine Antithesen mehr, sondern bilden vielmehr eine Synthese. Dass Gemeinschaft nur auf Kosten des Individualismus existieren kann und der Individualismus naturgemäß zum Auseinanderbrechen der Gemeinschaft führen muss, ist zwar eine alte These, die aber mit Beginn des rationalen Zeitalters auch begann, immer substanzloser zu werden. Heute wird zunehmend klarer, dass der Reichtum einer Gemeinschaft sich auf einen Reichtum an Individualismus gründet.

Nur verwechseln viele Menschen Individualismus mit Egoismus. Individualismus bedeutet, die Persönlichkeit und einzigartigen Fähigkeiten zu entwickeln, die jedem Menschen eigen sind, und mit ihnen das Spiel der Kräfte und Fertigkeiten zu bereichern, die zum Beispiel am Aufbau eines Öko-Habitats beteiligt sind.

Demgegenüber bedeutet Egoismus, sich selbst in den Mittelpunkt zu stellen sowie die eigenen Wünsche, das eigene Wohlergehen und Ansehen. Egoismus war anfänglich eine Hilfe, um sich von der Gemeinschaft zu differenzieren und die Entwicklung zum Individuum zu fördern, aber er ist mittlerweile eine Fessel, die mit einem engen, rückwärtsgewandten Weltbild und einer ausgeprägten Scheinwelt die weitere Entfaltung des Individuums aus den verborgenen Tiefen an das Licht des größeren Selbst beeinträchtigt. Dieses größere, tiefere, weitere bewusste Selbst ist die Seelenpersönlichkeit. Und die neue Bewusstseinsqualität, die sich durch sie manifestiert, unter anderem in einem Bewusstsein der Einheit, hat eine verbindende, schöpferische Qualität, welche – im Gegensatz zum Ego-Bewusstsein – für das Zusammenspiel der Kräfte, das Zusammenwachsen der Menschen und das wachsende Zukunftsbewusstsein ausgesprochen förderlich ist.

Wenn wir uns in diese Richtung bewegen, dann wird auch die Notwendigkeit eines Finanzsystems immer mehr nachlassen und eine große Last vom Menschen genommen werden.

Der Übergang von einer Finanzwirtschaft zu einer geldlosen Ökonomie ist allerdings nicht ganz einfach, da dies durch mannigfaltige Verflechtungen und die Einbindung in das bestehende Wirtschaftssystem nicht ad hoc geschehen kann. Aber auf der Grundlage von gegenseitigem Vertrauen und wachsender Bewusstseinsentwicklung lässt sich dieser Übergang durchaus bewerkstelligen.

Eine verlässliche Check-Liste gibt es dafür allerdings nicht. Dafür gibt es zu viele verschiedene Ausgangssituationen und anfangs auch sicherlich viele Ängste zu überwinden. Aber ein paar grundlegende Überlegungen können als Denkanstoß dienen.

Innerhalb eines Öko-Habitats sollte es möglichst wenig Geldfluss geben. Die Bewohner sollten aus einem Topf, den sie auch möglichst gemeinschaftlich füllen, versorgt werden und diesen verantwortungsvoll behandeln.

Immobilien und Infrastruktur sollten von Anfang an Gemeinschaftseigentum sein, bzw. genaugenommen Eigentum des Öko-Habitats, also Bestandteil des Ideals. Persönliches Eigentum bleibt aber erhalten.

Jeder der Geld oder Bezüge aus seinem alten Leben mitbringt, sollte für das gemeinsame Ganze einen angemessenen Beitrag leisten, darüber hinaus allerdings nur und in dem Maße, wie er Vertrauen in das Öko-Habitat, sein Ideal und seine Zukunft hat, denn Spenden sind endgültig. Da Öko-Habitate besonders in der Aufbauphase sehr viel Geld brauchen, wird jede Spende in kürzester Zeit naturalisiert werden, so dass kein Topf zur Verfügung steht, um Menschen, die plötzlich unsicher werden, Spenden zurückzuzahlen.

Der Gewinn, den Firmen erwirtschaften, die aus dem Habitat entstanden oder zu diesem hinzugekommen sind, sollte dazu dienen, die Aktivitäten aufrechterhalten oder ausweiten zu können, und darüber hinaus dem Gemeinschaftstopf zufließen, aus dem alle Öko-Habitanten ohne eigene Mittel versorgt werden.

Im Gegenzug versuchen alle Bewohner eines Öko-Habitats, die vorhandenen Mittel angemessen einzusetzen, auf allen Ebenen am Wachstum des Öko-Habitats mitzuwirken und auf eine möglichst hohe Autonomierate hinzuarbeiten. Da die tägliche Sorge um das Geld nachlässt, zumindest für diejenigen, die nicht mit dessen Beschaffung und Verwaltung befasst sind, ist parallel ein Bewusstseinswachstum nötig, das Anspruchsdenken und Verschwendungsmentalität nicht aufkommen lässt. Dass man nicht mehr mit Geldbeträgen hantieren oder gar jonglieren muss, bedeutet nicht, dass alles umsonst ist oder keinen Wert besitzt. Ganz im Gegenteil ist die Verantwortung jetzt eher größer, denn man spielt nicht mehr mit seinem eigenen Geld, sondern mit den Werten der Gemeinschaft. Der Wert einer Sache bemisst sich nicht nach ihrem Geldwert, sondern nach ihrer Zukunftsfähigkeit und der Art ihrer Daseinsberechtigung: Ein Schuh, mag er nun viel oder wenig Geld gekostet haben, der ein Jahr oder womöglich weniger lang hält, ist in seinem Wert sehr eingeschränkt. Mit einem ähnlichen Resourcenaufwand ließe sich auch ein deutlich wertvollerer Schuh herstellen, der um ein vielfaches länger genutzt werden kann. Wenn man ihn schlecht behandelt, mindert man seinen Wert; wenn man ihn gut pflegt, kann man seinen Wert vielleicht sogar erhöhen. Wenn ein an sich wertloser Gimmick-Schuh einem Kind Freude bereitet, gewinnt er dadurch an Wert. Wenn jemand mit viel Hingabe einen Schuh fertigt, dessen künstlerische Qualität kontrovers diskutiert werden kann, so mag er dem Einen wertvoller erscheinen als dem Anderen, hat aber zumindest den Wert hingebungsvoller Arbeit. Der Wert einer Sache liegt also in ihrem Inneren, in ihrer Ästhetik und Funktionalität und in ihrer Qualität und Nachhaltigkeit. In diesem Sinne sollte man alle Dinge möglichst sorgfältig und nachhaltig erledigen, und langfristig zu denken sollte meist wichtiger sein, als eine Sache schnell zu erledigen oder schlechte Qualität zu produzieren oder zu erwerben. Und man sollte möglichst früh lernen und verstehen, dass alle Dinge ihren Wert haben, den man respektieren sollte, und dass ein Öko-Habitat keine Wegwerfgesellschaftsmentalität verträgt, man deswegen aber auch kein Messie-Syndrom entwickeln muss.

Über die allgemeine Versorgung hinaus sollte jedem Bewohner eines Öko-Habitats eine kleine Summe zur Verfügung stehen, eine Art Taschengeld, von dem man sich kleine Wünsche erfüllen kann. Größere Ausgaben sollten allgemein besprochen werden und mittlere mit den Menschen, welche sich um den Finanzaspekt des Habitats kümmern.

Für den täglichen Bedarf kann man eine Art Versorgungszentrum einrichten. In regelmäßigen Abständen gibt dazu jeder einzelne oder jedes Haus eine Bedarfsliste ab, und das Versorgungszentrum versucht je nach Möglichkeit und Versorgungslage, die Wünsche zu erfüllen. Idealerweise speist sich das Versorgungszentrum im Laufe der Zeit vollständig aus der eigenen Produktion und aus der Produktion umliegender Öko-Habitate, die sich vielleicht die eine oder andere Aufgabe teilen.

Sobald es mehrere erblühte Öko-Habitate gibt, je nach den Möglichkeiten, aber vielleicht auch schon während ihrer Wachstumsphase, sollten sie sich gegenseitig helfen und unterstützen und Wirtschaftsbeziehungen auf der Basis von Gutwillen, Zusammenarbeit und Austausch von Waren, Ideen, Hilfestellungen usw. aufbauen. Geldverkehr sollte auch hier möglichst keine Rolle spielen, außer vielleicht als Unterstützung beim Aufbau neuer Habitate, wenn genügend Mittel vorhanden sind. Ansonsten sollte man auf Inter-Habitats-Ebene zu Absprachen finden, wer welche von den Sachen produziert, die nicht jedes Habitat machen kann oder muss, z.B. Computerchips, Erzverhüttung, Kunststoffherstellung... Lebensmittelaustausch hingegen wird es allenfalls zwischen benachbarten Öko-Habitaten geben.

Das Fernziel ist eine Welt, in der es kein Geld mehr gibt und nicht mehr aus Konsumgründen produziert wird, sondern deutlich weniger und nachhaltiger für den tatsächlichen Bedarf. Im Geiste der Einheit und Zusammenarbeit steuert jeder dazu bei, was er hat und kann und kann sich ohne materielle Sorgen seiner Bewusstseins- und Persönlichkeitsentwicklung widmen, von der Gemeinschaft getragen und diese stützend. Das wird eine der Grundlagen für ein vielfältiges Erblühen der menschlichen und künstlerischen Entwicklung der globalen Gesellschaft sein.

Hast du ein großes Ziel,
doch kleine Mittel,
so handle trotzdem,
denn nur durch Handeln
können sie dir wachsen.

Sri Aurobindo

Energiemanagement

Ein Aspekt, der eng mit der baulichen Seite und mit dem Leben in den Öko-Habitaten und auf der Erde verknüpft ist, ist die Generierung und Nutzung von Energie. Jedes Lebewesen auf der Erde, und sei es noch so klein, verbraucht Energie. Manchen Urorganismen genügte schon chemische Energie oder Wärme zum Leben. Andere, die Pflanzen, waren anspruchsvoller und benötigten noch zusätzlich Sonnenenergie, um die Lebensvorgänge am Laufen zu halten. Die Tiere lernten, sich von der in den Pflanzen umgesetzten Sonnenenergie zu ernähren, und andere Tiere ernährten sich von diesen Tieren. Und der Mensch nutzt alle diese Energiequellen für sein körperliches Leben.

Darüber hinaus aber benötigt er in vielfältiger Weise die ursprünglicheren, reineren Energieformen, um sich seinen Lebensraum und seine Lebensumstände zu gestalten: kinetische Energie, Wärmeenergie, elektrische Energie. Die erdgeschichtlich gesehen explosionsartige Erzeugung dieser Energieformen über die Verbrennung uralter chemischer Energiereserven, der fossilen Brennstoffe, ist eine der Hauptursachen der ebenfalls explosiven Umweltverschmutzung und der über einen Zeitraum von fünfzig bis hundert Jahren ebenso blitzartig einsetzenden Klimaerwärmung. Man mag den Menschen, welche die industrielle Revolution so enthusiastisch und vom Entdeckergeist geprägt in Gang gebracht haben, zugute halten, dass sie nicht wussten, was ihr rücksichtslos-einseitiges Vorwärtsstreben auf Dauer bewirken würde, aber Luftverschmutzung und Umweltverdreckung waren schon fast vom ersten Augenblick an unmissverständlich sichtbar. Doch der Blick war schon damals starr auf die Gewinnzahlen gerichtet und genauso starr weg von den sozialen, gesundheitlichen und umweltbeeinflussenden Folgen. Und das hat sich bis heute nicht geändert. Und so gilt auch heute noch, dass der Verdienst wichtiger als Gesundheit, Umwelt und Zukunftsfähigkeit ist. Für Öko-Habitate gelten hingegen andere Maßstäbe. Das höchste Gut ist hier Zukunftsfähigkeit in jeder Hinsicht, und darum sind Umwelt, körperliche, geistige und seelische Gesundheit und soziale Kompetenz wichtiger als Geld und Güter. Auf der anderen Seite existieren die Öko-Habitate, vor allem die Pioniermodelle, in dieser von Geldbesitzwut geprägten Welt und müssen versuchen, mit möglichst wenig Kompromissen den Übergang in eine umweltfreundliche, nachhaltige und zukunftsweisende Energiewirtschaft zu gestalten. Dabei würde sich im Grunde genommen für die ganze Welt der Umstieg auf regenerative Energiequellen sofort rechnen, wenn man nicht mit geschönten, unvollständigen und subventionierten Zahlen rechnen würde, sondern Subventions- und reale Folgekosten, die zum Beispiel die Kosten des Klimawandels und der Umweltbelastung umfassen, in die Berechnung miteinfließen lassen würde. Denn dann wäre nachhaltig erzeugte Energie schnell günstiger als fossile Energie oder gar die ohnehin nicht wirklich kalkulierbare Atomenergie. Und eine ganz besonderes günstige Energieform ist das Energiesparen durch verbrauchsarme Geräte, haltbare und verschleißarme Produkte, Verzicht auf unnötige Geräte und verbesserte Isolation.

Für die Öko-Habitate, und natürlich auch für die übrige Welt, gibt es eine große Palette an energiesparenden und -erzeugenden Maßnahmen, die hier nur angedeutet werden können, nicht nur, weil sie leicht alleine ein dickes Buch füllen könnten, sondern weil die Forschung in diesem Bereich, nicht zuletzt angeregt durch die im Bewusstsein der Menschen immer präsenter werdende Klimakatastrophe, stetig neue Entwicklungen hervorbringt und manche Details schnell veralten und Zusammenhänge und Strategien kontinuierlich neu bewertet werden müssen.

SOLARENERGIE

Die zur Zeit mit Abstand populärste Form der Energiegewinnung, die Solarenergie, bedient sich des Sonnenlichtes, das unermüdlich Tag für Tag auf die Erde einströmt und Nacht für Nacht nicht direkt verfügbar ist. Dieses Licht hat zwei Komponenten: sichtbares Licht und Wärmestrahlung.

Aus dem sichtbaren Licht kann mittels Solarzellen elektrische Energie gewonnen werden. Der Wirkungsgrad für diesen Vorgang ist mit bisweilen deutlich unter 20 % nicht sehr hoch, und die Herstellung der Siliziumzellen ist energieaufwändig und damit teuer, auch wenn es mittlerweile deutlich günstigere Verfahren bei allerdings verringertem Wirkungsgrad gibt. Aber an der Erhöhung des Wirkungsgrades und nach neuen, billigeren Materialien wird stetig geforscht. Gerüchteweise soll sogar eine Wandfarbe in Planung sein, die Sonnenlicht in Energie umwandeln kann. Der Wirkungsgrad wäre zwar niedriger als bei Solarzellen, aber das Material wäre dafür deutlich günstiger, und die zur Verfügung stehenden großen Hauswandflächen, die ohne unschöne Solarpanels Strom liefern könnten, würden den niedrigen Wirkungsgrad etwas kompensieren.

Sonnenenergie kann man allerdings nicht wie bei einem Generator nach Bedarf erzeugen und nutzen, sondern sie fällt unabhängig von unseren Bedürfnissen an. Für den Umgang mit dieser Problematik gibt es zwei Strategien. Zum einen kann man die anfallende Energie, die man nicht unmittelbar selbst nutzen kann, in das allgemeine Stromnetz einspeichern und bekommt diese dann auch den eigenen Gesamtverbrauch angerechnet und entlastet zumindest tagsüber die traditionellen Verbrennungskraftwerke. Zum anderen kann man versuchen, die erzeugte Energie pur oder transformiert zu speichern, was natürlich, je nach Wirkungsgrad der Methode, mehr oder weniger starke Verluste zur Folge hat. Andererseits ist die erzeugte Energie, von den mitunter nicht unbeträchtlichen Investitionskosten abgesehen, umsonst, und man kann auch überschüssige Energie, die auf andere Weise erzeugt wurde, auf die gleiche Weise speichern und macht sich dadurch unabhängiger vom Stromnetz.

Im Prinzip ließe sich auch die Infrarotstrahlung der Sonne für die Gewinnung elektrischer Energie nutzen. Die Technologie zur Nutzbarmachung wird gerade entwickelt und hat dann, auch im Hinblick auf die Klimaerwärmung ein enormes Potenzial, denn mit ihr lässt sich nicht nur die direkte Infrarotstrahlung der Sonne nutzen, sondern überhaupt jegliche Wärmequelle. Eventuell ist es sogar möglich, die Technologie auch für Kühlzwecke zu nutzen, so dass Kühlhäuser damit zu kleinen Kraftwerken werden könnten. Wenn diese Technologie ausgereift und einsetzbar ist, könnte es in mehr oder weniger ferner Zukunft möglich werden, Hurrikanes am Entstehen zu hindern, wenn man die Anzeichen rechtzeitig bemerkt, oder gefährdete Methanhydratlagerstätten oder auftauende Permafrostböden, in denen viel Methan gespeichert ist, unter ihrer kritischen Temperatur zu halten, damit wir nicht noch ein zusätzliches Klimaproblem bekommen.

Für die Energiegewinnung im Öko-Habitat könnte jede Wand und jedes Fenster geeignet sein. Je nach Anwendbarkeit könnte man auf diese Weise die Temperatur hinter den großen Glasfassaden, die im Sommer schnell zu Überhitzung führen kann, durch Indoor- oder Auf-Glas-Anwendungen steuern. Und wenn sich der Prozess auch umkehren lassen sollte, dann hätte man für den Winter auch gleich ein Notfall-Heizsystem oder eine leicht steuerbare Möglichkeit, Gewächshäuser frostfrei zu halten. Auf jeden Fall aber werden sich sehr viele Anwendungsmöglichkeiten ergeben, wenn die Technologie erst einmal halbwegs ausgereift und einsetzbar ist.

Die andere geläufige Möglichkeit der Sonnenenergienutzung liegt in der direkten Nutzung der Wärme via Kollektoren verschiedenster Art zur Erwärmung von Wasser, das dann vielfältig genutzt werden kann, sei es für Brauchwasser, Prozesswärme oder Heizzwecke. Überschusswärme im Sommer kann mehr oder weniger aufwändig gespeichert werden (Wassertanks, Gips, chemisch, Phasenübergang) oder, weniger aufwändig, in einem Erdwärmespeicher, der die Wärme im Winter wieder langsam an das Haus abgibt.

Es gibt sogar Kollektoren, die mit Diffuslicht auskommen, wenn auch bei verringertem Wirkungsgrad, und dadurch auch im Winter vorteilhaft eingesetzt werden können, um Wasser für eine Temperierung von Wänden und Fußböden zu liefern, was bei ausreichender Auslegung der Anlage ausreichen kann, um ohne zusätzliche Heizung oder mit nur geringer Zuheizung über den Winter zu kommen, vor allem in Verbindung mit dem Erdspeicher (Mirasolaris-System).

Darüber hinaus gibt es noch eine Vielzahl weiterer Anwendungen zur Solarenergieerzeugung, zum Beispiel den Einsatz von Parabolspiegelwannen zur extremen Lichtbündelung und Erzeugung hoher Temperaturen, oder Aufwärmekraftwerke.

Ein weiterer Anwendungsbereich von Solarenergie ist die Gewinnung von Süßwasser aus Salzwasser oder die Kombination von Solarenergie und Wärmepumpen zur Energiegewinnung und Süßwassererzeugung.

WINDKRAFT

Die zweite populäre regenerative Energiequelle ist die Windkraft. Ihre mechanische Anwendung in Form von Windmühlen, vor allem zum Mahlen von Getreide, hat bereits eine lange Tradition, ist aber sicher mit unseren heutigen modernen Materialien noch optimierbar. Zwar sind Windmühlen heute nicht mehr zeitgemäß, aber als Low-Tech-Produkt für Gegenden mit schwieriger Stromversorgung durchaus brauchbar. Moderne Windmühlen könnten multifunktionell konstruiert sein, so dass sie eine Vielzahl an Produkten mahlen können und die erzeugte mechanische Kraft, die ohne Umweg über eine Stromerzeugung zur Verfügung steht, auch für andere Arbeiten, die nicht von einem engen Zeitfenster abhängig sind, z. B. Wasserförderung oder Sägen, genutzt werden kann. Und wenn die mechanische Kraft mal nicht benötigt wird, kann man immer noch auf Stromerzeugung umschalten.

Ein Grund für die relative Popularität der Windenergie liegt in ihrer technologisch einfachen Nutzbarkeit. Jeder halbwegs geschickte Handwerker kann sich im Zweifelsfalle selbst eine robuste Windturbine geeigneter Größe bauen, warten und evtl. optimieren. Dazu braucht man keinen mono- oder polykristallinen Silizium-Wafer oder komplizierte Schichtmaterialien oder Nanoprodukte... Die Kosten sind überschaubar, und man kann jederzeit weitere Windräder aufstellen und zusammenschalten.

In Öko-Habitaten lassen sich viele kleinere Windräder leicht oberhalb von Sonnenkollektoren oder Solarzellen an der höchsten Stelle des Daches anbringen, die zusätzlich Energie liefern. Idealerweise wählt man Modelle, die auch bei geringen Windstärken schon Strom liefern, evtl. kombiniert mit trichterförmigen Luftzuführungen, wie bei Mantelturbinen, die den Wirkungsgrad deutlich erhöhen. Besonders für windreiche Gegenden empfiehlt sich ihr Einsatz.

Obwohl kleinere Anlagen bisweilen einen höheren Wirkungsgrad als die großen und unerschwinglichen Windturbinen haben, sind sie doch pro installierte Leistungseinheit teurer, dafür aber auch weniger auffällig. Aber wenn allgemein mehr kleine und mittlere Größen installiert werden, sollten die Preise sinken. Und auch mit Eigenkonstruktionen, möglichst in Serie, sollten Kosten zu sparen sein.

WASSERKRAFT

Die dritte regenerative Energiequelle ist die Wasserkraft. Auch ihre Nutzung ist, wie bei der Windenergie, technisch nicht besonders schwierig. Auch die ursprünglichen Einsatzmöglichkeiten decken sich weitgehend. Allerdings wurden Wassermühlen bevorzugt für Sägewerke eingesetzt, weil sie eine vergleichsweise konstante Leistung aufwiesen. Und das ist auch das große Plus der Wasserkraft gegenüber Sonne und Wind, denn die meisten Wasserläufe führen fast das ganze Jahr über nutzbares Wasser.

Um jahreszeitliche Schwankungen und Spitzen im Energieverbrauch kompensieren zu können, kann man natürlich Stauseen bauen, die ein hohes Reservoir an potenzieller Energie bilden, aber ökologisch sind sie Unterbrechungen im Ökosystem „Fluss", die den biologischen Austausch flussaufwärts zunichtemachen und etwa die Renaturierung einer einmal geschädigten Flussfauna unterbinden. Außerdem neigen Stauseen dazu zu verlanden und so ihre Kapazität zu vermindern, wenn man sie nicht regelmäßig ausbaggert. Vor

allem große Stauseen sind für die unterhalb gelegenen Ansiedlungen gefährlich, wenn durch Alterung, Wartungs- oder Konstruktionsfehler oder Naturkatastrophen der Damm bricht.
Für Öko-Habitate sind nur kleinere Stauseen akzeptabel, die durch geeignete Maßnahmen (Fischtreppen, Teilstauung) ökologisch unbedenklich gestaltet werden können. Hier gilt, wie in den meisten Fällen: Small is beautiful. Man sollte wirklich überlegen, ob Stauseen, vor allem neue, tatsächlich notwendig sind, oder ob man nicht durch eine Serie kleiner Wasserkraftwerke das gleiche oder ein besseres Ergebnis erzielen kann. Eine reizvolle Möglichkeit, wahrscheinlich vor allem für den kleineren Bedarf, wären schwimmende Kleinkraftwerke, die sich, durch Stahlseile und Schwimmkörper gehalten, jedem Wasserstand anpassen können und ohne große Investitionskosten und bauliche Maßnahmen im Einsatz ausgesprochen flexibel sind.
Abgesehen von der Wasserkraftnutzung im Binnenland, die keine großen Überraschungen mehr bereit hält (außer vielleicht Fallrohr-Wasserräder für Regenrinnen), gibt es natürlich noch die Möglichkeit, aus dem Meer Energie zu gewinnen, sei es durch die Energie, die in den Gezeiten steckt oder den Wellen. Neben den Gezeitenkraftwerken, bei denen immer wieder neue Konzepte erprobt werden, finden sich immer wieder neue Ideen, um die Wellenenergie zu nutzen, seien es Folien mit eingebauten Minigeneratoren oder schwimmende, schlangenförmige Kraftwerke, die das Auf und Ab der Wellen nutzen können. Auf jeden Fall ist Wasserenergie eine sehr saubere und empfehlenswerte Energieform.

GEOTHERMIE

Der Hoffnungsträger Geothermie hingegen ist nur bedingt zu empfehlen. Man unterscheidet hier im Wesentlichen zwischen Tiefengeothermie und bodennaher Geothermie.
Für die Tiefengeothermie sprechen ihr hohes Potenzial, große Energiemengen zu generieren, und die schier unerschöpflichen Wärmevorräte im Erdinnern. Aber sie hat auch ihre Schattenseiten. Das fängt mit den Anfangsinvestitionen an, die so hoch sind,

dass sich nur größere Anlagen rentieren. Außerdem fließt Wärme nicht schnell; es kann also passieren, dass sich eine angebohrte Wärmequelle für eine Zeitlang erschöpft, wenn zu viel Wärme gefördert wird.

Die gebräuchlichste Technik bei der Tiefenerdwärmeförderung besteht darin, kaltes Wasser durch ein Rohr in die Tiefe zu leiten und das erwärmte Wasser durch ein in einiger Entfernung platziertes zweites Rohr nach oben, wo es zur Wärme- oder Stromgewinnung genutzt wird. Im Bereich dazwischen werden Risse erzeugt, damit das Wasser leichter fließen kann. Diese Technik erzeugt, je nach Zusammensetzung des Untergrunds, kleinere oder größere Spannungen, die durchaus schon zu kleineren Erdbeben geführt haben. Dadurch schließt sich ein Standort in bereits erdbebengefährdeten Gebieten genauso aus wie in Gegenden, in denen anzapfbare Erdwärmevorkommen zu tief liegen. Zu beachten ist außerdem, dass durch die Bohrungen wasserführende Schichten miteinander verbunden werden können und die Gefahr besteht, dass gutes Wasser kontaminiert wird. Wenn die Abdichtung nicht richtig funktioniert oder irgendwann schadhaft wird, kann Wasser in andere Schichten gelangen und dort chemisch-physikalische Änderungen hervorrufen, wie schon geschehen, als Wasser in eine Gipsschicht gelangte, die daraufhin zu quellen begann und die darüber befindliche Ortschaft in unterschiedlichem Ausmaß anhob, was zu Hauseinstürzen, Spaltenbildung und Wasser- und Gasrohrbrüchen führen kann. Die Gefahr, in sehr wenigen Jahren uralte Ressourcen unter der Erdoberfläche unwiederbringlich für die Zukunft zu zerstören, ist recht hoch. Wenn man Tiefengeothermie überhaupt nutzt, muss man noch wesentlich mehr Augenmerk auf die geologischen Umstände legen, und man sollte auf geschlossene Systeme setzen, die weniger destruktiv sind.

Auf der anderen Seite wäre zu überlegen, ob man tiefengeothermische Kraftwerke nicht gezielt einsetzen kann, um Gebiete mit hoher Sprengkraft zu entschärfen, was, falls es überhaupt möglich ist, einer extrem sorgfältigen Planung bedarf, damit nicht das Gegenteil eintritt. Ein solches Gebiet ist der Yellowstone Nationalpark, der sich in der Caldera eines riesigen Vulkans befindet, der jederzeit ausbrechen kann, was die Klimaerwärmung nicht nur sofort stoppen würde, sondern durch die enormen Staub- und Gasmassen, die dabei frei würden, in kürzester Zeit eine neue Eiszeit und eine gewaltige Hungersnot hervorrufen könnte. Die Energie, die unter dem Park schlummert, ist derart gewaltig, dass man vermutlich die USA komplett mit Strom versorgen könnte. Aber dazu müsste man neue Konzepte der Erdwärmenutzung entwickeln, unter Umständen unter Hinzuziehung der Infrarottechnologie. Und wenn man es richtig macht, wird der Park auch kaum beeinträchtigt werden, aber selbst wenn, so ist das immer noch einer Eiszeit vorzuziehen. Doch das ist – falls überhaupt realisierbar – im Augenblick noch Zukunftsmusik.

Interessanter, vor allem auch für Öko-Habitate ist die oberflächennahe Geothermie. Dazu zählt einmal die Nutzung heißer Quellen, die aber so selten sind, dass sie für Öko-Habitate nur selten zur Nutzung anstehen werden. Zum anderen gehört dazu der Einsatz von Erdwärmesonden und Erdwärmekollektoren, die in vergleichsweise geringer Tiefe installiert werden. Diese nutzen über Wärmepumpen das vergleichsweise niedrige Temperaturgefälle zwischen Boden und Oberfläche, was zwar energieaufwändig ist, aber doch mehr Energie liefert, als in die Technologie investiert wird.

Interessant könnte in diesem Zusammenhang eine Kombination von Solarkollektoren und Erdwärmespeicher einerseits sein, die im Sommer Wärmeenergie im Boden unter dem Haus speichert (Mirasolaris-System) und im Winter die gespeicherte Energie mit Wärmepumpen wieder aktiv herauszieht.

WÄRMEPUMPEN

Speziell für Geothermie, aber auch für andere Zwecke werden Wärmepumpen benötigt. Diese sind eine relativ junge Technologie, in der darum noch viel Entwicklungspotenzial steckt. Ökologisch gesehen sind Wärmepumpen nicht unumstritten, da sie für ihren Betrieb relativ viel Energie benötigen, die meist aus konventionellen, also nicht klimaneutralen Quellen stammt. Andererseits sind sie wartungsarm und liefern mehr Energie, als in sie hineingesteckt wird. Und sie sind vom Prinzip her vielfältig einsetzbar: zur Heizung, zur Kühlung, zur Stromerzeugung. Es sollte also möglich sein, Wärmepumpen so zu konstruieren, dass sie nach der Anfahrtsphase einen Teil der erzeugten Energie für die Aufrechterhaltung des eigenen Betriebs nutzen und den übrigen Teil nach Bedarf als Wärme, Kälte und Strom bereitstellen.

Wenn man bedenkt, dass die einsetzende Klimakatastrophe zu einer globalen Erhöhung der Wasser- und Lufttemperatur führt, dann sind Wasser und Luft im Grunde genommen eine enorme Energiequelle von wachsender Potenz, die man mit Wärmepumpen anzapfen könnte. Allerdings sind Wärmepumpenanlagen nur bedingt komprimierbar, da eine große Leistung einer großen Oberfläche für die Wärmeaufnahme bedarf.

Es ist zwar noch Zukunftsmusik, aber wenn die technologische Entwicklung weiter fortschreitet, könnte es vielleicht möglich werden, die globale Temperatur wieder zu senken, und auch die Gefahr für Korallenriffe und die Methanhydratbänke durch zu warmes Meerwasser durch strategisch in den richtigen Strömungen platzierte Wärmepumpenkraftwerke zu bannen. Dann hätte man Zeit, die gefährdetsten Methanhydratvorkommen langsam und ökologisch unbedenklich abzubauen. Die Methanhydratlagerstätten sind deshalb so problematisch, weil bereits eine geringe Erhöhung der Temperatur des Umgebungswassers ausreicht, dass das Methan ausgast. Das führt nicht nur dazu, dass Schiffe, die in ein solches Gebiet fahren Gefahr laufen, wegen der veränderten physikalischen Eigenschaften des Wassers zu sinken (was für viele verschwundene Schiffe im Bermudadreieck verantwortlich gemacht wird), sondern auch dazu, dass das Methan in die Atmosphäre gerät, wo es als ausgesprochen potentes Treibhausgas die Klimaerwärmung nochmal intensivieren würde. Das andere Problem besteht darin, dass manche Lagerstätten auf Hanglagen instabil sind und Gefahr laufen abzurutschen und dabei gewaltige Tsunamis auszulösen, wie etwa den Tsunami, der vor Norwegen seinen Ausgang nahm, als dortige Vorkommen abrutschten. Damals versanken Teile

des heutigen Großbritannien im Meer, inklusive der Gegend, die heute als Ärmelkanal bekannt ist.
Ebenso Zukunftsmusik ist die Möglichkeit, durch Wärmepumpen oder Infrarotkollektoren oder eine Kombination davon Hurrikanes in ihrer Entstehung zu behindern, indem man Kältelöcher schafft, die einen sich aufbauenden Wirbel verwirbeln.

NACHWACHSENDE ROHSTOFFE

Einen Beitrag zur Gesamtenergieversorgung können auch biobasierte Technologien leisten. Aus Ausscheidungen, Essensresten und Pflanzenabfällen kann Biogas gewonnen werden. Für Küchenzwecke sollte die so produzierte Gasmenge ausreichen. Die übrig bleibende Festmasse kann kompostiert und zur Düngung verwendet werden. Theoretisch gibt es auch die Möglichkeit, aus speziell angebauten Pflanzen Biodiesel und aus grüner Biomasse über neue Technologien sogar ausgesprochen hochwertige Kohlenwasserstoffe zu erzeugen. Aber die dafür nötigen Flächen würden entweder zu Lasten der für Nahrungsanbau vorgesehenen Flächen oder der Waldgebiete gehen. Dass kostbarer Regenwald abgeholzt wird und Ackerflächen zweckentfremdet werden, um mit hohem Aufwand Biodiesel aus Palmöl zu erzeugen, ist eine Perversion. Allenfalls, wenn im Gesamtkonzept Flächen übrig sind, kann man diese zur Erzeugung geringer Mengen von Kohlenwasserstoffen für den Eigenbedarf nutzen.
Empfehlenswerter ist es, die vielfältigen Einsatzmöglichkeiten von Algen und Mikroorganismen weiter zu erforschen. Hier liegen noch Potenziale für die Produktion von Biomasse (Biogas, Kohlenwasserstoffe), Wasserstoff, Methan, Methanol (Einsatz in Brennstoffzellen) und Dünger zur Entdeckung bzw. Entwicklung bereit.

TRADITIONELLE ENERGIEQUELLEN

Von den zur Zeit üblichen Energiequellen, die für den Großteil des Energiemixes zuständig sind – Holz, Kohle, Erdöl, Erdgas und Atomenergie – ist eigentlich nur das Holz in gewissem Umfang für

Öko-Habitate wirklich geeignet, wenngleich fossile Brennstoffe für eine Übergangszeit mitunter nötig sein werden. Die Atomenergie disqualifiziert sich nicht nur durch die Gefahren im täglichen Betrieb, die hohe Abschaltrate aus Sicherheitsgründen und den enorm hohen technischen Aufwand, sondern vor allem durch die radioaktiv strahlenden Altlasten, die jedes Jahr kräftig zunehmen und um die sich noch Hunderte, wenn nicht Tausende von Generationen nach uns ungefragt und ohne einen Nutzen davon zu haben kümmern müssen, damit wir uns fünfzig oder mehr Jahre nicht um andere, bessere Energiequellen bemühen müssen.

Mit den fossilen Brennstoffen verhält es sich ähnlich. Sie wurden von der Natur über viele Millionen Jahre sozusagen eingelagert und aus dem Verkehr gezogen und werden jetzt in einer Zeitspanne von hundert oder zweihundert Jahren in die Atmosphäre geblasen, wo sie sich daran machen, ein Klima wie zur Zeit der Saurier wiedererstehen zu lassen. Und die Folgen für die geleerten unterirdischen Lagerstätten und die darüber liegende Oberfläche sind noch gar nicht ganz klar, da sich geologische Vorgänge in größeren Zeiträumen abspielen, aber mit Erdbeben und strukturellen Instabilitäten wird man rechnen müssen. Vielleicht kann man die Folgen mildern, indem man die unterirdischen ehemaligen Erdgaskavernen wie geplant mit Kohlendioxyd auffüllt, aber sicher ist das nicht, da dieses andere Eigenschaften hat als Erdgas. Aber wenn man weiter in die Zukunft blickt, hätte man damit vielleicht ein Mittel in der Hand, mit dem man Klimaschwankungen ein wenig modellieren kann.

Einzig das Holz ist als nachwachsender und damit klimaneutraler Rohstoff für den Einsatz in Öko-Habitaten geeignet. Allerdings kann es die Wärme- und Stromversorgung einer wachsenden Weltbevölkerung allein nicht gewährleisten. Es mag zwar Gegenden geben, in denen genügend Wald für eine nachhaltige Holzwirtschaft zur Verfügung steht, aber global trifft dies nicht zu, obwohl die Holzheizung durch moderne Technologie und Pelletierung deutlich effizienter geworden ist. Für Heizzwecke ist Solarwärme und bessere Isolierung halbwegs ausreichend. Eine Pelletheizung ist mehr für Notfälle und erhöhten Wärmebedarf vorzusehen. Die anfallende Asche lässt sich übrigens gut als Mineraldüngung und als Zuschlagstoff bei der Kompostierung einsetzen.

Was für die Zukunft nötig ist, ist ein Zusammenwachsen, ein Zusammenspiel der verschiedenen Methoden der Energieerzeugung und die Entwicklung kompakter, einfacher, potenter, robuster, lange haltbarer und leicht zu produzierender Energieerzeuger und -wandler, die dezentral eingesetzt werden können und riesige Kraftwerke, außer vielleicht für spezielle Aufgaben, obsolet machen. Weitere Forschungen in dieser Richtung können sicher noch einige Effizienzsteigerungen und eventuell auch noch unbekannte Methoden der Energiegewinnung zu Tage bringen, auch wenn letztere wohl eher zu den Raritäten zählen dürften.

Der zweite wichtige Faktor des Energiemanagements betrifft die Speicherung. Sonnenenergie und Windenergie fallen zyklisch oder schubweise an, aber nicht unbedingt immer zu den Verbrauchsspitzen. Die meisten Speichermethoden sind ineffizient und nicht auf mittelfristige Lagerung von etwa einem halben Jahr ausgelegt. Da üblicherweise der großflächige Bedarf dem Verbrauch entsprechend durch fossile Brennstoffe erzeugt und überschüssige Energie in Pumpspeicherwerken gelagert wird und es für Kleinstmengen Akkus gibt, war bisher der Drang nach innovativen und effizienten Speichermethoden für den Bereich dazwischen relativ gering. Darum gibt es hier noch einen enormen Forschungbedarf. Die Prinzipien, die zur Speicherung angewandt werden, sind im Grunde genommen dieselben, die auch zur Energieerzeugung verwendet werden, denn Strom lässt sich kaum direkt speichern, außer in Supraleitern, was durch die nötige Kühlung und die Größe der Anlage ausgesprochen energieintensiv ist. Die übrigen Möglichkeiten sind kinetische Speicherung (Schwungräder, Pressluft, Pumpspeicher), Wärmespeicherung (die Wärme wird dann ggf. über Wärmepumpen und kinetische Prozesse wieder in elektrischen Strom überführt), chemische Speicherung (Batterien, chemische Wärmespeicher, Wasserstoff, Methanol). Kurz, man

erzeugt einen energetisch höherwertigen Zustand, den man dann auf jeweils charakteristische Weise wieder absenkt, um daraus Energie zu gewinnen.
Jede Art der Energiegewinnung weist einen gewissen Wirkungsgrad auf, also den Grad der Ausnutzung oder Umwandlung der vorhandenen Energie in die gewünschte andere Energieform. Bei der anschließenden Energiespeicherung (also die Anhebung des Energieniveaus und dessen Aufrechterhaltung) und späteren Zurückwandlung geht wiederum Energie verloren, was den ursprünglichen Wirkungsgrad weiter senkt. Darum ist es wichtig, neben den Energiegewinnungsprozessen auch die Vorgänge bei der Speicherung von Energie zu optimieren. Auch in diesem Bereich gibt es, nicht nur im Hinblick auf die Öko-Habitate, noch einen enormen Entwicklungsbedarf, und man darf auf viele technische Neuerungen und Verbesserungen hoffen.

Das Energiemanagement hat aber noch ein sehr wichtiges drittes Bein: den Energieverbrauch und seine Reduzierung. Der Energieverbrauch eines Eingeborenen eines noch unentdeckten Stammes im Amazonasgebiet und eines Eingeborenen einer industriellen Hochzivilisation unterscheidet sich extrem. Beide können, mit unterschiedlichen Gebrechen, ein ausfüllendes Leben führen. Der Grad an Technisierung und Energieverbrauch ist also kein Wert an sich, sondern den Gewohnheiten und den Lebensnotwendigkeiten, der Lebensplanung, dem Bewusstsein oder dem Unbewusstsein und Konsumterror geschuldet. Aber wie schon früher erwähnt, ist es nicht die Aufgabe der Öko-Habitate, beim Weg zurück eine führende Rolle einzunehmen, sondern in allen Dingen ein angemessenes Maß zu finden, was bedeutet, weder dem Götzen der Entsagung noch dem der Maßlosigkeit zu huldigen, sondern alle Dinge bewusst und mit Umsicht zu handhaben.
Dabei gilt es zu bedenken, dass der Energieverbrauch zwei Aspekte hat, von denen einer gerne übersehen wird. Energie wird nämlich nicht nur durch den Einsatz von Geräten verbraucht, sondern in hohem Maße auch für deren Herstellung. Jedes Gerät, jedes Möbel, jeder Haushaltsgegenstand und jedes Dekostück verbraucht

bis zu seiner Fertigstellung eine ernorme Menge an Ressourcen der verschiedensten Art: Wasser, Rohstoffe, Wärme, Strom... Die meisten Gegenstände, die wir unser eigen nennen, sind von schlechter Qualität und müssen alle paar Jahre ersetzt werden, nicht nur wegen Verschleiß, sondern auch wegen schlechter Behandlung, plötzlicher Inkompatibilität mit anderen Produkten, der Unmöglichkeit, etwas reparieren zu können oder zu teure Reparaturen, Änderung des Geschmacks und des Zeitgeistes und dem Konsumdruck von Werbung und Gesellschaft.

Der erste Ansatzpunkt zum Energiesparen gilt also den Dingen, mit denen wir uns umgeben, sei es ein Bleistift, eine Kommode, ein Computer oder eine Heizungsanlage. Wenn wir die Dinge gut behandeln und pflegen und sie uns in Hinblick auf Funktionalität, Qualität und eine Schönheit aussuchen, die nicht dem Modegeschmack unterworfen ist, dann benötigen wir seltener Ersatz und sparen so, unabhängig vom eigenen Stromzähler, global viel Energie ein. Das heißt, es muss sich auch die Art der Herstellung ändern: Gute Materialien, lange Haltbarkeit, einfache Reparaturmöglichkeiten, Konzeption von Geräten im Hinblick auf Austauschbarkeit, Kombinierbarkeit und Modernisierbarkeit statt auf proprietäre Insellösungen sind das Modell der Zukunft. Außerdem sollte alles so gebaut werden, dass es leicht recycelt oder sonst entsorgt werden kann, wenn es nicht mehr repariert werden kann, technisch zu sehr veraltet ist oder in seinem Ausdruck nicht mehr einem gewachsenen Bewusstsein entspricht.

Der nächste Energiesparansatz liegt in der Gemeinsamkeit. Wenn wir zum Beispiel ein Auto nehmen, dann ist das durchschnittlich 90 bis 95 Prozent der Zeit nicht im Einsatz, ist aber trotzdem, allein durch Alterung und bewusst anfällige Konstruktion in ein paar Jahren Schrott. Aber jeder stellt sich so ein Gefährt hin, obwohl er es kaum benutzt. Wenn sich mehrere Leute ein Auto teilen und womöglich auch noch Fahrgemeinschaften bilden, dann ließen sich die Energie und die Rohstoffe, die für Autoherstellung benötigt würden, extrem reduzieren, und im Falle von Fahrgemeinschaften auch der Treibstoffverbrauch. Und selbst dieser Wert würde sich noch einmal enorm verkleinern, wenn die Haltbarkeit statt ein paar wenigen Jahren dreißig oder fünfzig Jahre betragen würde, wofür man nicht wesentlich mehr Rohstoffe benötigen würde. In einem Öko-Habitat lässt sich auf diese Art eine beträchtliche Energieeinsparung erreichen. Statt dass sich fünfzig Leute in fünfzig Küchen hinstellen, um für hundertfünfzig Leute zu kochen, kann die gleiche Arbeit (vielleicht sogar besser) auch von zehn Leuten in einer großen Küche erledigt werden. Das spart virtuelle Energie (Herstellung von fünfzig Küchen), Betriebsenergie (weniger Gas oder Strom) und Arbeitskraft (vierzig Leute können sich mit etwas anderem beschäftigen) und hat außerdem den Nebeneffekt, dass man viele andere Menschen treffen und das Gemeinschaftsgefühl stärken kann. Für diese Art der Energieeinsparung darf man nicht in „ich allein" denken, sondern in Gemeinschaft, „wir alle".

Eine weitere Möglichkeit, Energie zu sparen, liegt in der Entwicklung und Verwendung effizienterer Geräte und Technologien. Leider wird bei allen Geräten nur die Verbrauchseffizienz angegeben, aber nie die Gesamteffizienz. Das soll heißen, dass ein Gerät, das sparsamer arbeitet, trotzdem nicht empfehlenswert sein muss, weil die Ressourcen, die zur Herstellung benötigt wurden, viel höher sind, als wenn man ein älteres Gerät noch länger betreibt. Oder ein neues Gerät ist weniger haltbar. Oder ein Gerät verbraucht viel weniger Energie, als für seine Herstellung benötigt wurde; dann ist es völlig unsinnig, es vorzeitig gegen ein neues, sparsameres Gerät auszutauschen.

Und natürlich gibt es noch die klassische Methode der Energieeinsparung, die darin besteht, weniger Energie zu verbrauchen, sei es, dass man warmes Wasser nicht nutzlos laufen lässt, die Heizung auf ein angemessenes Maß reguliert, Geräte nicht im Standby-Modus betreibt oder darauf verzichtet, durch prophylaktisches Dauerlüften und unzureichende Isolierung die Umgebung mitzuheizen.

Alle diese Punkte haben mit Unbewusstheit und Anspruchsdenken zu tun, beziehungsweise mit einem verantwortungsbewussten Gemeinschafts- und Zukunftsbewusstsein. Man kann sicher nicht sofort alle Möglichkeiten nutzen (ganz abgesehen davon, dass manche technologischen Rahmenbedingungen noch dem Nachmir-die-Sündflut-Bewusstsein entsprechen), aber das Bewusstsein ist dazu da, sich zu entwickeln und stetig nach neuen Herausforderungen Auschau zu halten, an denen es wachsen kann. Und vor allem müssen wir auch das Bewusstein für unseren Platz in der Welt entwickeln, der sich nicht an der falschen Interpretation der biblischen Aufforderung orientiert, uns die Erde untertan zu machen. Zu unserem Platz und unserer Rolle in der Welt gehört es, mit den Ressourcen so umzugehen, dass sich keine künftige Generation darüber sorgen machen müsste. Unser Bewusstsein muss vom „Bürger der eigenen Wohnung" mindestens bis zum „Bürger des Planeten Erde" wachsen.

Kelchtürme

Eine Bauform, die ziemlich universell eingesetzt werden kann, ist der Turm. Diese kann man wie Leuchttürme an die Küste oder in küstennahe Gewässer stellen, ins Flachland, ins Gebirge, in die Wüste und in den Regenwald.

Die Vorteile der Turmbauweise sind mannigfach. Sie haben einen kleinen Durchmesser und nehmen dadurch wenig Fläche in Anspruch. Selbst im Wattenmeer oder im empfindlichen südamerikanischen Regenwald stören sie die umgebende Natur kaum, ein entsprechend zügiger und schonender Aufbau vorausgesetzt, und einmal etabliert kann sich die Natur schnell von etwaigen Schäden erholen. Durch die schlanke und vorzugsweise runde Bauform sind sie relativ unempfindlich gegen Stürme, was aber nicht für jede Variante zutrifft. Außerdem haben sie im Gegensatz zu den breiten und ziemlich hohen Hochhäusern einen minimalen Kernschatten; sie beeinträchtigen also die Umgebung nicht merklich durch Schattenwurf.

Der hauptsächliche Nachteil von Türmen liegt darin, dass die Fundamente relativ tief sein müssen, vor allem in anspruchsvollen Gegenden wie Küstengebieten, Wüsten und tiefgründigen Böden sowie erdbebengefährdeten Gebieten. Außerdem ist diese Bauweise in nördlicheren Gegenden nicht so günstig, da die Außenfläche, die dort ja eine stärkere Isolation benötigt, relativ groß ist.

Wenn man vom Aufbau her ganz unten anfängt, so befinden sich dort die Fundamente, die man der Einfachheit halber als Punktfundamente ausführen kann. Zwischen den Fundamenten hindurch, aus dem Kellerraum hinaus, kann man zu den nächstgelegenen Kelchen Tunnel graben, was sich vor allem bei größeren Entfernungen empfiehlt sowie bei unwirtlicher Umwelt (kalt, Wüste, Regenwald), so dass man vom Wettergeschehen unbeeinträchtigt seine Nachbarn besuchen oder sich zum nächstgelegenen Verkehrsknotenpunkt aufmachen kann. Darüber, auf Bodenebene oder etwas erhöht, befindet sich ein Raum, der einen Zugang von außen hat. Die ersten Stockwerke beherbergen die Haustechnik, Wasserspeicher, Energiespeicher, Recycling, Wasser-, Kompost-, Toilettenabwässer- und Abfallaufbereitung. Der durchschnittliche Durchmesser dieses unteren und auch des anschließenden mittleren Bereichs könnte so um die 10 m betragen.

Der mittlere Bereich ist vielfältig einsetzbar. Wenn genügend Energie zur Verfügung steht, könnte man dort zum Beispiel Vertical Farming betreiben, das so ausgelegt ist, dass sich die im darüber befindlichen Wohnbereich lebenden Menschen damit selbst versorgen können. Außerdem kann man hier Werkstätten, Hobbyräume oder Gemeinschaftsräume unterbringen und natürlich auch Wohnräume.

Der Hauptwohnbereich befindet sich aber im oberen Teil. Dieser öffnet sich kelch- oder trichterförmig nach außen auf den zwei- bis dreifachen Durchmesser. Wie in einem Kelch ist das Innere nicht massiv ausgeführt, obwohl auch das möglich ist, sondern wie ein Amphitheater terrassenförmig abgestuft, wobei man die sonnenzugewandte Seite etwas niedriger halten kann. So hat man im Wohnbereich auch gleich eine erholsame Gartenanlage, die aber auch Nutzzwecken dienen kann. In der Mitte kann man sogar einen kleinen Teich mit einer Fisch- oder Algenzucht anlegen. Man kann auch darüber nachdenken, einen ausfahrbaren Abschluss einzubauen, flach oder gewölbt, der das Innenleben bei drohenden Unwettern schützt. Aber ansonsten kann man das Regenwasser von allen unbebauten Flächen nach unten zur Wasseraufbereitung fließen lassen.

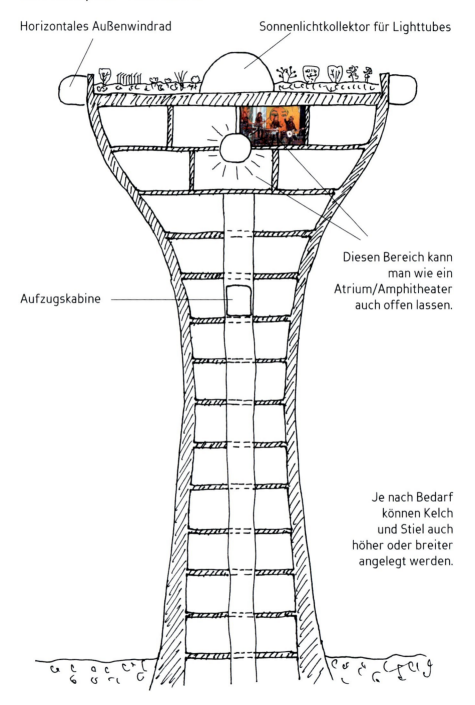

Horizontales Außenwindrad

Sonnenlichtkollektor für Lighttubes

Diesen Bereich kann
man wie ein
Atrium/Amphitheater
auch offen lassen.

Aufzugskabine

Je nach Bedarf
können Kelch
und Stiel auch
höher oder breiter
angelegt werden.

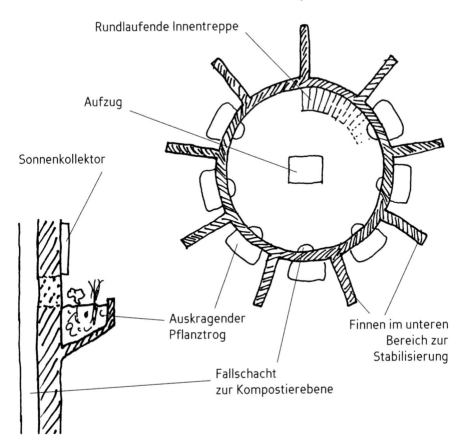

Rundlaufende Innentreppe

Aufzug

Sonnenkollektor

Auskragender
Pflanztrog

Finnen im unteren
Bereich zur
Stabilisierung

Fallschacht
zur Kompostierebene

An den Außenmauern kann man vor allem an den sonnenzugewandten Seiten Pflanzkörper von maximal 1 m Breite auskragen lassen, die von innen zugänglich sind. Korrespondierend dazu benötigt man auf der Innenseite eine Infrastruktur, die es ermöglicht, die Erde der Pflanzbereiche ohne großen Aufwand komplett der Kompostierung und Erdaufbereitung zuzuführen und von dort frische Erde für eine Neubefüllung heranzuschaffen. Die Pflanzenpflege kann man natürlich durch Rundumbalkone auf der Außenseite unterstützen, vor allem im unteren und mittleren Bereich. Diese kann man 2 m tief machen und natürlich auch verglasen, so dass man als Außenhaut ein großes Gewächshaus hat oder man verglast Teile des Turmes ohne zusätzliche Balkone gleich ganz; es gibt da sehr viele Gestaltungs- und Ausführungsmöglichkeiten.

Die Basis des Turms kann, vor allem, wenn er durch Finnen zusätzlich stabilisiert wird, hügelartig von Pflanzbeeten umgeben werden, die den Turm ein wenig in die Umgebung integrieren und zur Versorgung beitragen können. Direkt an die Mauer kann man dann Spalierobst und Kletterpflanzen setzen.

Den Turmfuß kann man in geeigneter Landschaft mit ansteigenden Pflanzbeeten umgeben, auf derem höchsten Spalier- und Kletterpflanzen angepflanzt werden können. Auf diese Weise wird er auch optisch in die Umgebung integriert.

Einen Teil der Außenhaut kann man auch mit Solarkollektoren, Photovoltaik oder Infrarotwandlern zur Energiegewinnung verkleiden. Die Außenwandung der oberen Stockwerke kann man, eine entsprechende Abschirmung nach innen vorausgesetzt, auch als unauffällige horizontale Windräder zur Stromerzeugung konzipieren.

Wenn mehrere Türme nahe genug beieinander stehen, kann man sie über Hängebrücken (z. B. mit leichten und robusten Kevlarseilen) zusätzlich oder alternativ zu den Tunneln miteinander verbinden.

Die Dimension und Ausführung der Türme muss man natürlich den landschaftlichen Gegebenheiten sowie den eigenen Möglichkeiten und Notwendigkeiten anpassen. So sollte man etwa Türme im Regenwald so konzipieren, dass der Kelchteil hoch ist und über die Kronenebene hinausragt. Der Teil, der sich auf Höhe des Regenwaldes befindet, sollte einigermaßen hermetisch verschlossen und außen glatt sein, damit keine Kleintiere, Insekten, Schlangen... eindringen können. Da man hier die Umgebung kaum als Anbaufläche nutzen kann, müsste der Turm stärker zur Selbstversorgung ausgelegt sein als etwa in bewohnbareren Gegenden.

Umweltschutz

Der Schutz der Umwelt ist natürlich eine der wichtigen Aufgaben eines jeden Öko-Habitats. Zwar werden die Öko-Habitate
hier, wie in vielen anderen Bereichen auch, nicht in der Lage
sein, den gesamten Planeten zu schützen, solange sie nicht von
ihrer Anzahl und Ausdehnung her eine nennenswerte Größe auf
ihm darstellen, doch neben der Gesundung der den Öko-Habitaten anvertrauten Gebieten liegt ihre Wirkung in ihrem beispiel-
gebenden Handeln und in der Ausstrahlungskraft richtigen und
zukunftsweisenden Wirkens, dem eine Sicht der Welt zugrunde liegt, die auf Vertrauen, Zusammenarbeit, Verantwortung,
Zukunftsorientiertheit, Bewusstseins- und Seelenwachstum und,
trotz aller trennenden Grenzen, auf der Wahrnehmung der Welt
als untrennbare Einheit, oder, etwas emotionaler, als nährende
Urmutter basiert. Aber globale Fortschritte und der notwendige Bewusstseinswandel sind auf politischer und internationaler
Ebene trotz immer wieder aufkeimender Bemühungen in absehbarer Zeit nicht zu erwarten. Umso wichtiger ist es darum, diese
Fortschritte durch einen Wandel in der Mentalität der Menschen
vorzubereiten. Das Wachstum der Öko-Habitate und die daraus
folgende Umsetzung und Verbreitung der damit zusammenhängenden Philosophie und Weltsicht ist darum der wichtigste
Beitrag der Öko-Habitate zum Umweltschutz und zur Erhaltung
unserer Lebensgrundlagen.

Aber die Öko-Habitate werden sich im Rahmen ihrer Möglichkeiten natürlich auch sehr praktisch mit den verschiedenen Aspekten des Umweltschutzes beschäftigen.

Dieser Schutz der Umwelt, der mit dem Energiemanagement eng zusammenhängt, ist letztlich auch der Schutz des Menschen, denn schließlich gibt es auf unserem Planeten nichts, was wirklich unabhängig und losgelöst existieren kann, und die Verbindung des Menschen mit der Umwelt ist ziemlich unmittelbar und eng. Manche Themenkreise, wie die Verschmutzung der Luft mit Stickoxiden, Schwefelverbindungen usw. oder die Wasserverschmutzung sind mittlerweile zumindest ansatzweise im Griff, aber das Problem mit dem Ozonloch zeigt eigentlich ganz deutlich, wie wenig Zusammenhänge wir wirklich kennen, so dass es dann ganz plötzlich ein Problem gibt, mit dem nie jemand gerechnet hat, wie etwa das ursprünglich hochgelobte DDT, das sich kaum zersetzt und mittlerweile unseren ganzen Planeten so verseucht hat, dass es selbst im arktischen Eis noch anzutreffen ist.

Genau betrachtet ist Umweltverschmutzung eine Folge von Technikgläubigkeit, Geldgier (wie sollte es anders sein), Prestigedenken (also Unsicherheit), Konsumterror (dem man gerne nachgibt), Gedankenlosigkeit und Bequemlichkeit. Diese Einstellungen führen dazu, dass man von allem immer das neueste Modell haben muss, dass man einen gesundheitsfördernden Laubbesen durch einen lärmenden, stinkenden, träge machenden, energieaufwändig hergestellten und nicht lange haltbaren Laubpuster ersetzt, dass sich in Afrika Kinder an unserem Elektroschrott vergiften, oder dass extrem langlebige Kunststoffe nach mehrmaliger Reise um die Welt in allen möglichen Tiermägen landen (wo in Verbindung mit Magensäure alles Mögliche daraus entstehen kann) oder fein zerrieben im Südseesand, oder dass wir Joghurt aus weit entfernten Landen importieren, statt bei der nächstgelegenen Molkerei oder statt es selbst zu machen (dann könnte man die vielen Plastikbecher sparen)...

Eine Aufzählung aller Umweltsünden wäre eine nahezu endlose Liste, weshalb es besser ist, sich damit zu beschäftigen, was man besser machen könnte, wenngleich auch diese Liste ziemlich lang sein dürfte.

So könnte man sich zuerst mal darüber klar werden, dass es keine isolierten Länder, Landstriche oder Grundstücke gibt. Wir leben auf EINEM gemeinsamen Planeten, und dessen Schutz ist unser aller Aufgabe. Die radioaktive Verseuchung von Tschernobyl etwa hat nicht an den Ländergrenzen Halt gemacht, sondern sich über die ganze Welt verteilt. Die Schaffung der Öko-Habitate ist schon ein erster großer Schritt hin zu diesem Ein-Planeten-Bewusstsein und zum Schutz dieses einen Planeten, aber das bedeutet nicht automatisch, dass Öko-Habitate grundsätzlich umweltfreundlich wären. Das ist auch gar nicht umfassend möglich, weil es vielleicht immer wirtschaftliche Beziehungen zur Nicht-Habitat-Welt geben wird, die einen absoluten Schutz der Umwelt nicht immer ermöglichen, aber auch weil diese Habitate auf lange Zeit hinaus nicht wirklich autark sein können, solange sie nicht wirklich alles, inklusive Computer und Maschinen selbst herstellen können. Sie sind also noch davon abhängig, was anderswo produziert wird, denn wenn die gesamte Industrie nur Schrottautos produziert, kann man nur Schrottautos kaufen, und im Moment kommt man noch nicht ohne aus. So werden vor allem anfangs immer wieder Kompromisse zwischen Anspruch und Wirklichkeit unausweichlich sein, aber diese sollten ein Ansporn sein, die Umstände noch optimaler zu gestalten. Darüber hinaus kann man zum einen versuchen, autarker zu werden, so dass man keine chemisch gezogenen Möhren aus 1000 km Entfernung kaufen muss, sondern sie aus dem eigenen Garten oder dem eigenen Lager holen kann, und zum anderen, bewusster einzukaufen, also Großpackungen statt Miniportionen oder Lebensmittel und Geräte aus der Umgebung oder zumindest dem eigenen Land statt von der anderen Seite des Globus, wenn dafür keine Notwendigkeit besteht.
Ein Beispiel hierfür ist etwa das Mineralwasser, das in kleinen Flaschen von A nach B und von B nach A gekarrt wird, um dann in fünf Minuten ausgetrunken zu sein. Und für diese paar Schlucke wurde eine Unmenge Energie, und bei Kunststoffflaschen auch Erdöl, für die Herstellung der Flasche und den anschließenden Transport verbraucht. Nun ist Leitungswasser nicht überall genießbar, und man wird wohl noch lange auf Wassertransporte angewiesen sein,

aber mit etwas Überlegung und Organisation kann man das Ganze auch deutlich umweltschonender gestalten. Wenn man das Wasser etwa in großen Tankwagen transportiert, spart man schon mal Energie beim Transport der Verpackung und es müssten weniger Lastwagen unterwegs sein. Die Wagen, die selbstverständlich von der nächstgelegenen Quelle kommen, könnten große Vorratsbehälter in den Habitaten befüllen. Dort könnte das Wasser für die einzelnen Häuser in diese großen, wiederverwendbaren Behälter für die Wasserzapfsysteme amerikanischer Bauart abgefüllt und nach Bedarf abgeholt werden. Auf diese Weise könnte man bei einer vergleichbaren Tafelwasserversorgung eine Unmenge Energie und Material einsparen.

Wenn wir die Umwelt schützen wollen, müssen wir also alle Bereiche des Lebens durchforsten und nach und nach Verbesserungen herausfinden und auch einsetzen. Und es gibt dafür sehr viele Anhaltspunkte.

So gehört zum Umweltschutz auch die Ressourcenschonung. Diese hat mindestens vier Aspekte. Der erste hängt mit unserem Rechtssystem, dem Rechtsempfinden und unserer Verantwortung gegenüber unserem Planeten zusammen. So gibt es immer wieder Gerüchte, dass in den Schubladen der Industrie Unmengen an Patenten ruhen, die für einzelne Geräte, Prozesse oder Lebensbereiche deutliche Verbesserungen bewirken könnten, deren Nicht-Verwendung aber ihre Pfründe sichert, sei es weil sich Geräte herkömmlicher Bauart immer noch gut verkaufen oder weil Neuerungen in einem Bereich die Umsätze in einem anderen Bereich gefährden könnten. So könnten etwa bessere Waschmaschinen mit neuem Wirkprinzip (Ultraschall, Mikrowellen, Nylonkügelchen...) der Waschmittelindustrie einen empfindlichen Dämpfer versetzen. Aber auch nicht versteckte Patente werden bisweilen nur zurückhaltend genutzt, weil eine Lizensierung zu teuer ist oder aus welchen Gründen auch immer verweigert wird. Wenn man von einer Welt und von Zusammenarbeit zum Wohle aller träumt, dann ist dieses Patentgerangel ziemlich hinderlich. Aber solange die Welt so ist wie sie ist, ist es, von den Auswüchsen abgesehen, auch verständlich, dass Menschen und Firmen ihre Erfindungen schützen, weil sie schließlich davon leben müssen, und auch die Öko-Habitate werden da sicher nicht anders verfahren, aber es wäre wünschenswert, zu einer Formel zu finden, die den Fortschritt nicht von wirtschaftlichen Erwägungen abhängig macht. Erst wenn die Öko-Habitate, welche die Patentfrage langfristig im Hinblick auf das Gemeinwohl und unter dem Gesichtspunkt der Gemeinsamkeit betrachten, mehr Gewicht in der Welt haben, wird sich da wirklich etwas ändern. Bis dahin wäre es wichtig, Auswüchse und Blockierungen zu begrenzen.

Der nächste Punkt bei der Ressourcenschonung betrifft unseren Umgang mit den aus den natürlichen Ressourcen geschaffenen Dingen, seien es Kleidung, Nahrung, Gebrauchsgegenstände, Maschinen oder Gebäude. Es gibt Menschen, bei denen manche Dinge, trotz häufigem Einsatz, steinalt werden können, während die gleichen Dinge bei anderen schon nach kürzester Zeit das Zeitliche segnen. Manche Leute kommen auch mit Weniger aus als andere, sei es Essen oder Verbrauchsmaterial, nicht weil sie etwa weniger essen, sondern weil sie weniger wegwerfen, indem sie zum Beispiel darauf achten, dass angeschnittenes Brot nicht vertrocknet und auch Brot, das nicht frisch abgeschnitten wurde oder die unmöglich zu essenden Endstücke essen. Mag sein, dass diese Menschen Geizhälse sind, aber vielleicht sind sie auch einfach nur bewusster und bescheidener im Umgang mit den Gaben der Natur. Vielleicht geht ihre Einstellung sogar noch tiefer und ist Ausdruck ihrer Liebe zur Schöpfung, wie es eigentlich für unser aller Verhalten immer angemessen wäre. Wenn wir etwas lieben, dann beuten wir es nicht aus, sondern behandeln es pfleglich, zukunftsorientiert und verständnisvoll. Und wenn wir etwas liebevoll behandeln, dann wirkt sich das immer positiv auf dessen Lebensdauer aus. Grobe und großspurige Behandlung der Dinge soll meist cool wirken oder darauf hinweisen, dass man über den Dingen steht oder sich um Geld keine Sorgen zu machen braucht, aber eigentlich sagt dieses Verhalten nur aus, dass man arrogant und unsicher ist, und damit ziemlich uncool. Wirklich cool kann nur sein, wer weiß, was richtig ist und auch bereit ist, seinen Standpunkt zu vertreten. Sorgsamkeit, Bewusstheit und Zukunftsfähigkeit sind cool, Mut und Liebe sind cool.

Aber Sorgfalt ist beim Umgang mit den Dingen nur eine Seite der Angelegenheit. Ihre andere Seite ist die Qualität der Dinge. Manche Sachen kann man noch so pfleglich behandeln und sie sind trotzdem in kürzester Zeit nicht mehr verwendbar, weil sie aus minderwertigem Material hergestellt oder schlecht gearbeitet wurden. Das liegt natürlich an der Jagd nach dem schnellen Profit, denn wenn etwas schnell unbrauchbar wird, kann man dem Kunden, der da nicht nachtragend zu sein scheint oder der sich nicht wehren kann, das nächste Modell verkaufen. Und manchmal werden die Dinge auch deshalb so schlecht und billig gefertigt, weil sie schon nach einem halben Jahr nicht mehr der gängigen Mode entsprechen und die Kunden dann ohnehin – in ihrem Freundeskreis und im Laden – nach dem letzten Schrei Ausschau halten. Was Moden betrifft, so ist es nicht so, dass diese generell schlecht sind, vielmehr sind sie Ausdruck der Vielfalt. Aber die Abhängigkeit von einem bestimmten Ausdruck zu einer bestimmten Zeit ist doch bedenklich. Wenn etwas wirklich schön ist, dann ist es immer zeitlos. Es lässt sich vielleicht nicht immer mit allem kombinieren, aber man sollte diese Schönheit auch in einem oder in fünf Jahrzehnten noch sehen können, denn nicht die Dinge ändern sich, sondern unsere Wahrnehmung. Wenn wir mit unserer Wahrnehmung von den vorherrschenden Strömungen unabhängig werden, dann können wir die Dinge so sehen, wie sie sind und sie zu jeder Zeit wertschätzen. Um Dinge sehen zu können, wie sie sind, müssen wir uns ihnen öffnen. Damit hält die Liebe Einzug und mit ihr die Freude an und die Zuwendung zu den Dingen. Wenn wir wirklich an etwas Freude haben, wenn uns wirklich an etwas liegt, dann werden wir auch danach trachten, eine gute Qualität zu bekommen. Diese mag zwar teurer sein, aber das scheint meist nur so, denn durch die oft deutlich verlängerte Haltbarkeit sparen wir meist eher. Nicht umsonst gibt es da ein Sprichwort, das besagt, dass man es sich nicht leisten kann, billig einzukaufen, wenn man nicht viel Geld hat. Eine gute Qualität zu kaufen, ist aktiver Umweltschutz.
Gute Qualität drückt sich aber nicht nur in der Herstellung, sondern schon in der Planung aus. Das fängt schon damit an, dass viele Gegenstände bewusst so gestaltet sind, dass man sie nicht öffnen,

geschweige denn reparieren kann, so dass man z.b. elektrische Zahnbürsten wegwerfen muss, weil der Akku nicht mehr aufladbar ist und man ihn nicht austauschen kann, oder die Reparatur von Weckern, so sie denn überhaupt angeboten wird und möglich ist, Wochen dauert und ein Vielfaches des Geräteneupreises kostet. Außerdem wird nur sehr selten vorausschauend geplant und die Möglichkeit vorgesehen, kommende technologische Neuerungen oder Verbesserungen in bestehende Geräte zu integrieren oder gegen veraltete Teile auszutauschen. Das ist zugegebenermaßen nicht ganz einfach, da man nicht weiß, was die weitere Zukunft bringt, aber zumindest für die nähere Zukunft nicht gänzlich unmöglich. Manchmal wäre es auch schon eine Erleichterung, wenn nicht jeder Gerätehersteller auch noch seine eigenen Kleinteile entwickeln würde, wenn er eigentlich auf bestehendes Material zurückgreifen könnte. Für viele dieser Exoten gibt es vermutlich keine wirklich technisch begründete Existenzberechtigung. Für die Manufakturen der Öko-Habitate, aber auch als Anforderung der Globalisierung, steht Kompatibilität, Kombinierbarkeit und universelle Einsetzbarkeit im Vordergrund, und dass man Ersatzteile nicht erst um den halben Erdball fliegen muss, sondern sie möglichst im Fachhandel nebenan bekommt, der sich auch freuen würde, wenn er weniger Ersatzteile verwalten müsste.

Im Moment geht die technische Entwicklung rasant voran, und der Erhalt des Bestehenden hat meist keine Priorität. Neue Generationen von Geräten, vor allem bei Computern, stellen frühere Modelle in den Schatten und machen diese scheinbar obsolet. Aber dem ist nur für Verkäufer, Spezialisten und Technikfreaks so. Zumindest den Spezialisten bleibt oft nichts anderes übrig, als über die modernste Technik und Software zu verfügen. Aber wer zum Beispiel nur etwas schreiben will, kommt meist noch ganz gut mit steinalten Geräten aus, zumindest solange es noch eine Möglichkeit gibt, die Daten auf die neueren Modelle zu transferieren, was mit zunehmendem Alter schwieriger wird. Diese Entwicklung hat schon dazu geführt, dass manche Versicherungen, die es versäumt haben, ihren Datenbestand immer wieder zu modernisieren, jetzt Probleme haben, auf ihre Uralt-Daten zurückzugreifen, weil es dafür keine

Programme und Lesegeräte mehr gibt. In den Öko-Habitaten kann man Geräte, die nicht mehr brandneu sind (und auch sonst alles, was man nicht mehr braucht) an Menschen weitergeben, die auch ohne die neuesten Funktionen und Geschwindigkeitszuwächse auskommen. Man kann auch eine richtige Börse für noch brauchbare Dinge und Geräte einrichten und so deren Lebensdauer erhöhen. Aber wenn Geräte nicht mehr zu reparieren sind oder nicht mehr vermittelbar oder manchmal auch nur, weil sie leicht veraltet sind, landen sie doch meist auf dem Müll. Für eine ökologischere Zukunft wäre es wünschenswert, wenn die Dinge so gestaltet wären, dass sie am Ende ihres Lebens leicht zerlegt werden können; brauchbare Teile würden wiederverwendet, unbrauchbare weiter zerlegt und der Rohstoffverwertung zugeführt. Leider wird immer noch das meiste verbrannt, weil es sich nicht sinnvoll trennen, sortieren und wiederverwerten lässt. Zu vielfältig sind die Stoffe, die unsere moderne Welt produziert. Von den Kunststoffen gibt es zum Beispiel unzählige Arten, und nur einige wenige lassen sich wieder einschmelzen und wirklich recyceln. Der Rest ist kontaminiert mit Farbstoffen, Weichmachern, Hartmachern, Zuschlagstoffen, UV-Stabilisatoren und sonstigen Additiven. Nicht umsonst sind in der Luft von Neuwagen etwa 500 verschiedene Substanzen zu finden, die zum Teil von den verbauten Kunststoffen ausgeschieden werden. Theoretisch könnte man die Kunststoffe bei hohen Temperaturen cracken und in niederkettige Kohlenwasserstoffe zurückführen, die als Basis für erneute Kunststoffherstellung dienen würden, aber dies ist ein langer und energieaufwändiger Prozess, der ein Konglomerat aus Zusatzstoffen, Schwermetallen und Metaboliten aufweist. Verbrennen ist einfacher, hinterlässt aber ebenfalls eine giftige, schwermetallhaltige Schlacke.

Zur Kunststoffproblematik kommt noch hinzu, dass die aus Kunststoff erzeugten Bauteile zwar nicht lange halten, weil Kunststoff schnell beschädigt ist oder brüchig wird, aber das Material an sich durchaus robust ist, sozusagen für die Ewigkeit gebaut. Kunststoff geht zwar leicht kaputt, aber er zersetzt sich nur sehr schwer. In freier Natur zerfällt er zwar immer mehr, aber er löst sich nicht auf, sondern wird nur immer kleiner und damit immer

häufiger zufälliger Bestandteil der Nahrungskette. Die Kunststoff-
verschmutzungswelle, die auf uns zurollt, ist zwar für die meisten
Menschen noch außerhalb ihrer Wahrnehmung, aber die Ozeanolo-
gen nehmen sie bereits als großes Problem wahr, denn zum einen
sammelt sich der Kunststoff in bestimmten Meeresgebieten durch
Strömungen, zum anderen verwechseln manche Meerestiere die
Kunststoffe mit Beute und verenden daran oder darin. Auch bei
den Kunststoffen wäre zu empfehlen, sich auf weniger Materialien
zu beschränken, die beim Recycling besser zu handhaben sind und
ohne Giftstoffe auskommen und die, bei manchen Einsatzberei-
chen, sich auch schnell zersetzen, ohne dass umweltgefährdende
Substanzen dabei entstehen. Noch besser wäre es, überall da auf
Kunststoffe zu verzichten, wo sie eigentlich nicht wirklich benötigt
werden, und sie ansonsten allgemein sparsamer und bewusster
einzusetzen.
Wir entnehmen unserer Umwelt jeden Tag eine Unmenge Substanzen, die durch Unbedachtheit, Gier, Faulheit, Unwissenheit ...
eher früher als später auf dem Müll landen. Manche dieser Rohstoffe werden immer seltener, und wenn wir die jetzigen Ver-
hältnisse einfach in die Zukunft extrapolieren, dann sind manche
Vorkommen in ein paar Jahren, andere in ein paar Jahrhunderten
erschöpft. Und wenn man bedenkt, dass die Länder der zweiten
und dritten Welt lieber heute als morgen unseren Lebensstil übernehmen würden, kann man sich ausrechnen, dass manche Roh-
stoffquellen noch wesentlich rapider versiegen werden. Genau
betrachtet, haben wir auf der Erde nicht genügend Ressourcen,
damit alle Menschen so leben können wie Europa und Amerika.
Da sich die Welt den Rohstoffverbrauch der Industrieländer aber
nicht leisten kann, werden diese ihren Rohstoffverbrauch drastisch
zurückdrehen müssen. Das bedeutet, dass der Lebensstandard, so
wie er heute definiert ist, sinkt, vor allem, wenn versucht wird, so
weiterzumachen wie bisher. Aber wenn ein Bewusstseinswandel
einsetzt, der sich von Konsumterror und schlechter Qualität ab-
wendet und nicht glaubt, dass ein gutes Leben von allerlei technischen Gimmicks abhängt, und sich statt dessen auf die Suche nach
dem rechten Maß begibt, dann können wir der übrigen Welt ein

besseres Vorbild bieten, und dann bestehen auch eher Chancen auf eine wirklich wohlhabende Gesamtwelt.

Damit würde das Rohstoffproblem zwar gemindert, aber nicht gelöst. Die Lösung ist zumindest theoretisch recht einfach, wenn man sich die Problematik unvoreingenommen ansieht. Die Problematik besteht darin, dass nachwachsende wie nichtnachwachsende Rohstoffe in ihrer Menge endlich, also begrenzt sind. Also darf man nicht mehr verbrauchen, als vorhanden ist und nachwächst, und man muss die Rohstoffe nach den wirklichen Bedürfnissen gerecht verteilen, am besten, ehe noch ein Krieg darüber ausbricht. Dann muss man Technologien entwickeln, die mit weniger Rohstoffen auskommen und trotzdem zuverlässiger und haltbarer sind. Es nutzt beispielsweise nichts, die schwindenden Erdölvorräte durch Biosprit zu ersetzen, denn die Produktion nennenswerter Mengen würde Unmengen Land verbrauchen, die damit für die Nahrungsproduktion verloren gingen, oder wie im Falle des südostasiatischen Palmöls wertvolle Urwälder für kurzfristigen Gewinn unwiederbringlich zerstören. Wir müssen lernen, das Leben und die Vielfalt auf der Erde zu schützen und mit dem zu leben, was wir haben. Das heißt auch, dass wir unsere Rohstoffe pflegen müssen. Dazu gehört auch, das Recycling-Thema wesentlich ernster zu nehmen als bisher. Glas- und Papierrecycling sind ja ganz nett, aber im Grunde Lappalien gegenüber den wirklichen Rohstoffbedürfnissen. Denn je weniger die herkömmlichen Minen in Zukunft schürfen können, desto mehr wächst die Bedeutung neuzeitlicher Schürftechniken in den Minen der Zukunft: Müllhalden, Altlasten, vergessene und unbenutzte Leitungen, Abrisshäuser, Elektroschrott... In diesen Minen lagern Unmengen Rohstoffe, die der Erde bereits entrissen wurden und die darauf warten, aus der Sackgasse den Weg in einen vernünftigen Rohstoffkreislauf zu finden, sei es über physikalische, elektrochemische, chemische oder biologische Maßnahmen oder eine ausgeklügelte Kombination davon. Und sobald wir uns damit beschäftigen müssen, wird es ganz natürlich werden, die spätere Rohstoffrückgewinnung gleich bei der Konstruktion von Dingen und Geräten zu berücksichtigen.

Für Öko-Habitate bedeutet dies ständige Aufmerksamkeit und Bewusstseinswachstum, um ein ressourcenschonendes Verhalten zu entwickeln und den nachwachsenden Generationen durch ein gutes Beispiel ein funktionierendes Umweltbewusstsein zu vermitteln. Aber die gemeinschaftlich orientierte Struktur der Öko-Habitate bietet dafür die besten Ausgangsbedingungen, denn in dem Maße, wie Kleinfamilien zu Großfamilien zusammenwachsen und die gemeinschaftliche Versorgung zunimmt, kann man sich die Nutzung von Geräten teilen und wenige robuste Großgeräte statt vieler schlechter Kleingeräte anschaffen. Das wird nicht von heute auf morgen gehen, denn viele Menschen werden das Bewusstsein und die Ansprüche von Kleinfamilien mitbringen, aber früher oder später werden sie in die Großfamilie hineinwachsen und das daraus sich ergebende Einsparpotenzial nutzen.

Wenn man ein Öko-Habitat gründet, dann ist das, als ob man eine neue Welt erschaffen würde. In dieser Welt kann man neu anfangen und die Fehler der alten Welt vermeiden. Man kann das alte Bewusstsein ablegen und sich mit einem neuen Bewusstsein, für das Sorgfalt, Zusammenarbeit, Nachhaltigkeit, Umweltschutz und Rohstoffkreisläufe keine Fremdworte sind, auf den Weg in eine Zukunft machen, die nicht nur zur Harmonie mit der Natur führt, sondern auch zur Erkenntnis der eigenen Verantwortung für diese Natur, und nicht nur zu einem Überleben des Menschen, sondern zu seiner neuen Blüte.

Die Schildkröte

Die Schildkröte ist ein Tier, das sich jederzeit in den Schutz ihres Hauses, das sie immer mit sich herumträgt, zurückziehen kann. Und einer Schildkröte ähnelt auch das im Folgenden beschriebene anspruchsvolle Bauwerk.

Ausgangsmaterial einer Schildkröte kann im Grunde genommen ein fast beliebiges Haus alter Bauart sein, vorzugsweise aber ein optimal designter Neubau. In der Minimalversion hat man etwa ein altes Einfamilienhaus, an das ringsum ausgedehnte Wintergärten angebaut werden, die bis zur Dachkante reichen, so dass optisch so in etwa der Eindruck einer Kuppel entsteht. In der Maximalversion sind es mehrere Häuser oder ein ellipsen- oder c-förmiger Haus-komplex mit großem Innenhof oder ein Gebäude im Pueblostil, die gemeinsam eine sie überragende Kuppelkonstruktion tragen. Dem Formenreichtum sind eigentlich kaum Grenzen gesetzt. Bei ent-sprechender Dimensionierung könnte man in einer Schildkröte die Einwohner einer Habitatsgrundzelle unterbringen.

Technisch würde das so aussehen, dass von den Gebäuden im In-neren der Schildkröte Stützpfeiler nach oben gezogen werden, auf denen eine polygone Grundkonstruktion ruht, die durchaus den Feldern eines Schildkrötenpanzers ähnelt. Die Felder würden von entsprechend flachen Glas- oder Kunststoffkuppeln überdeckt, so dass Regenwasser auf die Grundrahmenkonstruktion geleitet wird, die das Wasser über die Pfeiler in Zisternen oder oberirdische

Kuppelelemente mit
wasserableitenden
Stützpfeilern

Dachgärten

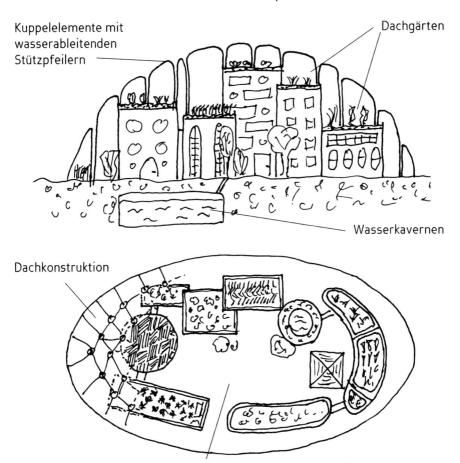

Wasserkavernen

Dachkonstruktion

Naherholungsbereich, Platz für exotische Bäume und Anbauflächen

Wasserspeicher leitet. Das Wasser kann dann benutzt werden, um die bebauten Flächen im Innern zu bewässern und dem in Gewächshäusern üblichen Wüstenklima zu begegnen. Die ganze Konstruktion muss natürlich so robust gestaltet werden, dass sie die Schneelast eines schneereichen Winters aushält. Idealerweise lässt sich, wenn genug Energie zur Verfügung steht, die Dachkonstruktion leicht erwärmen, so dass der Schnee wegschmilzt, ehe er sich zu einem Problem aufbauen kann. Das ließe sich eventuell über die Umkehrung der Technik für die Energiegewinnung aus Infrarotstrahlung bewerkstelligen. Möglicherweise würde sogar eine leichte Erwärmung von innen ausreichen, um den Schnee auf einem dünnen Wasserfilm zum Abgleiten zu bringen. Wenn die Dachkonstruktion strömungstechnisch optimiert gebaut wurde, lässt sich so vielleicht sogar der Großteil des Schnees ableiten.

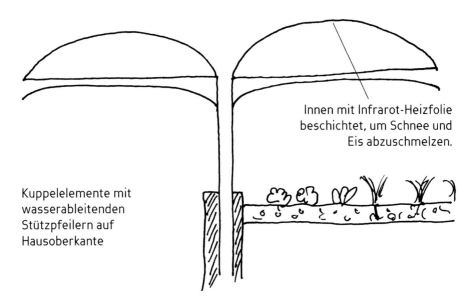

Innen mit Infrarot-Heizfolie beschichtet, um Schnee und Eis abzuschmelzen.

Kuppelelemente mit wasserableitenden Stützpfeilern auf Hausoberkante

Die Gebäudeoberflächen wären mit dicken Erdschichten für den Anbau von Nutzpflanzen und/oder von Sonnenkollektoren bedeckt. Zwischen den Häusern oder im Innenhof gäbe es üppig bepflanzte Begegnungsflächen, eventuell auch mit exotischen Nutzbäumen bepflanzt. Die Bepflanzung dient auch dazu, eine angenehme Atmosphäre zu schaffen und die Luft zu regenerieren. In den Randbereichen der Schildkröte könnte man dann Gemüse und Kräuter anbauen.

Wenn man vom Frühling bis zum Herbst die überschüssige Wärmeenergie in einen Erdwärmespeicher leitet, kann man das Großgewächshaus so temperieren, dass man in den Gebäuden selbst nicht mehr viel zuheizen muss.

Ein Manko dieser Bauform ist allerdings die enorme Hitze, die sich in den wärmeren Jahreszeiten unter dem Glas bilden kann. Diese kann man mit Wärmepumpen zur Energiegewinnung nutzen. Oder man kann, wenn die Infrarottechnologie weit genug gediehen ist, die Fenster so beschichten, dass sie einen variablen Anteil der einstrahlenden Wärmeenergie in Strom wandeln (und im Winter dann idealerweise das Glas heizen).

Für die Bewohner einer Schildkröte bringt dieses Baukonzept eine zumindest begrenzte Befreiung von der winterlichen Enge und Zurückgezogenheit mit sich sowie die Möglichkeit einer offenen, geschützten, fantasievollen, kommunikations- und gemeinschaftsfördernden Bauweise.

Gemeinschaftsdynamik

Wenn viele Menschen zusammenleben, gibt es, allen Bemühungen um Bewusstseinswachstum zum Trotz, immer wieder Konflikte. Dem Wissen um die grundlegende Einheit aller und dem Bewusstsein eines Ziels, das nur gemeinsam erreicht werden kann, muss auch ein Wissen und ein Bewusstwerdungsprozess über die Dynamik innerhalb der ins Leben tretenden Gemeinschaft folgen. Bücher und Abhandlungen zu diesem Themenkreis können ganze Bibliotheken füllen, aber man sollte sich darüber im Klaren sein, dass es keine end- und alleingültige Bibel zur Praxis der Dynamik einer Gemeinschaftswerdung gibt, und auch dieser Text ist, wie alle anderen Werke, die sich mit der Natur und der Interaktion des Menschen befassen, nur ein kleiner Mosaikstein eines Gesamtbildes, das sich nur mit zunehmender Bewusstseinsforschung und -entfaltung langsam erschließt.

Wenn sich eine Gemeinschaft wirklich etabliert, dann entsteht etwas Neues, etwas Größeres als die Summe seiner Teile. Sie entwickelt eine Eigenart, so etwas wie einen Eigengeruch, eine Ausstrahlung, ein gemeinsames Bild, einen spezifischen Charakter. Diese Eigenart ist die Seele einer Gemeinschaft, und diese Seele ist als zarter Keim zwar meist schon bei der Gründung einer Gemeinschaft vorhanden und stützt diese, aber erst im Zusammenspiel aller, im Einbringen der tieferen Individualität und schöpferischen und progressiven Kraft des Einzelnen und in der Vernetzung und dem Zusammenwachsen aller gewinnt diese Seele an Profil, Tiefe und Substanz, und sie entwickelt eine unverkennbare Persönlichkeit, welche die Gemeinschaft voranbringt und stützt, aber auch von ihrem Wirken und Zusammenspiel abhängig ist. Wenn man so will, ist sie Teil eines Regelkreislaufs. Wenn die Gemeinschaft dem Seelenideal entsprechend handelt und sich entwickelt, dann wächst auch die Seele, und sie kann diesen Entwicklungsvorgang unterstützen; wenn in der Gemeinschaft Störungen auftauchen, der Wachstumsvorgang nachlässt oder in eine falsche, trennende Richtung führt, dann wird die Gemeinschaftsseele geschwächt und kann nicht mehr so einfach unterstützend wirken.

Darum ist es wichtig, dass man die Gemeinschaft wirklich will. Die Gemeinschaft ist nicht dazu da, dass man seine Individualität, seine innere, wirkliche Persönlichkeit opfert, sondern unterstützt diese Persönlichkeitsentfaltung; und sie ist auch nicht dazu da, das Ego, die Ichhaftigkeit und die daraus resultierende Haltung des Egoismus zu fördern, sondern ein weites, umfassendes, alles verstehendes Bewusstsein. Egoabbau und Persönlichkeitsentfaltung hängen zusammen und werden gefördert durch Bewusstseinswachstum, dem Sich-Zubewegen auf die Gemeinschaft und die wachsende Bedeutung der Gemeinschaft und die Interaktion mit ihr im eigenen Bewusstsein.

Eine Gemeinschaft bildet sich, wenn verschiedene Menschen die Notwendigkeit eines Zusammenseins und Zusammenbetrachtens und Zusammenwirkens und Zusammenlebens sehen, oder sich womöglich danach sehnen. Aber das ist nicht ausreichend, wenn man nicht beim Stadium einer Zweckgemeinschaft stehenbleiben möchte. Man muss eine Gemeinschaft nicht nur passiv wollen, sondern auch aktiv. Man muss auf sie zugehen und nicht nur sagen „Hier bin ich", sondern aktiv mithelfen, sie zu einer lebendigen und erblühenden Einheit zu formen, zu einem Regelkreis mit positiver Rückkopplung und Ausstrahlungskraft.

Eine gute Gemeinschaft ist wie ein starkes Netz, das auch mal Probleme auffangen kann, oder Menschen, die kommunikativ etwas weniger begabt sind, oder exzentrisch. Solch ein Netz ist in der Lage, die ganze Vielfalt des Lebens aufzufangen und ihm Halt und

Zuversicht zu geben. Stärke bedeutet in einem Netz nicht nur intensive und kraftvolle Verbindungen, sondern auch möglichst viele und einigermaßen gleichmäßige Verbindungen. Dies sollte jedem Mitglied eines Öko-Habitats, jedem Teil einer Gemeinschaft ein tiefes Anliegen seien.

Darum sollten wir uns fragen, wie unsere Vernetzungen, unsere Beziehungen aussehen. Im traditionellen Leben sieht die normale Beziehung so aus, dass sich zwei Menschen kennen und lieben lernen und sich aneinander binden. Dabei bilden sie eine enge Gemeinschaft, in der Individualität und Ansichten aufeinander abgestimmt werden. In diesem Prozess lockern oder lösen sich alte Beziehungsbande und die beiden treten als Einheit auf. In der neuen, gemeinschaftlichen Weltsicht, sollte man versuchen, diesen Vorgang etwas zu modifizieren. Wenn Menschen zueinanderfinden und eine tiefe Beziehung zueinander haben, ist das schön, aber es gibt verschiedene symptomatische Punkte, die im Hinblick auf das Leben in den Öko-Habitaten vielleicht einer modifizierten Haltung bedürfen.

Da ist einmal die gemeinsame Meinung, die vielleicht angenehm scheint, aber nicht wirklich notwendig und bisweilen schädlich ist. Denn auch in dieser Mindestgemeinschaft gilt, dass eine individuelle Entfaltung und eine eigene Meinung für das Wachstum und die Intensivierung der Gemeinschaft essenziell sind.

Der nächste Punkt betrifft die Stärke der Vernetzung. Die Stärke einer Beziehung in einer Paargemeinschaft ist meist sehr hoch, aber das Paar als Einheit, und manchmal auch als Einzelpersonen, unterhält weitere Beziehungen zu einem Freundes- und Bekanntenkreis. Diese Beziehungen haben meist durch die Paarbildung an Bedeutung verloren, und dementsprechend sind die Fäden des Netzes, welches das Paar mit dem Freundeskreis verbindet, deutlich dünner als der Faden oder das Seil untereinander. Wenn jetzt Belastungen auftreten, sind dem Teile des Netzes nicht gewachsen. Die Verbindung des Paares ist stark und hält, aber die eine oder andere dünnere Verbindung in die Umgebung, zum Beispiel auch zu einem anderen Paar, kann leicht reißen. Damit das Netz stark ist, müssen auch die Verbindungen zu unseren Anknüpfungspunkten stark sein.

Man darf also über die intensiven Gefühle zum Partner nicht die Gefühle und Beziehungen zu anderen vernachlässigen. Genaugenommen sollte man mit der neuen Stärke und dem Rückhalt und der Herzensweite, die eine innige Beziehung vermittelt, noch mehr und intensiver auf die übrigen Menschen im Leben zugehen können – ohne Angst vor Eifersucht haben zu müssen. Eifersucht ist Ausdruck von begründeter oder unbegründeter Verlustangst oder einer mangelnden Beziehungstiefe, die auch mit Enthaltsamkeit gegenüber freundschaftlichen Kontakten nicht repariert werden kann. Für die Gemeinschaftsbildung in Öko-Habitaten ist es darum wichtig, dass Paare offener und freier auf die Mit-Habitanten zugehen, gemeinsam, aber auch individuell.

Ein Netz leidet aber nicht nur an dünnen Fäden, sondern auch an ungleichmäßiger Knüpfung. In der Paarbeziehung kommt das meist dadurch zustande, dass die beiden Partner meist unterschiedliche Freundeskreise mitbringen, die sich nicht immer überschneiden und die auch untereinander nicht immer stark miteinander verbunden sind. Wenn in der Umgebung des Paares keine starke, sondern nur eine lückige Vernetzung zu finden ist, dann wird das Netz noch anfälliger für Verletzungen und läuft Gefahr, undicht zu werden. Darum ist es für jede Art der Gemeinschaft wichtig, nicht nur bekannte Beziehungen zu pflegen, sondern auch neue aufzubauen und das Netz so dichter zu knüpfen, und dass beide Partner unterschiedliche Freundeskreise haben, muss kein Nachteil sein und muss auch nicht so bleiben. Wenn das Netz dicht geknüpft ist, und man viele Kontakte hat, dann sind auch gelegentliche dünne Beziehungsfäden kein Problem, und die Gemeinschaft kann viel stärkere Belastungen auffangen.

Man muss aber dabei aufpassen, dass man sich nicht nur mit seiner engeren Umgebung vernetzt, denn sonst kommt es zu einem Phänomen, das sich Cliquen-Bildung nennt. Man schafft zwar ein starkes Netz, aber nur in einem gewissen Umkreis. Die Verbindungen zum übrigen Netz sind dann meist schwach und lückig. Damit schafft man einen negativen Regelkreislauf, der dazu führt, dass man sich isoliert und die Beziehungen zur übrigen Netzgemeinschaft immer brüchiger werden. Und irgendwann werden sich bei einer stärkeren Belastung das Kleinnetz oder Teile davon aus der Gemeinschaft lösen und ohne Halt davontreiben.

Psychologisch geht das Ganze so vor sich, dass sich Menschen von gleicher Geistesart zusammenfinden, die mit einem begrenzten Gemeinschaftswesen zufrieden sind und sich gegen weiteres Wachstum sträuben. Man begnügt sich mit einer begrenzten Wahrheit oder einer bequemen Unwahrheit oder mit dem bereits Erreichten und unterstützt sich dabei gegenseitig. Bisweilen vergisst man auch, dass man nur ein Teil des Netzes ist und hält sich für das ganze oder wahre Netz. Dadurch schafft man einen negativen Regelkreislauf, der dazu führt, dass man das hehre Ziel aus den Augen verliert und zu stagnieren und damit zu sterben beginnt. Man wird zu einem unzufriedenen, streitsüchtigen Rentner, der, in einer Endlosschleife gefangen, seinem Ende zustrebt, statt neue Höhen zu erklimmen. Darum bedeutet der Wille zur Gemeinschaft den Willen zur ganzen Gemeinschaft. Und darum ist es wichtig, dass ein jeder immer sein Bestes gibt und die Gemeinschaft mit wachsendem Leben erfüllt. Denn wenn das Netz dicht geknüpft ist, wenn man viele Verbindungen hat, auch wenn sie nicht immer stark sind, kann man immer in Kontakt mit den Fortschrittskräften kommen, findet sich immer jemand, der bereit ist, einem weiterzuhelfen und besser in das Netz zu integrieren.

Aber wenn man die unabdingbare Aufgabe der Bewusstseinsentfaltung ernst nimmt, kann man jederzeit bemerken, wohin der Weg führt, auf den man gerade seinen Fuß setzen möchte und immer den Weg des Fortschritts wählen. Dem menschlichen Sein und Bewusstsein stehen unendliche Weiten der Entwicklung offen – es muss sich nur für sie entscheiden und die Hilfen auf dem Weg annehmen.

In einer Gemeinschaft bewegt und begegnet man sich entlang der Netzfäden, und mit jeder Begegnung werden Informationen und Stimmungen ausgetauscht und in das Netz gespeist. Dieses Netz ist wie ein Computerchip, wie eine Gemeinschaftsintelligenz. Und wie ein Computerchip ist es gezwungen, mit dem vorhandenen Dateninput zu arbeiten. Eine solche Sammelintelligenz ist eine faszinierende Sache; sie ist in der Lage, alle möglichen Mengen von Dingen, zum Beispiel Murmeln in einem Glas oder das Gewicht eines Ochsen mit ziemlicher Präzision zu schätzen. Aber mit der Einschätzung von Situationen oder Gegebenheiten tut sie sich ungleich schwerer. Das liegt daran, dass uns das Gewicht eines Ochsen nicht weiter tangiert, jede beliebige Gemeinschaftssituation aber sehr wohl. Sie bewegt uns emotional und ist eine ungeliebte Herausforderung an unsere Fähigkeit zur Objektivität. Im Grunde genommen glauben wir alle, ein Ausbund an Objektivität zu sein und eine Sache immer richtig und umfassend oder zumindest in den wichtigen Aspekten angemessen einschätzen zu können. Aber unsere Interpretation einer Situation ist meist alles andere als objektiv; in der Regel ist sie voreingenommen und basiert auf einer sehr einseitigen Kenntnis der Faktenlage, auf Gerüchten, Unverständnis, Missverständnis, Wunschdenken, Beziehungen, Vorlieben und einer selektiven Erinnerung, die stark von Stimmungsschwankungen beeinflusst ist. Und was der Gemeinschafts-Chip dann ausspuckt, spiegelt mehr den Grad unserer Unbewusstheit wider als die Weite unseres Bewusstseins und die Akkuratesse unserer Wahrnehmung.

Diese gemeinschaftliche Informationsverarbeitung ist natürlich auch Teil eines Regelkreislaufs, und wenn wir Schrott hineingeben, kann nur noch größerer Schrott herauskommen. Dies ist eine Erkenntnis, die sich auf den Mechanismus der alten Welt bezieht, der besagt, dass, wenn viele Leute zusammenkommen, immer der kleinste gemeinsame Nenner zum Zug kommt bzw. sie ihre schlechten Seiten hervorkehren, während die guten Seiten nicht ausreichend en vogue sind, um in Erwägung gezogen zu werden, oder sich niemand traut, offen für das Gute und den Fortschritt zu sein. Demagogen und Hassprediger kennen diesen Mechanismus gut und nutzen ihn geschickt aus. Eine Gemeinschaft, die auf die Zukunft ausgerichtet ist, muss das natürlich anders machen und hat so ihr Programm vorgegeben. Zwar kann man Teilwissen und Einseitigkeit nicht so einfach durch einen Entschluss oder per Dekret abschaffen, aber um in einen positiven Regelkreislauf aufzubrechen, ist der Entschluss, das in Zukunft besser zu machen, der auf das Erkennen der Lage folgt, schon mal der erste Schritt auf unserer Reise in die Zukunft.

Diese erfordert natürlich ein entsprechendes Gewahrwerden aller Dinge, die unser Entscheidungsvermögen beeinträchtigen. Wir können nicht in die Zukunft aufbrechen, wenn wir so weitermachen wie bisher. Ein neues, klareres, weiteres Bewusstsein ist vonnöten, ein Bewusstsein, das sich vielleicht darüber klar ist, wie es die Dinge gerne hätte, das aber im Zweifelsfall, wie ein guter Detektiv, die Dinge so sieht, wie sie sind, ohne sich darüber Illusionen zu machen oder sich über die Situation aufzuregen.

Das neue, gemeinschaftsfähige Bewusstsein ist offen für die Wahrheit. Es ist immer bereit, sich unabhängig von Meinungen, Erwartungen und Vorgaben zu machen. Es lebt nicht in der Vergangenheit und verlorenen Träumen, sondern kennt seinen Platz in der Gegenwart und bemüht sich im Vorwärtsschreiten, die Zukunft zu entdecken und ihre beste Seite zu ermöglichen. Es ist immer bereit, alles neu zu betrachten und im Lichte neuer Erkenntnisse neu zu bewerten. Darum ist es offen für das Unbekannte, und da die Entfaltung eines Öko-Habitats eine Reise ins Unbekannte ist, ist diese Offenheit der beste Begleiter auf dem Weg in die Zukunft.

Dieser Gleichmut mag vielleicht manchem kalt, uninteressiert und distanziert erscheinen, zumindest aber ungewohnt, denn eine solche Haltung hat nie jemand von uns verlangt, schließlich wird etwas Parteilichkeit genauso akzeptiert wie Alkoholismus, Energieverschwendung und Bequemlichkeit. Aber eigentlich ist das Gegenteil der Fall.

Nehmen wir als Beispiel die Liebe, die als Gegenteil von Kälte gerne angeführt wird. Was als lebendiges Empfinden begann, endet oft in festgefahrenen Gleisen und unverrückbaren Schubladen. Rollen und Lager haben sich herausgebildet und es bewegt sich nichts mehr. Wenn man eine Grundhaltung des Gleichmuts hat, nicht der Gleichgültigkeit und Interesselosigkeit, dann kann es zu solchen Verhärtungen gar nicht erst kommen, denn ohne rosa Brille sieht man das kommen und kann schon im Vorfeld etwas dagegen unternehmen. Man sieht die Dinge, wie sie sind, die wirklich wesentlichen Dinge, und darum ist jeder Augenblick neu und darum entsteht die Liebe jeden Augenblick neu. Aber auch auf der ganz banalen Ebene des physischen Zusammenlebens sorgt die Haltung

des Gleichmuts dafür, dass keine Kriege wegen der Zahnpasta-
tubenverschlüsse ausbrechen.

Und in der Kommunikation bewirkt Gleichmut, dass man Probleme
unaufgeregt und konstruktiv an- und besprechen kann, weil kein
Druck existiert, keine Vorlieben, kein Getriebensein und keiner seine Meinung durchsetzen muss. Wenn viele Menschen zusammen
sind, gibt es immer etwas zu besprechen oder zu klären, leider
häufig über andere Menschen, statt mit ihnen. Da ist Gleichmut
unabdingbar, um zu Ergebnissen zu kommen. Viele Menschen bedeuten viele verschiedene Meinungen und auch viele verschiedene Aspekte der Wahrheit. Die meisten Menschen werden zu einem
Thema eine eigene Meinung haben, und eine eigene Meinung ist
auch wichtig, aber es ist nicht wichtig, seine eigene Meinung auch
in jedem Fall durchzusetzen. Wenn das jeder versucht, gibt es ein
Chaos, und es kann keine Entscheidung getroffen werden. Wenn
Gleichmut im Spiel ist, ist jedem klar, dass die eigene Meinung nur
eine von vielen ist, nicht unbedingt die beste, nicht unbedingt die
schlechteste. Aber der Gleichmut hindert uns daran, diese Meinung
trotz – in der Haltung des Gleichmuts – erkennbarer Mängel anderen aufzudrängen. Vielmehr betrachtet man seine eigene Meinung
im Licht der vielen anderen vorgetragenen genauso durchdachten
Aspekte, modifiziert vielleicht die eigene Meinung, versucht eine
Synthese oder kommt zum Schluss, dass die eigene Meinung vielleicht wesentlich oder unwesentlich ist oder auch nicht besser als
andere.

Wenn es um die Entscheidungsfindung geht, hilft Gleichmut auch
noch auf andere Weise. Der Mensch besteht nicht nur aus seinem
bewussten Denkwesen, sondern auch aus anderen „Entitäten", die
bei einer Entscheidungsfindung behilflich sein können. Jenseits
unserer bewussten Ichwahrnehmung gibt es noch die Reiche des
Über- und des Unterbewussten, die höheren Sphären des Mentalen
und vor allem das Königreich der Seele. Diese Welten sind unserer
bewussten Wahrnehmung meist ziemlich verschlossen, und ihre
Erkenntnisse und Entscheidungshilfen gelangen eher subversiv
in unserem Bewusstsein in Umlauf. Wenn man aber die Gewohnheit hat, alle Dinge aufmerksam, gelassen und unvoreingenommen

wahrzunehmen, dann steigt die Wahrscheinlichkeit, dass eine solche, eventuell wertvolle Einflüsterung auch unser sogenanntes Wachbewusstsein erreicht.

Eine andere Sache, die das Miteinander und das Zusammensein und -wirken immer wieder beeinträchtigt, und auch der Cliquenbildung Vorschub leistet, ist die uralte und immer wieder gepflegte und aufgepäppelte Gerüchteküche. Gerüchte sind im Wesentlichen eine Auswirkung der Störung der Informationsübermittlung und -verarbeitung. Ein klassischer Gerüchteverlauf wurde vom Weiß Ferdl in seinem Stück „D' Sanitäter" beschrieben. Die Ausgangslage ist einfach. Ein Krankenwagen fährt vor, zwei Sanitäter steigen aus und begeben sich mit einer Bahre ganz nach oben zum Schneidermeister, wo sie geraume Zeit verbringen. Die Information wird von einer Nachbarin zur nächsten weitergereicht und auf dem Weg mit Missverständnissen angereichert, durch subjektives Empfinden hochtransformiert und mit Vermutungen garniert, die letztlich in einem größeren Blutbad kulminieren. Als die Sanitäter dann gut gelaunt mit leerer Bahre wieder nach unten kommen, stellt sich heraus, dass sie beim Schneider waren, um die Bahre flicken zu lassen. Der Mensch hat die Neigung, unvollständige Dinge in seiner Vorstellung zu ergänzen. Er ist sogar in der Lage, Texte zu lesen, aus denen sämtliche Vokale entfernt wurden. Und Archäologen beschäftigen sich berufsmäßig mit der Erforschung der Lücken bzw. mit Spekulationen über ihren verlorenen Inhalt. Aber vervollständigte Bilder sind immer nur Möglichkeiten, die der Wirklichkeit nahekommen können oder von ihr meilenweit entfernt sind. Sie sind nicht die Wirklichkeit selbst. Manche dieser ergänzten Informationen sind belanglos, andere nicht. Der Mensch, dem das Ergebnis einer Gerüchtekette übermittelt wird, kann oftmals nicht erkennen, was Dichtung, Vermutung, Übertreibung und Wahrheit ist, muss sich aber in seinem Handeln darauf verlassen, wenn er nicht jede Ausage in allen Aspekten überprüfen möchte. Und Gerüchte bilden sich schnell, etwa wenn man über Abwesende spricht, die Einschätzungen oder Berichte nicht mitbekommen und darum auch nicht richtigstellen können. Die Folgen von Gerüchten sind Misstrauen,

Gereiztheit, Fehlentscheidungen, Konflikte, Verletzungen, Trennungen, Vorurteile ...

Solange der Mensch nicht wirklich vollkommen ist, absoluten Gleichmut und umfassendes Verständnis erreicht hat, wird es immer Gerüchte geben. Bis dahin kann man nur versuchen, Gerüchte und ihre Auswirkungen zu minimieren. Dazu ist es auf der einen Seite wichtig, gut zuzuhören, zu verstehen, was der andere sagen will, unabhängig davon, was man gerne hören wollte, Vermutungen klar als solche zu kennzeichnen oder ganz auf sie zu verzichten, selbst nichts hinzuzufügen und sich klar und unmissverständlich zu äußern. Und man muss auch darauf achten, ob jemand vielleicht etwas falsch verstanden haben könnte. Auf der anderen Seite kann man auch versuchen, ein Gefühl für den Wahrheitsgehalt von Aussagen zu entwickeln, was umso leichter fällt, wenn man mit der Situation und den Menschen gut vertraut ist, wenn also die Netze dicht geknüpft sind. Und wenn wir einander besser verstehen und vertrauen, sind wir auch weniger anfällig für Falschinformationen.

Für die innere Gesundheit eines Öko-Habitats ist es wichtig, dass seine Bewohner vertrauensvoll vielfältige und nicht-ausschließliche Beziehungen aller Art miteinander eingehen, seien sie freundschaftlicher Natur, liebender, emotionaler, sexueller, physischer, mentaler, intellektueller, künstlerischer, beruflicher oder sonst irgendeiner Art. Sie sind ein Grundstock, eine Basis für weitere Vertiefungen und Verknüpfungen, für ein starkes inneres und äußeres Zusammenwachsen und ein Mittel, alle Stürme zu überstehen und die Sonne hervortreten zu lassen, in uns, in der Gemeinschaft und letztendlich auf der ganzen Welt.

Prüfe dich mitleidslos,
dann wirst du anderen gegenüber
nachsichtiger und mitfühlender sein.

Sri Aurobindo

Sonnenfalle

Ein klassisches Prinzip, das bei der Anlage von umfassenden Lebensbereichen gerne Anwendung findet, ist die Sonnenfalle. Das funktioniert so, dass Garten und Haus zur Sonne hin offen sind, während die sonnenabgewandten Seiten durch hohe Mauern oder Bepflanzung vor den Unbilden der Natur geschützt sind. Vor das Haus wird dann gerne noch ein Teich gepflanzt, um Energie zu speichern und im Winter zusätzliches Licht zum Haus hin zu reflektieren.

Die Auswirkungen dieser Maßnahmen werden gerne in glühenden Farben geschildert. Aber auch, wenn die Ergebnisse nicht ganz so großartig ausfallen, sollten sie doch spürbar sein und geeignet, zeitweise ein angenehmes Kleinklima zu schaffen.

Da Öko-Habitate insgesamt und in ihren einzelnen Teilen in der Regel von Wald umgeben sein sollten, ist eine gute Ausgangslage schon vorhanden. Das Haus wird dann nahe dem sonnenfernsten Punkt der Lichtung in u-förmiger und zur Sonne hin offener Bauweise konstruiert. In der Mitte ist es zwei bis drei Stockwerke hoch, an den beiden Enden nur noch ein Stockwerk. Die Enden können dabei durchaus in Form von Erdhäusern in die Bodenebene münden. Während die niedrigeren Gebäudeteile von einer dicken Erdschicht bedeckt sind, die auch bewirtschaftet werden kann, sind die höheren Bereiche mit Sonnenkollektoren und Solarpanels bedeckt. Da diese Art des Aufbaus nicht nur Sonnenlicht gut nützt,

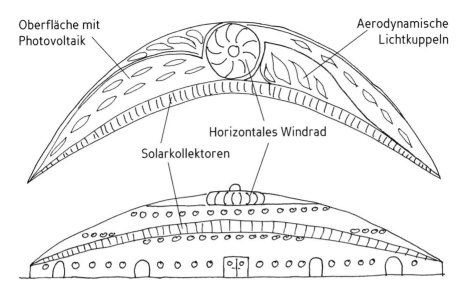

Aufsicht und Vorderansicht einer möglichen Sonnenfallenvariante. Die Dachfläche ist so gestaltet, dass der ankommende Wind zum horizontalen Windrad geleitet und beschleunigt wird.

sondern auch die Windströmungen etwas reguliert, könnte man dahinter an der Waldgrenze mittelgroße Windräder aufstellen, und eventuell auch kleinere entlang des Dachfirsts verteilen.

Das oberste Stockwerk wird nach innen zu von einem steilen Dach begrenzt, das durch die Kollektoren im Sommer gut vor Sonne schützt. Ausreichend dimensionierte Dachfenster sorgen für genügend Licht. Eventuell kann man die Dachoberfläche so strukturieren, dass sie den auftreffenden Wind gezielt an die Windräder auf dem Dach weiterleitet. Dazu könnte man die Kollektoren weniger flach konzipieren, sondern gewölbt, so dass ein leichter Brennglaseffekt entsteht. Durch eine optimierte Struktur des Abdeckglases könnte dann vielleicht auch Diffuslicht im Winter noch brauchbare Wärme und Energie liefern.

Das Kollektordach geht in ein flacheres Glasdach über, das als Glashaus der übrigen Fassade vorangestellt ist. Dadurch hat man im Winter ein angenehmes Klima und direkten Zugang zu Frischgemüse, wobei man einen Teil der überglasten Fläche als Freizeit-,

Begegnungs- und Versammlungsfläche nutzen kann. Im Sommer kann man die senkrechten Glasflächen einklappen und Dachluken öffnen, um Hitzestaus zu vermeiden, wenn man nicht in der Lage ist, die generierte Wärme energiebringend zu nutzen, sei es über Wärmepumpen oder Infrarot-Strom-Wandlung.

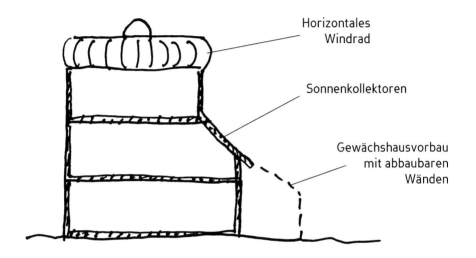

Horizontales Windrad

Sonnenkollektoren

Gewächshausvorbau mit abbaubaren Wänden

Bauprinzipien

Ein Öko-Habitat ist eine Novität in der Weltgeschichte. Nie zuvor war solch ein integraler Ansatz, der ein Zusammenwirken von Mensch und Natur beabsichtigt und alle Aspekte des Lebens aufgreifen, vernetzen, modernisieren, transformieren und in eine Zukunft führen möchte, die das wahre Menschsein zur Entfaltung bringt, Grundlage für eine Neugestaltung des gesamten Lebens, denn nicht weniger ist die Gründung eines Öko-Habitates. Dementsprechend unterscheiden sich auch die Anforderungen hinsichtlich der physischen Umsetzung von den üblichen Bauvorhaben. Diese Unterschiede werden sich im Laufe der Entwicklung immer stärker herauskristallisieren.

Die in diesem Buch exemplarisch vorgestellten Bauformen und Organisationsvorschläge sind nur einige wenige der vielen Möglichkeiten, wie man den äußeren Rahmen für ein künftiges Zusammenleben gestalten könnte. Es sind ein paar einfache Grundformen, die man nach außen und innen organisch variieren kann. Wo es viele Menschen gibt, gibt es auch viele Bedürfnisse, und die Öko-Habitate bieten eine breite Spielwiese für individuelle Entfaltung. Gleichwohl bedeutet dies nicht, dass jede Idee salonfähig ist. Die Bauten und der Aufbau des Habitats sollten nicht zu einer Ansammlung exzentrischer Ideen werden, sondern wohldurchdacht und aufeinander abgestimmt sein, so dass sich Einheit wie Vielfalt im entstehenden Ensemble zusammen- und wiederfinden können.

Darüberhinaus gibt es einige Gesichtspunkte, die man bei der Planung berücksichtigen sollte. So liegt bei der Konzeption der Wohnsituation die Betonung nicht mehr auf individuellem Kleinbürgertum mit 3-Personen-Familie, sondern auf mehr Offenheit der Begegnung. Zwar sollte natürlich jeder sein eigenes, ganz privates Zimmer haben, aber die Unterteilung von Häusern in Wohnungen ist auf lange Sicht – was Öko-Habitate betrifft – veraltet. Statt dessen sollte das Zusammenwachsen der Bewohner eines Gebäudes oder eines Gebäudekomplexes durch entsprechende Raumaufteilung mit großen und kleineren Gemeinschaftsräumen gefördert werden. Hier kann man sich gemeinsam besprechen oder Partys feiern, oder sich in den kleineren Räumen themenbezogen oder zu gemeinsamen Arbeiten treffen. Auch sollten diese gemeinsamen Räumlichkeiten den anderen Bewohnern des Öko-Habitats ebenso offenstehen.

Je nachdem, welchen Weg man wählt, kann man dann für jedes Haus ein große Küche einrichten, in der zur Not auch zwei oder drei verschiedene Mahlzeiten zubereitet werden können, oder man sieht nur eine kleine Teeküche vor, weil sich eine zentrale Küche, in der sich auch jeder nach Absprache selbst verwirklichen kann, um die vielfältigen Bedürfnisse der Einzelnen kümmert, was vom Energie- und Materialaufwand her natürlich am effizientesten ist und die tägliche Begegnung und den kontinuierlichen Austausch untereinander unterstützt.

Das bedeutet auch, dass von vornherein eine komplette Infrastruktur einzuplanen ist. Das Leben ist viel einfacher, wenn sich nicht jeder um Brotbacken, Kochen, Waschen, Bügeln usw. kümmern muss, sondern wenn das zentral erfolgen kann, was natürlich niemanden daran zu hindern braucht, bei diesen Tätigkeiten ganz oder teilweise oder nach Absprache mitzuwirken. Ganz im Gegenteil wäre es wünschenswert, wenn einige grundlegende Tätigkeiten von jedem beherrscht würden, so dass in Notfällen viele helfende Hände einspringen können.

Für größere Veranstaltungen (Partys, Kurse, Filme, Vorträge, Konzerte, Diskussionen...) und Ausstellungen sollte man ein multifunktionales Gebäude mit Mediathek in leicht erreichbarer, also zentraler Lage einplanen, außerdem auch einen Ort der Stille als Rückzugs- und Meditationsplatz, der so etwas wie das innere Zentrum darstellen könnte, an dem man sich, wann immer nötig, auf das Wesentliche im Leben besinnnen kann, auf das, was einen antreibt, auf die Seele.

Da sich die Ansprüche an die Wohn- und Lebensumstände im Laufe der Jahrzehnte und Jahrhunderte mit Sicherheit ändern werden, sollte man bei der Bauweise, soweit überhaupt möglich, versuchen, eventuellen späteren Änderungen Rechnung zu tragen. So wäre es zum Beispiel leichter möglich, Wandverläufe zu ändern, wenn möglichst wenige Wände eine tragende Funktion haben. Dafür wäre etwa eine stabile Skelettstruktur hilfreich. Außerdem sollte man gleich von Anfang an daran denken, den inneren Aufbau und die verwendeten Materialien umfassend zu dokumentieren, so dass nachfolgende Generationen keine unliebsamen Überraschungen erleben.

Eine andere Möglichkeit, zukünftigen Anforderungen Rechnung zu tragen, wäre die Entwicklung einer noch futuristischen Baukunst, die es gestattet, überholte Gebäude einfach abzutragen und die Materialien entweder einfach zu recyceln oder sie für den Neubau wiederzuverwenden.

Idealerweise versucht man aber heute schon die Bedürfnisse der Zukunft vorauszuahnen und entsprechend zu bauen, denn die Bausubstanz der Öko-Habitate sollte nicht auf ein von vornherein eingeplantes Ende zusteuern, sondern möglichst lange halten, also nicht nur ein paar wenige Generationen, sondern möglichst ein paar Jahrhunderte. Also sollte es möglich sein, wenn man in fünfzig Jahren keine Kabel mehr benötigt, diese aus den Wänden zu entfernen und anderweitiger Verwendung zuzuführen, ohne alles aufmeißeln zu müssen. Wo Beton verwendet wird, sollte er von einer Qualität sein, die nicht nach einen halben Jahrhundert oder früher zu bröseln beginnt. Und was das Bewohnen der Räumlichkeiten betrifft, so ist es heute noch gang und gäbe, überall Löcher zu bohren, die der Nachfolger dann wieder zuspachteln muss. Über größere Zeiträume kann das eine Wand mürbe machen. Um das zu vermeiden, könnte man entlang der oberen Wandkanten massive

Leisten befestigen, an denen Bilder durch Schnüre befestigt werden können. Die Leisten könnten durch flexibel einsetz- und gestaltbare Blenden verbunden werden, welche die Raumoberkanten abschrägen und dem Raum eine weichere Atmosphäre verleihen. Die Blenden kann man dann je nach Mode und Geschmack umgestalten. Man kann sie als Bildbänder künstlerisch gestalten, mit Stuckelementen verzieren, sie zu Lichtleisten umbauen und Elektronik und Kabel dahinter leicht zugänglich unterbringen.

Auch sollte man aus den alten englischen Häusern lernen, die sparsam an die damalige Körpergröße angepasst waren und heute von manchen Menschen nur mit eingezogenem Kopf betreten werden können. Wenn man dann noch bedenkt, dass hohe Räume sich wohltuend auf das Körperbewusstsein und das Vitale auswirken, dann sollte man im Hinblick auf kommende Generationen die Raumhöhen um dreißig bis fünfzig Zentimeter anheben, was bei einem guten Heizkonzept und entsprechender Isolierung kein Problem sein dürfte.

Die Zukunftsfähigkeit der Bauten betrifft natürlich auch das Energiethema. Man muss also für eine gute und haltbare Dauerisolierung sorgen und darauf achten, dass die Sonnenenergie durch geeignete Ausrichtung und die Baumaßnahmen der Umgebung und dem Haustyp entsprechend optimal genutzt werden kann. So würde etwa der Ersatz eines üblicherweise in zwei Richtungen geneigten Daches durch eine durchgehende Dachfläche mit geeigneter Winkelung für optimale Sonnenausnutzung die mögliche Kollektor- und Voltaikfläche verdoppeln, und die Wohnraumqualität unter der ehemals zweiten Dachhälfte verbessern. Wenn man Windenergie nutzen möchte, kann man manchmal auch durch geeignete Anordnung und Oberflächengestaltung der umgebenden Häuser den Wind in Richtung auf das Windrad leiten und beschleunigen.

Darüber hinaus sollte man bei der Planung nicht unbedingt von der kommenden Klimaerwärmung ausgehen, sondern auch berücksichtigen, dass etwa der Ausbruch der Yellowstone-Caldera blitzschnell zu einer kleinen Eiszeit führen kann. Wenn man die Solaranlagen nicht von vornherein großzügig dimensioniert, sollten sie darum zumindest leicht erweiterbar sein. Und in so einem Fall sind große Gewächshausflächen auch zusätzlich wertvoll für eine schwieriger werdende Versorgung.

Nicht nur in diesem Fall sind massive Mauern von Vorteil. Massive, dicke, gut isolierte Mauern wirken auf das Hausklima auch ausgleichend. Im Winter halten sie die Wärme länger und im Sommer verhindern sie eine zu starke Erwärmung. Außerdem sollte man noch daran denken, dass das Erdmagnetfeld schwächer und irgendwann auch ein kompletter Zusamenbruch mit nachfolgender Umpolung prognostiziert wird. Dann wird über einen noch unbestimmten Zeitraum ziemlich viel kosmische Strahlung die Erde erreichen, und dann ist jede zusätzliche Abschirmung hilfreich.

Aber egal wie das Wetter wird, heiß, kalt, stürmisch oder verstrahlt, könnte man auch darüber nachdenken, einen Teil des Personenverkehrs in den Untergrund zu verlagern. Wenn die Wohnhäuser einer Habitatszelle nahe beieinander liegen, ist der Aufwand für eine unterirdische Vernetzung mit Tunneln nicht allzu hoch.

Bei der Konstruktion sollte man auch darauf achten, dass man sich nicht von der Technik abhängig macht. Elektronisch gesteuerte Belüftung und Heizung sind zwar ganz nett und sicherlich auch effizient, aber wenn die Elektronik mal ausfällt, muss das Haus trotzdem funktionieren, wenn auch vielleicht mit reduziertem Wirkungsgrad. Und man muss auch berücksichtigen, dass in der Elektronik zu jeder Zeit rasante Entwicklungen stattfinden, so dass es keine größeren Probleme machen darf, neuere Elektronik an alte Konstruktionen anzupassen.

Außer beim Gebäudebau sollte man auch im Freien auf Haltbarkeit besonderen Wert legen. Wenn also Wege nicht unbedingt geteert werden müssen, weil Autos darauf fahren, dann ist es besser, sie zu pflastern. Gute Pflastersteine sind unverwüstlich, wie schon das Beispiel der antiken Römerstraßen zeigt. Solche Wege haben außerdem die Vorteile, dass man sie jederzeit aufmachen kann, um an tiefergelegene Versorgungskanäle zu gelangen (die darum eher den Wegen folgen sollten, statt querfeldein zu führen), dass man Unterspülungen einfach reparieren kann und dass sie den Boden nicht versiegeln, man also auch keine Abwasserkanäle braucht. Und auch im Gartenbereich erleichtern hohe Einfassungen aus Stein die Arbeit. Und besonders bei der oft unvermeidlichen Terrassierung sind Steinmauern den erosionsgefährdeten Erdterrassen vorzuziehen. Wenn man diese Mauern nicht massiv betoniert oder mit Mörtel mauert, sondern Natursteintrockenmauern aufzieht (was recht arbeitsintensiv ist) oder versetzte Hohlblocksteine verwendet (die mit Blumen und Kräutern dekorativ nutzbar sind) kann man sie jederzeit wieder abbauen.

Grundsätzlich kann man also sagen, dass man bei allen baulichen Vorhaben immer mögliche zukünftige Entwicklungen und die kommenden Generationen im Auge haben sollte, denn alles was wir heute tun, alles was wir heute sind und denken erstreckt sich in seinen Auswirkungen in die Zukunft unserer Kinder und unseres Planeten. Streben nach Perfektion und ständige Bemühung um Vervollkommnung seines Wesens und seines Tuns ist darum, zusammen mit dem Offensein für die Zukunft, ein wichtiges und ganz unerlässliches Bauprinzip.

Fragen

Auch wenn man glaubt, eigentlich alles verstanden zu haben und der eigenen Wünsche und Bedürfnisse sicher zu sein, gibt es immer Teile des Wesens, die von Zweifel geplagt werden und genaue Antworten auf verschiedene praktische Fragen verlangen. Zweifel ist etwas, das einen – Öko-Habitat hin oder her – das ganze Leben begleitet. Bei einem Aufbruch ins Ungewisse wird man natürlich von ihnen verstärkt geplagt. Jeder Mensch möchte Sicherheit, aber wenn man sich nicht sicher ist, die richtige Entscheidung zu treffen, wenn man nicht in der Lage ist, mit seinen Zweifeln umzugehen und von ihnen beherrscht wird, wenn man nicht mit der inneren Gewissheit, DEN richtigen Schritt zu tun, am Aufbau eines Öko-Habitats mitarbeitet, dann ist man offensichtlich noch nicht bereit, dann befindet man sich vielleicht noch in der Vorbereitungsphase oder hat die Natur der Genese eines Öko-Habitats noch nicht verstanden, denn diese Genese ist eine Entfaltung, eine Entdeckungsreise, kein fertiger Plan aus Architektenschubladen und staatlicherseits nicht subventioniert. Zwar steht der Inhalt, die Seele eines Habitats schon fest, aber das ist wie ein Marmorblock, der eine Statue beherbergt. Auf welche Weise und mit welcher Perfektion sie freigelegt wird, in welcher äußeren Form diese Seele Ausdruck findet, hängt von der Sensibilität und der Wahrnehmungskraft des Künstlers ab, also vom zukünftigen Öko-Habitanten. Darum sind auch die Antworten auf die vielen Fragen nur ein Ausschnitt aus den vielen Möglichkeiten, die man selbst mitgestalten kann.

Wovon lebt ein Öko-Habitat?

Ein Öko-Habitat lebt von der persönlichen Bemühung und der Aspiration und dem Willen, die Welt zu einem besseren Ort zu machen. Es lebt von der Liebe und der Hingabe des Einzelnen. Und diese Bemühung drückt sich natürlich in Arbeit aus. Man wirkt nicht in einem Öko-Habitat mit, um sich schnellstmöglich auf das Altenteil im Paradies zurückzuziehen, sondern weil man die Zukunft mitbegründen will. Ein Öko-Habitat funktioniert nicht, indem man möglichst nur das Nötigste tut, um sich ein halbwegs schönes Leben zu machen, sondern indem man sein Möglichstes tut, um das Habitat zur vollen Blüte zu bringen.

Praktisch bedeutet dies, dass man anfangs den Verdienst, gespartes Geld und sonstigen Besitz verwendet, um die Grundlagen zu legen, also Grund und Häuser zu kaufen oder zu bauen. Um das Öko-Habitat dann weiter wachsen zu lassen, muss man also Geld verdienen. Und statt immerzu für irgendjemanden zu arbeiten, kann man in Absprache mit den anderen versuchen, das Öko-Habitat um eine Firma zu bereichern, die man selbst gegründet hat und in die man seine Fähigkeiten einbringen kann. Da jedes Öko-Habitat darauf ausgerichtet ist, halbwegs autonom zu werden, bedeutet das, dass man in ihm alle Tätigkeiten etablieren muss. Und statt diese Tätigkeiten nur für die Habitanten auszuüben, kann man auch versuchen diesen Dienst an der Gemeinschaft dadurch zu finanzieren, dass man ihn auch außerhalb des Habitats anbietet. Und wenn man dabei mehr Mittel erwirtschaftet, als man selbst benötigt, kann man den Unterhalt weiterer Habitanten, die Gründung weiterer Firmen oder den Kauf von zusätzlichem Land finanzieren.

Spenden von Menschen oder Institutionen, die der Idee freundlich gegenüberstehen sind auch möglich, sofern keine unzumutbaren Bedingungen daran geknüpft sind. Bei genügender Größe kann man das Öko-Habitat damit ausweiten, aber für die Lebenshaltung und Zukunftsplanung kann man nicht damit rechnen.

Was geschieht mit meinem Besitz?

Es wird in einem Öko-Habitat keine Zwangsübertragung von Besitz geben. Wenn jemand Geld hat und nicht wirklich produktiv mitarbeiten möchte oder kann oder wenn eine Probezeit oder Entscheidungs- und Kennenlernperiode vereinbart wurde, dann sollte er sich zumindest ausreichend am Unterhalt beteiligen. Wer den Schritt in ein Öko-Habitat gewagt hat und sich trotzdem noch nicht absolut sicher ist oder Bedenken wegen der Chemie untereinander hat oder erst noch zu einer finalen Entscheidung gelangen muss, der sollte seinen Besitz behalten, bis er sich sicher ist, dass er ihn in die Gemeinschaft einbringen möchte, denn es ist nicht praktikabel oder auch nur wünschenwert, Gemeinschaftsbesitz wieder zurückzugeben, denn Öko-Habitate sind nicht auf dicke Bankkonten und Zinseszins angelegt, sondern auf Umsetzung theoretischer Werte (also Geld) in praktische Werte, also Grundstücke, Geräte, Verpflegung und die lästigen Steuern. Es ist also ausgesprochen unwahrscheinlich, dass die für Rückforderungen benötigten Summen überhaupt aufzutreiben wären. Außerdem wäre das ein Rückschlag für die Entwicklung des Öko-Habitats. Wenn man etwas spendet, muss man sich darüber klar sein, dass dies endgültig ist.

Wie sieht es mit dem Güteraustausch im Habitat und zwischen den Habitaten aus?

Idealerweise bekommt jeder entsprechend den Möglichkeiten der Gemeinschaft, was er zum Leben braucht. Die Betriebe finanzieren und verwalten sich so bald wie möglich selbst und stellen ihre Produkte oder Dienstleistungen und etwaige Überschüsse der Gemeinschaft zur Verfügung. Vorraussetzung dafür ist natürlich, dass das Bewusstsein der Einzelnen in der Lage ist, mit diesem System der Freiheit zurechtzukommen. Im Öko-Habitat gibt es zwar auch ein idealerweise im Gleichgewicht befindliches Geben und Nehmen, aber nicht auf individueller Basis (wie beim Austausch von Geld und Ware), sondern auf gesamtgemeinschaftlicher Basis.

Dieser gemeinschaftliche Ansatz gilt im Prinzip auch für den Austausch zwischen den Habitaten, denn die Gemeinschaft der Habitate entspricht in ihrer Natur der Gemeinschaft in den Habitaten. Allerdings muss sich diese größere Gemeinschaft erst durch das Zusammenfinden funktionsfähiger Habitate etablieren. Wenn die Habitate-Gemeinschaft groß genug ist, kann sie auch die Gründung weiterer Habitate fördern. Ansonsten wird der Güteraustausch zwischen den Habitaten nicht besonders groß sein, denn die Habitate streben schließlich Autonomie an. Größer und bedeutender wird in der Regel der Austausch von Wissen und Knowhow sein, denn die Beziehungen untereinander sind nicht von Konkurrenz geprägt, sondern von Zusammenarbeit und dem Wunsch nach globalem Fortschritt.

Aber es wird natürlich Dinge geben, die ein Habitat nicht oder nicht allein bewältigen kann. In solchen Fällen muss dann der Rat der Habitate das weitere Vorgehen klären. Solch ein Fall könnte zum Beispiel eintreten, wenn ein Habitat Rohstoffe wie etwa Eisen benötigt. Wer nicht die Möglichkeit hat, Eisen zu schürfen, zu verhütten oder es zu recyceln, muss es sich besorgen. Wenn ein anderes Habitat an der Quelle sitzt und die Technik beherrscht, dann kann es sicherlich für die Mehrheit all jener Habitate produzieren, die diese Möglichkeit nicht haben. Aber das würde auf Dauer ein Ungleichgewicht bewirken, ein permanentes Geben, das irgendwie ausgeglichen werden sollte. Es besteht natürlich die Möglichkeit, das Habitat dafür von der Produktion von Kleidung oder Nahrungsmitteln oder Möbeln zu entlasten, aber dann würden die Bewohner des Metallhüttenhabitats nur noch in der Eisenverhüttung schuften. In einem solchen Fall wäre es vorstellbar, dass die übrigen Habitate zeitweise Arbeitskräfte entsenden würden, die dort mitarbeiten und das Handwerk lernen könnten und vielleicht auch in anderen Habitaten bei der Produktion der benötigten Kohle mithelfen. Auf diese Weise würde auch auf menschlicher Ebene eine Vernetzung, ein Zusammenwachsen der Habitate stattfinden.

Bin ich krankenversichert?

Die Entscheidung auf diese Frage ergibt sich aus dem Zusammenspiel von Individuum und Gemeinschaft und muss nicht unbedingt
pauschal für alle gelten. Idealerweise finden sich in einem Öko-
Habitat auch genügend Ärzte, um alle Krankheitsfragen zu klären
und zu behandeln. Wenn die Öko-Habitate größer sind, gibt es vielleicht auch ein eigenes Kranken- oder besser Gesundheitshaus, so
dass eine Krankenversicherung nicht nötig wäre.
Man kann an das Thema aber auch anders herangehen. Wir haben
gesagt, dass in einem Öko-Habitat das Leben gänzlich neu auf-
gerollt wird. Die Geschichte mit Gesundheit und Krankheit macht
da keine Ausnahme. Das was als Krankheit betrachtet wird, ist
oft nur ein Verlernen oder Vergessen der Gesundheit, eine Folge
von Unbewusstheit. Das System der Krankenkassen fördert diese
Unbewusstseit, weil man im Krankheitsfall Anspruch darauf hat,
geheilt zu werden und die Verantwortung für die eigene Gesundheit letztlich an das System delegiert. Wenn man also Teil eines
Öko-Habitats wird, dann sollte einem, auch wenn man krankenversichert ist, klar werden, dass man für die eigene Gesundheit vor
allem selbst verantwortlich ist und ein entsprechendes Bewusstsein entwickeln. Das fängt an mit gesunder Ernährung und gesunden Gewohnheiten und führt über effektive Körper-, Energie- und
Atemübungen zu einem Bewusstwerdungsprozess, der uns hilft,
viele Krankheiten und Beschwerden zu vermeiden oder deren Ursachen zu erkennen und sie so schnell wieder loszuwerden. Vor
allem bemühen wir uns, unsere wahre Persönlichkeit freizulegen
und auszudrücken, denn diese Persönlichkeit ist von Natur aus gesund.
Das bedeutet, dass in einem optimal entwickelten Öko-Habitat die
Kosten für den Umgang mit Krankheiten vergleichsweise gering
sind und im Laufe der Zeit die Tendenz haben, weiter abzusinken.
Diese Überlegungen betreffen natürlich nicht so sehr Gendefek-
te, Stoffwechsel- oder Infektionskrankheiten, Zahnprobleme und
Unfälle, obwohl deren Auswirkungen in ihrer Intensität durchaus auch bewusstseinsabhängig sind, wie schon das Beispiel von

Stephen Hawkins beweist. Es liegt also nahe, dass die Habitate, statt immense Krankenkassenkosten zu bezahlen, einen eigenen Versorgungs- und Notfallfond aufbauen, zumal auch benötigte Pflege habitatsintern geregelt werden kann. Anfangs ist es sicherlich auch eine Option, von Fall zu Fall, vor allem bei kritischen Neuzugängen, die Versicherung beizubehalten. Aber letztlich sind das keine Fragen, die pauschal geklärt werden können, sondern nur im individuellen Dialog.

Wie wird ein Öko-Habitat regiert?

Gar nicht, denn eine Regierung entspricht nicht dem Prinzip eines Öko-Habitats. Regierungen, die über ihre Bürger bestimmen, erwachsen aus der Unfähigkeit oder dem Unwillen, gemeinschaftliche Entscheidungen zu treffen, aber auch aus der Unmöglichkeit, in größeren Gruppen zu einem Konsens zu finden.
In einem Öko-Habitat sollte die Entscheidungsfindung nicht Ausdruck von Parteiinteressen oder dem Willen zu Macht sein, sondern von Zusammenarbeit und von der Suche nach dem jeweils besten Weg geprägt sein. In kleineren Gemeinschaften heißt das, dass alle zusammen ein Thema diskutieren können; in größeren kann es in mehreren Gruppen besprochen werden, die dann einen Vertreter für eine Beschlussfassung im kleinen Kreis auswählen. Man kann dabei abstimm-demokratisch vorgehen, oder, bei bewussteren Gemeinschaften, den Meinungen von Menschen, die mehr von einem Thema verstehen und den Leuten, die man für bewusster als sich selbst hält, mehr Gewicht zugestehen. Wichtig ist vor allem, dass das Ergebnis von möglichst vielen getragen wird. Entscheidungen von 51:49 oder 40:32:28 sind zwar demokratische Entscheidungen, aber nicht unbedingt gute Ergebnisse.
Für praktische Zwecke (Verträge, Verhandlungen) sollte eine kleine Gruppe geeigneter Öko-Habitanten festgelegt werden, welche die Ergebnisse dann umsetzen und sich auch um allgemeine Verwaltungsarbeiten kümmern kann.
Richtige Gesetze dürften unnötig sein; ein paar allgemeine Regeln sollten ausreichen. Wenn sich wirklich jemand danebenbenimmt,

kann das gemeinsam besprochen und können Folgen beschlossen werden. Grundsätzlich sollte man davon ausgehen, dass alle guten Willens sind und dass jeder die Freiheit hat, sich in verträglichem Rahmen individuell zu entfalten

Es ist immer nur von Arbeit die Rede. Wie sieht es mit Freizeit aus?

Das wird für jeden unterschiedlich sein, da jeder unterschiedliche Bedürfnisse hat und unterschiedlichen Tätigkeiten nachgeht. Aber vielleicht ist die Frage leichter zu beantworten oder wandelt ihre Bedeutung, wenn man sich darüber klar ist, was Freizeit eigentlich ist. Der Wortbedeutung nach ist sie eine freie Zeit, also wohl ein Zeitabschnitt, der frei von Arbeit ist, frei von Verpflichtung gegenüber einer Arbeit oder einem Arbeitgeber, mit dem man sonst eigentlich nichts zu tun hat. Arbeit wird gegenwärtig oft als ein notwendiges Übel betrachtet, als eine unangenehme Sache, die man tut, um damit Geld zu verdienen, die einem aber nichts bedeutet und von der man immer schnellstmöglich Abstand gewinnen möchte. Freizeit ist also die Antithese zur Arbeit, der Bereich, den man sich selbst widmet, der Zeitraum, in dem man sich von der Arbeit erholen kann.

Ein vergleichbarer Zeitraum ist der Schlaf. Hier erholt man sich von den Anstrengungen des Tages. Aber es ist weniger der Körper, der den Schlaf nötig hat, als vielmehr das Bewusstsein, dass in dieser Zeitspanne die Geschehnisse des Tages verarbeitet, nochmal bewertet, analysiert, daraus seine Lehren zieht und die Erinnerung dann einsortiert. Wenn man dies tagsüber machen könnte, wenn das Bewusstsein weit und schnell genug wäre, diese Arbeit sofort zu erledigen, dann käme man wohl mit weit weniger Schlaf aus.

Und wenn es gelänge, dem Antagonistenpaar Arbeit und Freizeit zu einer ähnlichen Synthese zu verhelfen, dann würde sich die Frage nach der Freizeit nicht in dieser Form stellen. Und in einem Öko-Habitat sollte diese Synthese leichter zu bewerkstelligen sein als die Bewusstsein-Schlaf-Synthese; genaugenommen ist sie ein erster Versuch, diese eines Tages zu entwickeln. Was die Arbeit also zu einer Anstrengung werden lässt, sind zwei Dinge.

Da sind einmal die Anforderungen, die unmittelbar mit den Arbeitsvorgängen zu tun haben, also Arbeitsabläufe, Termindruck, Entscheidungen... Wie man damit umgeht, ist letztlich eine Frage der Bewusstseinsentwicklung, aber eine gewisse Ruheperiode wird doch meist unumgänglich sein, um zur Ruhe zu finden und die Arbeit nicht permanent mit sich herumzuschleppen.

Und dann ist da noch die Einstellung der Arbeit gegenüber. In einem Öko-Habitat arbeitet man nicht primär in unpersönlicher Weise für einen Arbeitgeber oder einen Vorgesetzten oder eine Firma, auch nicht, wenn man etwa Kundenaufträge bearbeitet (und wenn da das Umfeld und die Motivation nicht stimmt, wird es sehr schnell sehr anstrengend), sondern aus eigenem Antrieb, aus eigenem Interesse, für das Wachsen und Gedeihen des Öko-Habitats. Und idealerweise arbeitet man auch in einer Tätigkeit, die man gerne tut, oder deren Notwendigkeit man einsieht, und zusammen mit Menschen, die man mag. Unter diesen Umständen verliert die Arbeit den Schrecken der Nicht-Identifikation und wird zu einem Teil des Lebens, in dem man sehr viel lernen kann (vor allem im Gegensatz zur Freizeit-Couch-Liegerei). Und damit lässt auch das Freizeitbedürfnis nach, weil der alte Antagonismus an Substanz und Kraft verliert.

Auf der anderen Seite sollte hier auch der Freizeitbegriff seinen Charakter wandeln, denn im althergebrachten Leben ist die Freizeit meist der Zeitraum, in dem man sich gehen lässt und sich auf der Suche nach etwas Freude durch Filme, Musik, Partys oder Alkohol zudröhnt. Diese Dinge wird es natürlich auch in einem Öko-Habitat geben, aber nicht zum Zudröhnen, sondern als Gelegenheiten, etwas zu lernen, das Bewusstsein zu weiten oder neue, freudige Kontakte zu knüpfen, denn schließlich bemüht man sich nicht um ein Öko-Habitat, um die deprimierende Feierabendstimmung eines Kleinfamilienhaushalts neu zu entfachen, sondern weil man dem Leben neue und lebenswertere Seiten abgewinnen möchte.

Freizeit in einem Öko-Habitat wird aber nur teilweise konsumgeprägt sein – ein anderer Teil wird sich mit unserer aktiven Selbstentfaltung beschäftigen.

Ein Teil dieser Selbstentfaltung findet bei der Arbeit statt, bei den einen mehr, bei anderen weniger. Der andere Teil besteht in der Entdeckung unserer Selbst, unserer Kreativität. Das kann sich in der Organisation von Partys ausdrücken, in bildnerischer Kunst, im Schreiben, Filmen, Komponieren, Singen, im Erforschen anderer Gedanken-, Sprach- und Gefühlswelten, im Lernen neuer Fertigkeiten, in der Vermittlung von Wissen und Erfahrung, im Schneidern, Kochen, Gärtnern und in tausend anderen Dingen. Diese künstlerischen und kreativen Tätigkeiten empfinden wir häufig fälschlich weniger als Arbeit, aber auch sie sind etwas, das ein Öko-Habitat weiterbringt und sind darum nicht geringer zu schätzen. Und auf diese Weise verschwindet der Arbeit-Freizeit-Gegensatz auch von der Freizeit-Seite her, und man muss sich eher die Frage stellen, welcher Aspekt wann wichtiger ist, denn wichtig sind sie beide, und beide Aspekte neigen dazu, auf Kosten des jeweils anderen ein Eigenleben zu entwickeln.

Wie sieht es mit der Kultur aus?

Im Prinzip gut. Kunst, lebendige Kultur ist für Öko-Habitate völlig unverzichtbar, wenn sie nicht als technokratische Kopfgeburten vor Kälte in sich zusammenfallen sollen. Aber Kultur wird nicht geliefert, sondern empfangen, geschaffen, ausgedrückt, gelebt... Als Kultur wird vor allem die Gesamtheit künstlerischen Ausdrucks angesehen, und Künste gibt es viele, und sie werden in den Öko-Habitaten hoch geschätzt und gefördert. Alle Künste haben ihren Platz und ihren Wert. Handwerkskunst, also z.B. Töpfern, wird dabei nicht geringer eingeschätzt als etwa die Komposition einer Sinfonie, denn es geht nicht darum, wie angesehen eine Kunstrichtung ist, sondern von Wert ist die Güte, Reinheit und Tiefe des Ausdrucks, die durch die Beherrschung des Handwerks an Ausdruckskraft gewinnen. Wahre Kunst wird aus dem Inneren geboren, aus der Seele, aus dem Maß, in dem man sich ihr öffnen kann, und darum drückt wirklich gute Kunst immer auch eine Seelenqualität aus, oder auch eine Erkenntnis, ein Bewusstseinswachstum. Wenn man sich dann dieser Kunst öffnen kann, dann wird sie zu einem Tor, das uns Zugang zu uns vielleicht noch unbekannten Bewusstseinswelten und Seinsweisen gewährt; sie kann also unser Bewusstseinswachstum fördern.

Aber das Bewusstsein wächst nicht nur, indem man seelenvoller Kunst nachspürt, sondern vielleicht noch mehr, indem man sich dem künstlerischen Wesen in sich selbst öffnet und selbst künstlerisch tätig wird. Natürlich kann sich ein Öko-Habitat die Kunst von „draußen" holen, aber sehr viel von dem, was als Kunst verkauft wird, ist ausdrucksarm oder destruktiv im Ausdruck, und zeugt vielleicht von einer guten Beherrschung des Handwerks, einem guten Ausdruck von Banalität, von ausgeprägtem kommerziellen Spürsinn, von Veräppelung oder vom Glauben, dass es, um Kunst zu produzieren, ausreicht, einen Pinsel oder eine Gitarre in die Hand zu nehmen. Jedes Öko-Habitat wird also danach trachten, selbst künstlerisch-kulturell tätig zu werden und Talente zu fördern oder ihnen aus dem Verborgenen ins Licht zu helfen. Für den Künstler und für jeden, der künstlerische Impulse in sich spürt, bieten die Öko-Habitate die Möglichkeit, sich jenseits von verständnisloser und kommerzieller Kunstszene auszudrücken, aber nicht um jeden Preis, sondern wenn und weil man etwas hat, das ausgedrückt werden möchte. Und da es zur Natur und zur Kultur eines Öko-Habitat gehört, sich um stetiges Bewusstseinswachstum zu bemühen, wird jeder Künstler und jeder werdende Künstler versuchen, seine handwerklichen Fähigkeiten zu perfektionieren und tiefer in sich und die Dinge zu schauen, um seinen Ausdruck zu stärken und reiner werden zu lassen. Kunst ist genaugenommen ein machtvolles Mittel, um seine innere Entwicklung und Entfaltung zu fördern, denn ein Künstler strebt immer danach, ein vollkommenes Kunstwerk zu schaffen, und jedes fertiggestellte Kunstwerk ist ein Ansporn, das nächste noch besser zu machen. Kunst ist einer der vielen Wege zu Bewusstseinswachstum.

Kultur ist aber mehr als die Schaffung und das Erleben von Kunstwerken in den klassischen Domänen der Musen. Kultur erstreckt sich auf das ganze Leben. Kultur ist der Ausdruck des Bewusstseins und umfasst so alle Aspekte des Lebens, des Zusammenlebens und der Lebensgestaltung. Die Bemühung um andere Menschen und das Zusammenleben ist Ausdruck einer Beziehungskultur, die Art und Weise, Arbeit aufzufassen und auszuführen, ist Arbeitskultur, die Bemühung um die richtige Haltung und ständige, progressive Entwicklung ist Fortschrittskultur, der Umgang mit pflanzlichem und tierischem Leben ist eine Kultur der Zusammenarbeit und des Verständnisses, die Bemühung um Energieeffizienz und nachhaltige Energie- und Materialwirtschaft ist eine Umweltkultur... Alles war wir in einem Öko-Habitat machen, sollte Ausdruck einer hohen Kultur sein, einer neuen Kultur, eines neuen Kulturverständnisses – einer Bewusstseins-, Friedens- und Zukunftskultur, die sich vielleicht auch in die Welt außerhalb der Öko-Habitate ausbreitet.

Die Zukunft hat viele Namen:
für Schwache ist sie das Unerreichbare,
für die Furchtsamen das Unbekannte,
für die Mutigen die Chance.

Victor Hugo

Schwimmende Inseln

Ein reichlich futuristisches, wenn auch nicht unmögliches Lebens-raum-Design sind schwimmende Inseln. Diese werden zwar kaum ein komplettes Öko-Habitat bilden können, aber zum einen weiß niemand, was die Zukunft noch alles für uns bereit hält, und zum anderen werden auch viele zukünftige Öko-Habitate wohl nie vollständig autark sein können. Eine Zusammenarbeit und ein gewisser Austausch der Öko-Habitate untereinander wird immer nötig sein und ist auch erstrebenswert. Die schwimmenden Inseln werden nicht alles Lebensnotwendige selbst erzeugen können, aber sie könnten viel bewirken, sowohl für andere Öko-Habitate als auch für die Welt als Ganzes.

Von ihrer Grundkonzeption her sind die schwimmenden Inseln runde oder ovale Kelche, deren Größe vor allem von den technischen Möglichkeiten und den jeweils zugrunde liegenden Absichten bestimmt wird. Zwar ist es möglich, riesige und schwere Konstruktionen zu bauen, wie es etwa durch die gegenwärtigen Luxusliner vorgezeigt wird, die sich eventuell auch umrüsten lassen, falls sie ausgemustert werden, doch ist diese Art der Konstruktion ausgesprochen teuer, vor allem, wenn man eine ganze Flotte davon herstellen will und die vermutlichen Erträge weit unter dem Touristen-Geldfluss liegen werden.

Diese Kelche sollen je nach Größe Platz für etwa zwei bis vier Etagen für den Anbau von Nahrungsmitteln bieten. Dabei wird es unumgänglich sein, die Pflanzen künstlich zu belichten. Wenn man keine kompletten Etagen mit festen Beeten plant, sondern einge- hängte Pflanzkästen von ca. 50 cm Tiefe, kann man den horizonta- len Platz optimal ausnutzen, weil man die Kästen zur Pflege immer aus dem Weg rollen und sich den benötigten Weg flexibel schaf- fen kann. Außerdem kann man durch diesen flexiblen Aufbau und die künstliche Beleuchtung, die ohnehin nötig ist, die Pflanzkästen auch vertikal enger anordnen, so dass der zur Verfügung stehen- de Raum optimal genutzt wird. In den Tiefen des Kelches befin- det sich die Maschinerie und die Aufbereitung der Erde und der Ausscheidungen und eventuell des Brauchwassers. Die schweren Substanzen und Geräte in der Tiefe des Kelches tragen auch durch ihre Massenträgheit zur Stabilität der Insel bei.

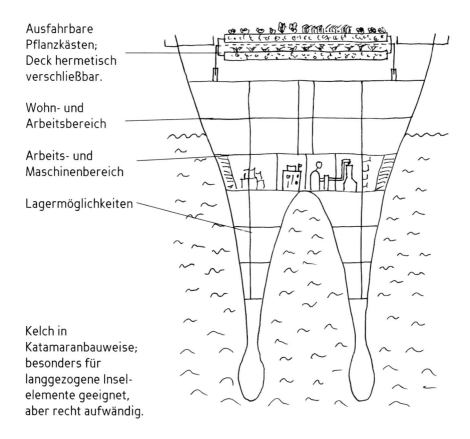

Ausfahrbare
Pflanzkästen;
Deck hermetisch
verschließbar.

Wohn- und
Arbeitsbereich

Arbeits- und
Maschinenbereich

Lagermöglichkeiten

Kelch in
Katamaranbauweise;
besonders für
langgezogene Insel-
elemente geeignet,
aber recht aufwändig.

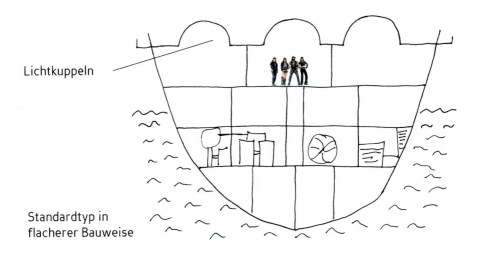

Lichtkuppeln

Standardtyp in
flacherer Bauweise

In jedem Kelch könnten, je nach Größe, fünf bis zwanzig Menschen
wohnen, die sich aber wohl kaum komplett selbst versorgen können. Allerdings kann man auf dem Meer natürlich jederzeit auch
Fische fangen und an den Kelch-Außenseiten auch essbare Algen
und Muscheln züchten. Außerdem muss nicht jeder Kelch im Verbund bewohnt sein; reine Agrar-Kelche sind durchaus auch eine
Möglichkeit. Man kann natürlich auch größere Inseln von hundert
oder zweihundert Metern Durchmesser und mehr konzipieren,
aber je größer die Inseln, desto größer die statische Belastung des
Materials. Kleinere Inseln lassen sich eher mit einer ausfahrbaren
Kuppel für die Überdachung versehen, die benötigt wird, wenn es
zu stärkeren Regengüssen oder Stürmen kommt. Wenn die technischen Möglichkeiten es gestatten, sind diese Kuppeln idealerweise
so massiv und hermetisch verschließbar, dass man für eine begrenzte Zeit, bei besonders heftigen Stürmen oder Tsunamis auch
auf Tauchstation gehen kann, während größere Inseln den Mee-
resgewalten viel stärker ausgesetzt sind. Wenn man die Kelche
normt und als regelmäßige oder langgezogene Sechsecke konzipiert, kann man fast beliebig viele von ihnen lückenlos zu schwimmenden Inseln variabler Größe zusammenschließen, die sich ohne
große Materialbelastung flexibel dem Wellengang anpassen. Ein solcher Verbund könnte als ständigen Kern einige Kelche haben, die

Gemeinschaftsfunktionen übernehmen: Küche, Wäscherei, Satelli-
tenkommunikation, Relais für den Kontakt mit anderen Inseln und
der übrigen Welt, Gemeinschaftssaal, Gesundheitsversorgung... Ab
und zu können sich auch mehrere Inseln für Feste und Begegnungen
kurzfristig zusammenschließen.

Zusammenschlüsse
des Katamaran- und
des Standardtyps.

Der Katamaran-Typ
eignet sich besser für
aktive Fortbewegung

Und wenn sich neue Kontakte ergeben, kann der eine oder andere Kelch sich auch einer anderen Insel anschließen. Diese Inseln
könnten sämtliche sieben Meere bevölkern, und spätestens dann,
wenn Angehörige der verschiedensten Nationen mit ihren Inseln
zusammentreffen oder die einzelnen Inseln bewohnen, kann es
zu Sprachproblemen kommen. Das ist ein Problem, über das man
sich irgendwann einmal Gedanken machen muss. Als gemeinsame
Verkehrssprache bietet sich natürlich Englisch an, das fast überall auf der Welt verstanden wird, und trotz der vielen Unregel-
mäßigkeiten noch relativ einfach zu lernen ist. Allerdings gibt es
verschiedene Bevölkerungsgruppen, die ideologische Vorbehalte
gegen die größte englischsprachige Nation haben oder die glei-
ches Recht für alle fordern und auch von der englischsprachigen
Bevölkerung erwarten, eine neue Sprache zu lernen. Die Lösung
für dieses Problem liegt in einer Kunstsprache, die für jeden neu
ist und die sich nicht an romanischen oder germanischen Wurzeln

orientiert wie die meisten Conlangs (obwohl das eine oder andere Wort durchaus Zugang finden kann, wie etwa das lateinische
und in der Science Fiction Literatur übliche Wort Terra für Erde),
sondern allenfalls bei grammatischen Konstruktionen Anleihen
nimmt. Eine solche Sprache mit dem Namen Terrasihla befindet
sich bereits in der Konzeptionsphase. Dabei wird unnötiger Ballast, der zwar den Charme mancher Sprache ausmacht, aber das
Lernen erschwert, weggelassen oder vereinfacht, beispielsweise
Geschlechtsunterschiede bei Nichtlebewesen oder die verschiedenen Verbformen bei verschiedenen Personen. Gleichzeitig werden neue Ausdrucksmöglichkeiten geschaffen, z.B. durch die Einführung eines Personalpronomens für „wir beide" und „sie beide"
oder durch eine ausführlichere Differenzierung von Begriffen für
ein Thema, z.B. Freundschaft. Dabei wird es einen Grundwortschatz
geben, mit dem man die meisten Unterhaltungen bestreiten kann,
und einen nach Bedarf wachsenden Wortschatz für Fortgeschrittene. Da die Begriffe zu diesem Zweck alle exakt definiert werden,
wird es, zumindest in der Anfangsphase, keine Doppeldeutigkeiten
geben. Diese Sprache sollte dann jeder neben seiner Heimatspra-
che und der Leitsprache des eigenen Kulturkreises lernen.
Die schwimmenden Inseln werden die Meere aber nicht primär
bevölkern, um kulturellen Austausch zu betreiben oder weil es an
Land zu eng ist, sondern um auf dem Meer Aufgaben zu erfüllen.
Zu diesen Aufgaben zählen natürlich auch Forschungsaufgaben,
aber primär geht es darum, soweit das technisch machbar ist, zu
verhindern, dass die durch die Meerwassererwärmung gefährdeten Methanhydratbänke sich auflösen und die Klimaerwärmung intensivieren, oder parallel die gefährdeteren Lagerstätten umweltschonend abzuernten, Manganknollen ebenfalls umweltschonend
einzusammeln und natürlich Energie zu gewinnen.
Der Schutz der Methanhydratlager und die Energiegewinnung ergänzen sich dabei. Das Problem beim Methanhydrat ist die Temperatur der bodennahen Wasserschichten. Wenn diese zu hoch
ansteigt, dann wird das gebundene Methan gasförmig und ent-
weicht. Wenn die Lager dadurch instabil werden und abrutschen,
wie in grauer Vorzeit bei Norwegen geschehen, dann entsteht ein

gewaltiger Tsunami, der damals ausgereicht hat, eine Bresche zwischen dem jetzigen Großbritannien und Kontinentaleuropa zu schlagen, weshalb es heute den Ärmelkanal gibt. Wenn das Methan gasförmig wird und aufsteigt, dann ändert sich an diesen Stellen das Gewicht des von Schiffen verdrängten Wassers, und darum können Schiffe in diesem Bereich blitzschnell sinken. Und in der Atmosphäre erweist sich das freigesetzte Methan als Treibhausgas erster Güte, dem das Kohlendioxid nicht das Wasser reichen kann. Eine Lösung dieser Problematik ist also bereits jetzt dringend nötig. Ob dabei eine Flotte schwimmender Inseln helfen kann, ist noch nicht klar, aber sie wäre zumindest ein Lösungsansatz. In den Weltmeeren gibt es einen komplexen Strömungskreislauf von kalten und warmen Strömungen (z.B. Golfstrom) in verschiedenen Tiefen. Um die Methanhydratproblematik eventuell lösen zu können, müsste man die Strömungen studieren, welche die Lagerstätten tangieren, um herauszufinden, wo das Meerwasser abgekühlt werden muss, um den besten Effekt zu erzielen.

Zu diesem Zweck umgeben sich die Schwimmenden Inseln mit einem schwimmenden, einfahrbaren Multifunktionsteppich von ein bis zwei Kilometern Durchmesser (was logistisch und materialtechnisch zur Zeit sicher noch problematisch ist), der bedarfsgerecht ausgestattet ist. Die Oberfläche könnte mit einem Film versehen sein, der fotovoltaisch arbeitet. Ebenfalls integriert könnten thermoelektrische Miniaturgeneratoren sein, die aus dem Temperaturunterschied von Folie und Sonneneinstrahlung einerseits und dem kälteren Wasser unterhalb der Folie andererseits Strom gewinnt. Dazu könnte man die Unterseite mit Infrarottechnologie ausstatten, welche die Wärmeenergie des Meerwassers in Strom konvertieren und das Wasser dabei wahrscheinlich beträchtlich abkühlen kann, sicher aber deutlich mehr, als durch die Verdunklung durch die Folie bewirkt wird. Da die Inseln immer in Bewegung sind, besteht nicht die Gefahr, dass das Meeresleben durch den dadurch verursachten Lichtmangel zu Schaden kommt. Wenn man eine Flotte von mehreren hundert Inseln strategisch günstig platziert, könnte es durchaus möglich sein, die Temperatur einer Meeresströmung hinreichend zu beeinflussen. Eventuell ließe sich auch der Golfstrom, sollte er wie befürchtet zu schwächeln beginnen, auf diese Weise wieder mit Schwung erfüllen.

Eine weitere theoretische Einsatzmöglichkeit wäre die Verhinderung von Hurrikanes. Vorraussetzung ist allerdings, dass man in einen sehr frühen Stadium der Entstehung eingreift, sonst hilft nur noch die Flucht. Hurrikanes entstehen ab einer gewissen Wassertemperatur, weshalb sie in den letzten Jahren häufiger geworden sind, und weil die dadurch aufsteigenden feuchten Luftmassen sich langsam großräumig zu drehen beginnen. Wenn man rechtzeitig an vielen Punkten durch jeweils mehrere schwimmende Inseln Kälteflecken schafft, würde das zu lokalen chaotischen Verwirbelungen führen, welche die Hurrikane-Bildung beeinträchtigen könnten, vor allem im Frühstadium. Zu einem späteren Zeitpunkt dürfte jede Einflussnahme aber unmöglich werden. Aber ob das ausreicht oder überhaupt möglich ist, müssten entsprechende Forschungen oder Simulationen klären.

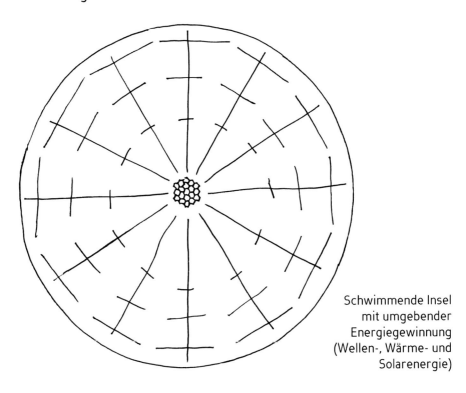

Schwimmende Insel
mit umgebender
Energiegewinnung
(Wellen-, Wärme- und
Solarenergie)

Die Energiegewinnungsmöglichkeiten sind damit aber noch nicht erschöpft. In den Folienteppich kann man auch Miniaturgeneratoren einbauen, die aus der stetigen Wellenbewegung Energie gewinnen. Die Energie, die durch einen solchen Minigenerator oder über ein thermoelektrischen Minigenerator erzeugt wird, ist zwar minimal, aber über die ganze Fläche betrachtet in ihrer Summe sicher respektabel. Voraussetzung ist natürlich, dass die ganze Technologie günstig, effizient, einfach und robust produziert werden kann. Mit der gewonnenen Energie kann man Meerwasser für den täglichen Gebrauch entsalzen. Mit der überschüssigen Energie kann man noch mehr Wasser entsalzen und große Ballons füllen, die mit Sendern versehen sind. Diese könnten von Ernteschiffen aufgelesen und zu einer Verteilerstelle an der nächstgelegenen Küste gebracht werden. Diese Schiffe können im Gegenzug die schwimmenden Inseln mit allem versorgen, was sie nicht selbst produzieren können (Obst, Zucker, Kleidung, Ersatzteile...). Alternativ kann man mit der Überschussenergie auch – was sinnvoller und wahrscheinlich auch lukrativer wäre – Wasserstoff für den Betrieb von Brennstoffzellen für den eigenen Antrieb (der nur wenig verwendet wird) oder für die Energieversorgung der nächstgelegenen Länder erzeugen, oder elektrolytisch seltene Metalle aus dem Meerwasser lösen...

Dieses Konzept der Schwimmenden Inseln ist sicher noch sehr futuristisch und in seiner Verwirklichung von zukünftigen technologischen Entwicklungen abhängig, aber wenn aus Simulationsberechnungen die skizzierten Einsatzmöglichkeiten als machbar hervorgehen sollten, würden sie eine großartige Chance auf internationale Zusammenarbeit und auch ein Experimentierfeld für das weitere Zusammenwachsen der Menschheit darstellen. Davon abgesehen sind sie aber auch eine Möglichkeit für die Gemeinschaft der Öko-Habitate, flexible internationale Begegnungsstätten und eine Art internationalen Körper aufzubauen und sich etwas aus dem Würgegriff der jeweiligen nationalen Gesetzgebungen zu befreien.

Eine globale Kultur

Für unsere Vorfahren war die Welt unendlich klein, denn sie reich-
te für viele oft nur bis zum Rand des eigenen Dorfes und den da-
zugehörigen Feldern und Wäldern, und sie war unendlich groß,
denn kaum jemand hatte eine Vorstellung davon, wie weit sich
das Land jenseits davon wirklich erstreckte und welche geheim-
nisvollen Landschaften, Kulturen und Weltanschauungen es barg.
In den letzten Jahrhunderten haben sich die Dimensionen angenähert; was klein war, wurde größer, und was groß war, wurde
übersichtlicher. Und vor allem in den letzten Jahrzehnten, mit dem
Aufkommen des Fernsehens, des Internets und der Multimedia-
kultur haben sich die Extreme in nie dagewesenem Maße einander
angenähert.
Aber das bezieht sich nur auf Aspekte, die sich in Wissen, Handel,
Kommunikation und Tourismus ausdrücken, also auf das äußere
Bild der Dinge. Hier ist die Vernetzung der Welt zunehmend zu
einer Selbstverständlichkeit geworden. Und auch über andere Kulturen wissen wir heute viel mehr oder können uns sehr schnell
benötigtes Wissen beschaffen. Aber dieses Wissen hat meist eine
Note von Neugier und wird eher selten von dem Wunsch getragen, andere Denkweisen und Gefühlswelten besser zu verstehen
oder die Welt mit neuen Augen betrachten zu können. Um das zu
können, muss man in der Lage sein, zurückzutreten und zuzulas-
sen, dass sich die Welt einmal nicht um einen selbst dreht. Mag

man noch so wichtig sein, so ist man doch ein Teil der Welt, und die Möglichkeiten, ein entsprechendes Bewusstsein zu entwickeln, waren nie größer.

Trotz aller Kenntnis ferner Länder und Völker ist es doch immer noch so, dass wir in Begriffen von „Wir" und „die Anderen" denken und leben. Das Gegeneinander oder bestenfalls noch das Nebeneinander bestimmen immer noch das Leben miteinander und die Beziehungen der Nationen untereinander. Die Öko-Habitate sind ein neuer Versuch, das zu ändern. Die Öko-Habitate sind der Versuch, ein neues Sein, ein neues Bewusstsein, eine neue Auffassung von der Welt zu entdecken, zu erleben, zu erlernen und zu etablieren. Dieser notwendige Wandel findet in den Einzelnen statt, die sich zusammengefunden haben, weil die Welt nicht so ist, dass sie sich in ihr wohlfühlen, und die nicht nur an sich denken, wenn sie ihren Beitrag dazu leisten wollen, dass sich dies ändert. Die Öko-Habitate sind darum eine Brutstätte für die Neue Welt, in der das Individuum den Frieden entdeckt, Zusammenarbeit in der Gemeinschaft Gleicher lernt, zu innerer Freiheit findet und die vergessene Schwester des Revolutionstrios, die Brüderlichkeit, als Ausdruck der Liebe und rettende Kraft erkennt. Und auch wenn sich die augenscheinlichen Aktivitäten auf einem kleinen Stück Land abspielen, so ist das Bewusstsein, das hinter den Öko-Habitaten steckt und sich in ihnen ausdrückt, bereits planetar, es ist das Bewusstsein des Miteinander, es ist ein Bewusstsein, das über das Vergangene und die kurze Gegenwart hinaus in die unendliche Zukunft reicht und das langfristige Wohl und die Entfaltung aller im Auge hat.

Mit einem weltweiten Erblühen der Öko-Habitate wird sich auch ganz natürlich ein Austausch der Habitate untereinander einstellen, ein Austausch von Ideen und ein Austausch von Besuchern. Wie stark dieser Austausch wird, lässt sich nicht vorhersagen. Aber sobald es weltweit Öko-Habitate gibt, wird der Entdeckergeist der Jugend vielleicht zu ausgedehnten, internationalen Wanderjahren führen; und vielleicht wird sich auch so mancher Erwachsene in die Länder aufmachen, in die seine Seele in zieht, um dort zu leben. Auch ein regelmäßiges Austauschprogramm zur Förderung der Bewusstseinsausweitung und des internationalen

Zusammenwachsens der Öko-Habitate wird sicher vereinbart werden. In den Öko-Habitaten der Zukunft wird auch Entwicklung, Forschung und Wissenschaft nicht mehr isoliert und im Wettstreit betrieben, sondern in Zusammenarbeit, wie es bei Open Source Projekten heute schon üblich ist. Das ist mit den Möglichkeiten, die das Internet heute mit eMails, Chat und Webcam bietet, bereits gut möglich, und zukünftige Entwicklungen werden sicher noch bessere Möglichkeiten bieten, am Leben anderer Menschen teilzuhaben.

Dadurch wächst ein Gefühl von Einheit, eine selbstverständliche planetare Kultur, die über Handels- und Tourismusaspekte hinausgeht und etwas eigenständiges Neues wird, eine globale Kultur als Ausdruck eines globalen Bewusstseins. Dabei soll die globale Kultur aber nicht die gewachsene lokale Kultur ersetzen oder überflüssig machen. Jede Kultur ist Ausdruck eines Seelenaspektes und als solcher für die planetare Vielfalt unersetzlich, denn eine globale Kultur wird keine minimalistische Einheitskultur werden, sondern eine Kultur der Vielfalt in der Einheit, eine Kultur vieler Nuancen und Geschmacksrichtungen. Jedes Öko-Habitat wird Ausdruck einer globalen Kultur sein, aber jedes wird seinen eigenen Charakter haben, seine eigene Farbe, seinen eigenen Glanz.

Allerdings bedeutet Erhaltung lokaler Kultur nicht, auf alte Bräuche zu setzen und diese traditionalistisch zu konservieren, sondern die Seele einer jeden Kultur zu entdecken und diese zu fördern und lebendig zu erhalten. Kultur ist kein totes Ding, sondern muss sich bewegen, muss sich verändern und wachsen, um lebendig zu bleiben. Und wie jeder andere lebendige Organismus auch nimmt sie immer wieder Einflüsse von außen auf und modifiziert und integriert sie in einem neuen kulturellen Ausdruck. Alles, was dagegen auf die Bewahrung des Gewesenen zielt, ist Material für das Museum.

Auf diese Weise wandeln sich die lokale Kultur und auch die globale Kultur stetig. Es mag sein, dass mit einer stärker und vielfältiger werdenden globalen Kultur die lokale im Lauf der Jahrhunderte immer mehr in der globalen aufgeht, weil die planetare Kultur von sich aus eine heute ungekannte Vielfalt und Vitalität entwickelt, aber es ist auch möglich, dass sich lokale Identitäten immer wieder zu strahlender Blüte erheben und die Kulturgemeinschaft bereichern.

Es wird eine interessante Zeit werden, und die neue Kultur wird kraftvoll ihr Haupt heben und das Zusammenwachsen, das Miteinander und den Frieden fördern. Und das wird auch notwendig sein, denn zur Zeit gibt es keine nennenswerte, wirklich gemeinsame globale Kultur. Und darum ist das, was wir heute Weltkultur nennen, eine fragile Sache, die von jeder Kleinigkeit aus dem Konzept gebracht wird und wirklichen Belastungsproben nicht gewachsen ist.

Bereits die gegenwärtigen Trennungs- und Selbstbestimmungskonflikte, die Bemühungen zur Aufrechterhaltung originärer Kulturen durch Zurückweisung jeglicher modifizierender Einflüsse und die allgegenwärtigen Wanderbewegungen, welche die verschiedensten Ursachen haben, können nicht in einem globalen Netz aufgefangen, neu betrachtet, bewertet und zu einer befriedigenden Lösung geführt werden, weil jeder nur sich, seine Macht- und Sicherheitsansprüche und seine Vergangenheit im Kopf hat. Auf der Welt befinden sich die verschiedensten Egoismen in fortdauerndem Widerstreit: nationaler Egoismus, kultureller Egoismus, religiöser Egoismus, spiritueller Egoismus... Jeder Mensch, jede Körperschaft, jede Regierung, jeder übernationale Zusammenschluss denkt an sich selbst zuerst, jeder hat Angst vor den Absichten und möglichen Winkelzügen der anderen und kultiviert seine eigene separatistische Haltung. Die Gründung der Europäischen Union war zwar ein erster Schritt auf die Zukunft zu, aber trotzdem haben gleich vom ersten Augenblick an die nationalen Egoismen die Zähne gefletscht. Sicher gibt es bei großen Katastrophen immer wieder große Hilfsgesten, aber es gibt kein wirkliches Konzept für eine Zukunft in Einheit, Zusammenarbeit und Frieden. Diese spontanen Hilfeleistungen haben immer die Anmutung eines einsamen Feuerwehrmannes, der mit einem Eimer Wasser einem sich ausbreitenden Flächenbrand hinterherläuft. Die fehlende Bereitschaft zu ehrlicher Zusammenarbeit verhindert den Aufbau einer globalen Kultur und beeinträchtigt die Fähigkeit der sogenannten

Weltgemeinschaft, Brandherde zu erkennen und ihrem Entstehen vorzubeugen.

Und die bisherigen Katastrophen sind weltgeschichtlich betrachtet eher klein. Auf wirklich große Katastrophen sind wir in keinster Weise vorbereitet: vulkanischer Winter durch Ausbruch der Yellowstone-Caldera, eine plötzliche Eiszeit (wodurch auch immer sie ausgelöst wird), eine galoppierende Klimaerwärmung durch Auftauen der Methanhydratbänke. Schon die gegenwärtig anlaufende Klimakatastrophe wird zu gewaltigen Wanderbewegungen führen, und was passiert? Es werden Kriege um vorgebliche Glaubensfragen geführt, um Erdöl, Macht, Geld und Einfluss.

Die Anforderungen der Zukunft erwarten aber, dass die gegenwärtige Uneinigkeit durch uneingeschränkte Zusammenarbeit für das Wohl aller abgelöst wird. Das alte, überkommene Ego muss einem globalen Bewusstsein, einer globalen Kultur Platz machen, in dem jeder ganz natürlich immer das Gesamtbild vor Augen hat. Nur eine solche globale Kultur ist stark genug, um den Anforderungen der Zukunft gewachsen zu sein. Wenn wir auf der Erde überleben wollen, müssen wir wie die sieben Brüder sein, die in einem biblischen Gleichnis mit einem Bündel aus sieben Weidenruten verglichen wurden: Zusammen waren sie unüberwindlich, getrennt gingen sie unter.

Die Öko-Habitate können in ihrem Rahmen ein anfänglich dünnes, aber entwicklungsfähiges Netz von Zusammenarbeit, Freundschaft, Bewusstseinswachstum und globaler Kultur entwickeln und über die Erde ausbreiten. Wenn wir, die Bewohner der Öko-Habitate, diese globale Friedenskultur entwickeln und leben, dann können wir zu Saatkörnern werden, zu den Kristallisationskeimen einer leuchtenden globalen Zukunft.

Mirapuri – Stadt des Friedens und des Zukunftsmenschen

In diesem Buch sind verschiedene Grundlagen für den Aufbau einer möglichen zukunftsweisenden Kultur von Öko-Habitaten angesprochen worden, die vielleicht von Vielen als nicht verwirklichbare Spinnerei abgetan wird, die aber doch bislang die einzige Hoffnung für eine nicht nur erträgliche, sondern auch lebens- und erstrebenswerte Zukunft darstellt. Dass wir die Politik vergessen können, ist klar; sie ist nur an sich selbst und ihren internen Rangeleien interessiert, auch wenn gelegentliche Ausnahmepolitiker dagegen ankämpfen wie gegen Windmühlenflügel. Auch die Religion können wir vergessen, solange es nicht eine ganze Garde von religiösen Führern vom Format des Dalai Lama gibt, die mehr an Gott und den Menschen interessiert sind als an der Abgrenzung zu anderen Religionen, Machterhalt, religiösen Dogmen und daran, den Menschen dumm und gottesfern zu halten. Und Wissenschaft und Technologie machen zwar bewundernswerte Fortschritte, aber jede Technologie muss richtig und im richtigen Bewusstsein eingesetzt werden, ohne kommerziellen, strategischen oder politischen Erwägungen zum Opfer zu fallen. Aber Technologie kann nur technologische Probleme lösen, die letztlich aus einem unzureichend entwickelten Bewusstsein erwachsen sind.
Die ganzen Institutionen, auf die der Mensch seine Verantwortung abgewälzt hat und auf die er jetzt seine Hoffnung setzt, sind nicht in der Lage, effektiv gegen Armut, Ungerechtigkeit, Krieg,

Umweltverschmutzung, Lieblosigkeit und Dummheit vorzugehen. Und auch die Öko-Habitate, wenn man sie nur als Institution betrachtet, sind dazu nicht in der Lage. Ein wirkliches Öko-Habitat ist seiner Natur nach ein Werkzeug, ein Gefäß und Ausdruck der Aspiration des Menschen nach innerem Wachstum und nach Frieden und Einklang mit sich und der Welt. Der Anstoß für eine wirklich neue Welt und zur Umsetzung dieses Strebens muss von den Menschen selbst kommen, aus ihrem tiefsten Herzen, und das Mittel dazu ist eine wirkliche, tiefgreifende Bewusstseinswandlung und -entfaltung. Die Öko-Habitate sind ein Mittel, dieses Streben in die Wirklichkeit umzusetzen.

Dieses Streben äußert sich mal mehr, mal weniger bewusst in der Gründung von Gemeinschaften aller Art, seien es die Zusammenkünfte der Blumenkinder, die Gärtnerhöfe, anthroposophische Gemeinschaften, Aussteigergemeinschaften, religiöse Gemeinschaften, Therapeutengruppen, politische Projekte, Kolchosen und Kibbuze, Bio-Ökologie-Dörfer, Künstlerkolonien oder New-Age-Seminar-Zentren. Alle diese Versuche mögen sicher aufrichtig gemeint sein, aber sie beziehen sich immer auf ein relativ kleines Spektrum des menschlichen Seins und da dann meist auf gemeinsame Äußerlichkeiten wie Religion, Channeling, Bio-Anbau, Alternative Energien... Nur selten steht der Mensch mit einem jeweils spezifischen Ausschnitt seines Seins im Mittelpunkt, aber niemand hat sich bisher daran gewagt, alle Bereiche menschlichen Seins, die wahre menschliche Kultur als Grundlage für eine Gemeinschaft zu machen, nicht zuletzt, weil es einfacher ist, sich mit Gleichgesinnten gegen Andersgesinnte abzugrenzen. Für Spiritualität ist Rock und Sex tabu, für eine Religion jede andere, und vielen ist alles egal, solange es bio und öko ist, für manche ist Sex der Schlüssel, für andere das Hindernis... Aber diese Abgrenzung, die sich in der menschlichen Natur unaufhörlich bemerkbar macht, ist für den gegenwärtigen Zustand der Erde und ihrer Bevölkerung mitverantwortlich. Wenn wir wirklich einen Unterschied machen wollen, wenn wir wirklich etwas bewirken wollen, müssen wir da den Finger drauflegen und uns mit allem befassen und alles mit einbeziehen. Wenn wir das Leben der Zukunft neu schreiben wollen, müssen wir uns mit allem auseinandersetzen und alles integrieren und gegebenenfalls in seine wahre Natur transformieren, oder verwerfen, was sich als nicht wandel- oder integrierbar erweist. Viele Gemeinschaften bemühen sich darum, einen Wandel in der Welt zu bewirken, aber nur wenige bemühen sich um das Gesamtbild. Ein umfassender Wandel ist ungleich schwieriger und langwieriger zu bewirken, als eine Bemühung um einen einzelnen Aspekt, hat aber, wenn er gelingt, eine ungleich größere Wirkung, weil es dann ein Beispiel gibt, welches zeigt, dass es möglich ist. Mirapuri, die Stadt des Friedens und des Zukunftsmenschen bemüht sich darum.

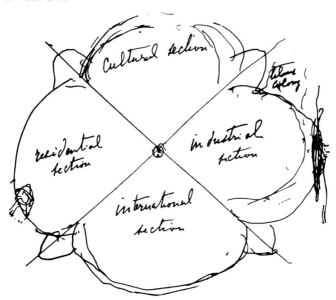

Mirapuri-Grundriss (Entwurf von Mira Alfassa)

Mirapuri wurde am 15. August 1978 in Italien von Michel Montecrossa und einigen Freunden gegründet und hat in Süddeutschland mit dem Miravillage einen Satelliten. Angeregt zu dieser Gründung wurde Michel Montecrossa durch Mira Alfassa, welche zusammen mit Sri Aurobindo den Integralen Yoga begründet und die den Menschen in unserer Zeit mögliche Bewusstseinsentwicklung ausgelotet hat.

Mira Alfassa – Die Mutter, 1950

Mira Alfassa, die den Indern als Die Mutter bekannt ist, wurde 1878 in Paris geboren, wo sie als eine der ersten Frauen Malerei studierte und mit den Künstlern dieser Zeit befreundet war, z.B. mit Auguste Rodin. Darüber hinaus beschäftigte sie sich früh mit Philosophie und Bewusstseinsphänomenen. Sie verbrachte einige Zeit in Algerien, wo sie Okkultismus studierte, traf dann mit ihrem zweiten Mann, einem Rechtsanwalt, in Indien auf Sri Aurobindo und ging anschließend mit ihrem Mann für einige Jahre in das damals noch ziemlich unzugängliche Japan, ehe sie zu Sri Aurobindo zurückkehrte und bei ihm blieb.

Sri Aurobindo, 1920

Sri Aurobindo wurde als Sohn eines anglisierten indischen Arztes in Kalkutta geboren, wo sein Vater jegliche indische Kultur von ihm fernhielt. Mit fünf Jahren wurde er zu einer Pfarrersfamilie in England in Pflege gegeben und erhielt eine umfassende humanistische Bildung, also klassische Literatur, Altgriechisch, Latein, Französisch... Erst als Erwachsener kehrte er nach Indien zurück, wo er erstmals der indischen Kultur und Gedankenwelt begegnete und die wichtigsten Sprachen lernte. Neben seiner Dichtkunst betätigte er sich alsbald auch im Widerstand gegen die englischen Besatzer, wo er Fäden zog und auch mit der Macht des Wortes die

Unabhängigkeit vorantrieb. Um seine Konzentration und Inspiration zu stärken, beschäftigte er sich auch mit dem klassischen Yoga und überflügelte alsbald seinen Lehrer, der ihm dann riet, seiner inneren Führung zu folgen. Nachdem er so die indische Unabhängigkeit, die viel später, an seinem 75. Geburtstag, erlangt wurde, vorbereitet hatte, zog er sich auf den Rat seiner inneren Führung hin ins französische Pondicherry zurück, wo er sich dann ernsthaft mit der Entwicklung des Integralen Yoga befasste.

Hier lernten er und Mira Alfassa sich kennen. Um ihn herum bildete sich nach und nach ein Ashram, dessen Leitung er bald an Mira Alfassa übertrug, und der für das damalige Indien revolutionär modern war, der aber trotzdem nicht alle Möglichkeiten für eine vollständige Umsetzung ihrer beider Erkenntnisse bot. Nach Sri Aurobindos Tod im Jahr 1950 führte sie den Ashram weiter und gründete eine angesehene Schule, eine Universität und 1956 in Neu-Delhi einen zweiten Ashram, sowie 1968 in der Nähe von Pondicherry Auroville, als ersten Versuch, ihre Erkenntnisse und das Ideal von Frieden und Einheit in einer Stadt zu verwirklichen. Da aber viele der zukünftigen Stadtbewohner nur ein alternatives Leben suchten und nur wenige ernsthaft an ihrer Bewusstseinsentwicklung arbeiteten, regte sie später Michel Montecrossa, der am Aufbau Aurovilles mitarbeitete, zur Gründung einer Transformationsstadt in Europa nach ihren Entwürfen und unter neuen Voraussetzungen an. Sie starb 1973, noch ehe die Gründung von Mirapuri erfolgen konnte.

Die neue Voraussetzung war, dass das Bewusstsein der Form vorangeht. Es geht also nicht darum, eine Stadt aus dem Boden zu stampfen und mit Einwohnern zu füllen, was vergleichsweise leicht ist, aber trotz aller Begeisterungsfähigkeit nicht zwangsläufig zu einem neuen Bewusstsein führt. Es geht also nicht um Masse, sondern um Qualität. Zuerst – und das gilt bei allen Dingen im Leben – muss sich das Bewusstsein entwickeln, dann muss man beginnen, es zu leben, es umzusetzen und auszudrücken, und dann folgt die äußere Form. Nehmen wir also an, für ein Öko-Habitat wird eine Bäckerei benötigt. Eine Bäckerei ist nun nichts, was man unmittelbar sofort benötigt, weil man im Zweifelsfall Backwaren

Michel Montecrossa, der Gründer von Mirapuri

auch beim Bäcker bekommt. Trotzdem wäre es schön, eine eigene Bäckerei zu haben, welche die Bedürfnisse des Öko-Habitats besser erfüllen kann. Es ist aber niemand da, der dies zu seiner Aufgabe machen möchte (natürlich gibt es Menschen, die viele Sachen machen können, vielleicht, weil sie in der Bewusstseinsentwicklung, im Yoga, schon ein wenig weiter oder in einem bestimmten Aspekt entwickelter sind, aber meist warten mehr Aufgaben als es solche Joker gibt), und so wächst erst einmal das Bewusstsein der Notwendigkeit, bis ein Öko-Habitant sagt, dass er das jetzt machen will oder bis ein Neuzugang die benötigten Fähigkeiten und die Bereitschaft oder den Wunsch mitbringt, eine Bäckerei aufzubauen. Das ist der erste Schritt, die Entwicklung des Bewusstseins. Im nächsten Schritt muss das Bewusstsein umgesetzt werden. Da eine Bäckerei meist nicht sofort zur Verfügung steht und erst noch gebaut, gefunden oder hergerichtet werden muss, kann man schon mal mit den vorhandenen Möglichkeiten beginnen und einen reduzierten Bäckereibetrieb aufnehmen und das Bäckerbewusstsein ausbauen. Und irgendwann sind die Vorbereitungen abgeschlossen und man kann zu Stufe Drei übergehen: der Form. Jetzt hat sich die äußere Form eingefunden: Räume für die Bäckerei. Idealerweise sind sie so groß, dass man sie mit seinem Bewusstsein halbwegs ausfüllen kann und dass sie Raum für weiteres Bewusstseinswachstum bieten, das in größeren Maschinen oder weiteren Bäckern Form annehmen kann. Auf diese organische Weise findet das Wachstum, die Formgebung, die Materialisation Mirapuris statt.

Das Leben in Mirapuri orientiert sich am evolutiven Menschen- und Weltbild Sri Aurobindos und Mira Alfassas. Dieses besagt, dass alles, was existiert, je nach Weltanschauung aus einem höchsten Bewusstsein, einer höchsten Wahrheit, einer höchsten Liebe oder dem Göttlichen entstanden ist und dass dieses auch in allem verborgen ist. Zuerst entstand aus dem wissenschaftlich postulierten Urknall die unbelebte Materie und die äußeren Bedingungen des Universums oder des Multiversums. Aus dieser entfaltete sich nach einer sehr langen Zeit das Leben, welches die Materie belebt und bewegt. Nach einer etwas geringeren Zeitspanne entfaltete sich aus dem Leben der Geist bis zu seiner heutigen Stufe. Der heutige Mensch betrachtet sich als die Krone der Schöpfung, als der Endpunkt der Evolution.

Aber es gibt keinen Grund zu der Annahme, dass die Entwicklung tatsächlich abgeschlossen ist. Sri Aurobindo sagt, dass wir jetzt nicht am Endpunkt stehen, sondern an einem Wendepunkt und ein neuer Evolutionssprung bevorsteht, den er schon erforscht hat: das Supramentale, eine Art Wahrheitsbewusstsein, das Wissen nicht mehr durch Beobachtung und irrende Schlussfolgerungen glaubt gewinnen zu können, sondern zu dessen Natur Wissen durch Identität gehört. Um dorthin zu gelangen, muss man die Stufenleiter von einem objekt- und ablaufgebundenen Bewusstsein zu einem immer weiteren und lichtvolleren Bewusstsein erklimmen, um schließlich die Grenze überschreiten zu können.

Es gibt auch noch einen zweiten Weg, der über die Seele, den göttlichen Funken, der in allem vorhanden ist, führt. Wenn man sich dieses Seelenfunkens in sich bewusst wird und ihn von einem stillen Beobachter zu einem kraftvollen Akteur wachsen lässt, im Austausch zu dem dann überholten Ego, das für unsere größten Probleme verantwortlich ist, dann können wir auch über dieses Seelische Wesen oder besser im Zusammenwirken der beiden Wege, zur Verwirklichung des Supramentalen gelangen.

Damit es so weit kommt, müssen wir uns ständig mit innerer Aufrichtigkeit um unser Bewusstseinswachstum bemühen. Aus diesem Weltbild Sri Aurobindos erwächst auch das, was Michel Montecrossa, der Gründer Mirapuris, als die Philososphie des Spirituellen Realismus bezeichnet. Für die traditionelle Spiritualität ist die materielle Welt ein Hindernis, das uns vom Göttlichen trennt und das darum überwunden werden muss. Und für den Materialisten ist noch nicht mal sicher, ob das, was wir als Bewusstsein betrachten, nicht einfach nur eine Nebenwirkung neuronaler Tätigkeit ist, und dass es etwas Göttliches oder so etwas wie ein höheres Bewusstsein nicht gibt, dass die Welt nur auf Interaktionen von Quarks oder Strings aufgebaut ist, weshalb Moral und Verantwortung nicht von Bedeutung sind. Der Spirituelle Realismus aber sieht keinen

Gegensatz. Spirit und Materie sind zwei Ausdrucksformen derselben Realität, und die Materie ist das Feld, in dem sich die Spiritualität oder das höchste Bewusstsein ausdrücken können und müssen, da die Materie meist nicht Up-to-date ist, was ihre Widerspiegelung des Spirituellen betrifft. Der Mensch als das höchst evolvierte Sein auf diesem Planeten ist Mittler zwischen beiden und ihr höchster Ausdruck, und darum ist es seine Aufgabe, vielleicht etwas mehr oder besser viel mehr als das unbedingt Notwendige an Bewusstseinshöhe und -weite in der Materie auszudrücken, also Schönheit, Harmonie und Verständnis, statt z.B. Trabantenstädte voller

Betonklötze, die vor inneren Spannungen vibrieren. Wenn man es etwas weniger mystisch ausdrücken möchte, kann man auch sagen, dass der Mensch das Beste und Edelste von sich in die Gestaltung seiner Umwelt einfließen lassen sollte, und dass Zweckmäßigkeit und Effizienz immer nur ein Teilaspekt sein dürfen. Es geht darum, für jedes Öko-Habitat immer das Beste zu sein und zu geben und auszudrücken, zu jedem Zeitpunkt, in jeder Situation und unter allen Umständen, und sich nie mit dem Erreichten zufrieden zu geben, denn wie Mira Alfassa einmal sagte: „Der Zweck des irdischen

Lebens ist Fortschritt. Wenn du aufhörst, voranzuschreiten, wirst du sterben. Jeder Augenblick, den du ohne vorwärtszuschreiten verbringst, ist ein weiterer Schritt hin zu deinem Grab." Und: „Von dem Moment an, wo du zufrieden bist und nicht länger strebst, beginnst du zu sterben. Leben ist Bewegung, Leben ist Bemühung; es ist ein Vorwärtsschreiten, auf zukünftige Enthüllungen und Verwirklichungen zu emporsteigen. Nichts ist gefährlicher, als der Wunsch auszuruhen."

Und von Sri Aurobindo stammen vier Worte, die eigentlich den Sinn und Zweck Mirapuris und auch jedes Individuums und jeder Gemeinschaft kurz und prägnant beschreiben: „Alles Leben ist Yoga." Und Yoga ist die stetige Bemühung um eine progressive Entfaltung des Bewusstseins. Das bedeutet, dass alles und jedes als Teil des Lebens Bestandteil des Yogas, der Bewusstseinsentfaltung ist. Man darf also nichts einfach so wegschieben und sagen, dass etwas nicht bewusstseinsfähig wäre, weil das irgendjemand mal behauptet hat. Wenn etwas nicht Ausdruck eines hohen Bewusstseins ist, dann kann man immer versuchen, es mit Bewusstsein zu füllen. Deshalb gibt es in Mirapuri neben Meditation und Meditationsmusik auch Tanz und Rockmusik, und man braucht auch nicht durch Zwangsenthaltsamkeit neurotisch zu werden; wichtig ist die progressive Entwicklung des Bewusstseins und sein Ausdruck.

Das spiegelt sich auch in den selbsterklärenden vier Punkten der Mirapuri-Charta wieder:

1. Mirapuri gehört der Göttlichen Liebe.
2. Um in Mirapuri zu leben, muss man bereit sein, alles zu verstehen und ständig im Bewusstsein zu wachsen.
3. Mirapuri wird ihre materiellen und spirituellen Kräfte dem Fortschritt, der Einheit und der Erleuchtung der Welt weihen.
4. Mirapuri wird all jene vereinen, welche die vollkommene Entfaltung jenseits von Kampf und Streit verwirklichen.

Äußerlich hat Mirapuri nach dem Entwurf von Mira Alfassa die Form einer Blüte mit vier Blütenblättern, die für vier Bereiche der menschlichen Entwicklung stehen:

Der Kultursektor entspricht der Kunst und der Wissenschaft, der Erforschung der Zukunft und der Entfaltung des schöpferischen Potentials und in der menschlichen Natur den Lebenskräften. Der Internationale Sektor, in dem Pavillons die wahre Kultur aller Länder und Zivilisationen vermitteln sollen und der dem seelischen Wesen entspricht, ist zuständig für die Entwicklung eines globalen Bewusstseins der menschlichen Einheit. Der Wohnsektor als Sinnbild für den Körper, das Körperbewusstsein und die Materie wird den Ausdruck von Schönheit und Harmonie, von Gemeinschaft und Zusammenarbeit fördern. Der Industriesektor steht für die Entwicklung unserer Fähigkeiten und das Streben nach Vollkommenheit in der Arbeit und dem Ausdruck des Wachstums und der Vollkommenheit in den Dingen. Er ist Ausdruck des Mentalen und der Geistestätigkeiten.

Diese vier Sektoren gliedern sich um das Miramandir, das innere und äußere Zentrum von Mirapuri, das für das Spirituelle steht und für die progressive Evolution in das Supramentale, für das Entstehen des Zukunftsmenschen. Alle zusammen sind ein Sinnbild des werdenden Zukunftsmenschen und bilden einen Überorganismus, eine Stadt-Entität, die mit dem Wachstum ihrer Bewohner an

Substanz, Form und Charaktertiefe gewinnt und dadurch zunehmenden Einfluss auf die eigene Weiterentwicklung bekommt und
auch die weitere Entwicklung ihrer Einwohner fördert.
Noch äußerlicher liegt Mirapuri in Norditalien zwischen dem Lago
Maggiore und dem Lago d'Orta. Am Rand des eigentlichen Stadt-
gebietes liegt ein kleines Dorf, in dem einige der ersten Mirapuri-
Häuser liegen, die nach und nach renoviert und den zukünftigen
Bedürfnissen Mirapuris angepasst werden. Hier gibt es ein Me-
ditationszentrum, ein Hotel, eine Music Hall, eine Pizzeria, einen
Lebensmittelladen, einen Copyshop, ein Multimediastudio, ein
Gesundheitszentrum, einen Betrieb zur Erforschung und Nut-
zung solarer und anderer Energien und eine Schreinerei. Weitere
Aktivitäten sind geplant oder im Aufbau begriffen: Gartenbau,
Landwirtschaft, Bäckerei, Kulturzentrum, Mediathek, Wäscherei,
Kinderzentrum, Dojo... Und im Miravillage gibt es bislang in Zu-
sammenarbeit mit Mirapuri eine Film- und Musikproduktion, einen

Verlag, eine Druckerei, ein Multimediastudio, eine Konzertbühne und eine Arztpraxis.

Da Mirapuri in einer Berglandschaft liegt und der Erhalt der Natur Priorität hat, sind baulicherseits Erdhäuser, Türme und Plattform-bauten geplant sowie eine Bergradbahn und eine Seilbahn.

Mirapuri soll eine Musterstadt werden, eine Begegnungsstätte für Menschen aus aller Welt und soll ein Beispiel geben für Frieden, Zusammenarbeit und Bewusstseinsentwicklung und soll auch Aus-gangspunkt für viele weitere Öko-Habitate, für viele weitere Inseln des Lichtes sein.

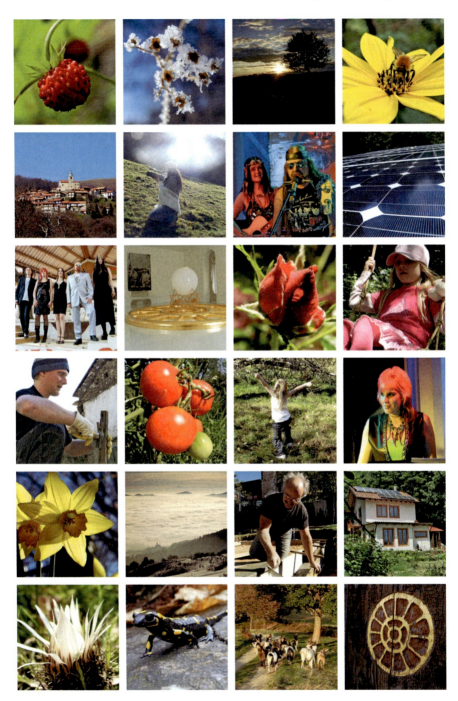

MiraSolaris

Eine der Firmen in Mirapuri ist MiraSolaris, das sich mit der Entwicklung und dem Einsatz von Technologien in Öko-Habitaten und natürlich auch mit Optimierungen von Gebäuden befasst.

Ausgangspunkt und Kernkompetenz ist dabei die ausbaufähige MiraSolaris-Technologie, die ein einfaches und effizientes Verfahren zur solaren Haustemperierung darstellt, das für den Einsatz in Öko-Habitaten und natürlich auch sonst in allen Arten von Bauwerken optimal geeignet ist.

Dieses Verfahren funktioniert so, dass mehrere Röhrenkollektoren, die auch mit Diffuslicht noch ausreichend funktionieren, Warmwasser erzeugen. Dieses heizt den Sommer über einen Passiv-Erdspeicher unter dem Haus auf und beseitigt für den Winter schon mal ein Kälteloch. Außerdem sorgt es auch für genügend warmes Brauchwasser. Im Winter produzieren die Kollektoren zwar kein Heißwasser mehr, aber ausreichend Warmwasser für eine angenehme Gebäudetemperierung, denn das System funktioniert nicht über eine traditionelle Heißwasserheizung, sondern über eine sogenannte Betonkernaktivierung. Dabei werden die entsprechend konstruierten Wände, Fußböden und Decken temperiert, so dass eine angenehme, homogene Wärme entsteht. Zu diesem Zweck sind die Außenmauern mit speziellen Betonsteinen gemauert, die nach außen gut isoliert sind und nach innen zu von Röhren durchzogen sind, in denen das warme Wasser zirkuliert.

Bei den Innenwänden, den Fußböden und bei den unteren Decken wird dann auf diese Isolierung verzichtet, so dass das ganze Haus zwar kein Heizkörper ist, aber durch die Bausubstanz Wärme aufnehmen und langsam wieder abgeben kann, was zu einem angenehmen Raumklima führt und Schimmelbildung vorbeugt. Für den Spitzenbedarf oder kurzfristig erhöhten Wärmebedarf ist ein Pelletofen oder ein anderer Wärmeerzeuger vorgesehen. Das Ganze wird über eine ferngewartete Elektronik gesteuert, die für höchste Effizienz sorgt.

Das ist das MiraSolaris Kernmodul, das sich finanziell durch die hohen Kosteneinsparungen und nur geringe Mehrkosten beim Bau gut rechnet. Natürlich kann man mehr investieren, und das Feld an Röhrenkollektoren für den Wintereinsatz vergrößern, allerdings fällt dann den Sommer über mehr Warmwasser an, als benötigt wird.

An der Entwicklung und Integrierung von weiteren Modulen wird ständig gearbeitet, und das System ist mit vielen Techniken kombinierbar. Zum Beispiel könnte man den Überschuss an

Warmwasser, der bei erhöhtem Kollektoreinsatz anfallen würde, über eine Kraft-Wärme-Maschine in Strom wandeln, den man in das Netz einspeisen könnte. Oder man könnte den Erdspeicher bei gleichzeitig verstärkter Isolierung zum Haus hin stärker aufheizen und im Winter für den Spitzenbedarf über eine Wärmepumpe für die Wandtemperierung nutzbar machen.

Durch die Rohre in der Wand gibt es auch die Möglichkeit, die Wände im Sommer zu kühlen. An einem solarbetriebenen Kühlmodul, vor allem für heißere Länder, wird bereits gearbeitet.

MiraSolaris arbeitet an der Entwicklung neuer und dem Einsatz bekannter zukunftsweisender Technologien im Hinblick auf den Einsatz in Mirapuri und weiterer zukünftigen Öko-Habitaten, zum Beispiel am möglichen Einsatz von Lighttubes für die natürliche Beleuchtung im Inneren von Erdhäusern und großer Bauten oder an solarthermischer Stromerzeugung. Als weiterer Ausbau der Aktivitäten sind die Evaluierung ökologischer Baustoffe, Wärmespeicherungstechnologien, Altbausanierungskonzepte, Habitatsplanung... konzipiert.

Update 3 - Projekt Künstleralpe

Beim Aufbau von Öko-Habitaten wird es oft nicht um Neubauten gehen, sondern darum, vorhandene Bauten zu restaurieren und den Erfordernissen der Zukunft anzupassen, damit sie zu einem sinnvollen Teil des Habitats werden können. In diese Bemühungen muss natürlich auch die Umgebung miteinbezogen werden.

In Mirapuri gibt es, neben den meist halbwegs bewohnbaren Häusern in der Ortschaft am Rande des Mirapuri-Gebietes, eine Vielzahl von verstreut liegenden Gehöften, Alpen genannt, von denen manchmal nur noch überwucherte Grundmauern stehen, während sie in anderen Fällen bei rustikaler Einstellung durchaus bewohnbar sind.

Eine solche Alpe, die nicht mehr bewohnbar und dem Verfall preisgegeben ist, hat den Namen Künstleralpe bekommen. Die zwei Häuser, aus denen die Alpe besteht, haben Ausblick auf ein Tal zu ihren Füßen und eine dahinterliegende Hügellandschaft. Die abgelegene, ruhige Lage und der idyllische Ausblick sind für die künstlerische Inspiration sicher förderlich.

Die Restauration, der Ausbau der Gebäude kann sicherlich auf viele verschiedene Weisen erfolgen. Auf den folgenden Seiten wird darum nur eine der vielen Möglichkeiten dargestellt, die Häuser und das umliegende Gebiet wieder zum Leben zu erwecken und in den Gesamtorganismus von Mirapuri zu integrieren und der Vielfalt einen weiteren Ausdruck hinzuzufügen.

Feldweg   Fußweg   Künstleralpe   Schlucht

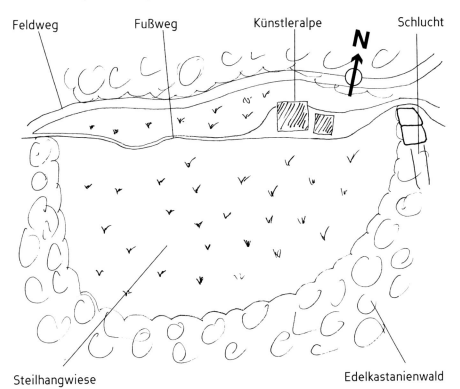

Steilhangwiese   Edelkastanienwald

Das Gelände, das zur Künstleralpe gehört, ist eine große und sehr steile Wiese, die früher als Kuhweide benutzt wurde, mittlerweile aber von immer mehr Bäumen bevölkert wird. Zu den Häusern führt ein schmaler Fußweg, während etwas oberhalb ein befahrbarer Feldweg vorbeiführt. Umgeben ist das Areal von Wald, der vornehmlich aus Edelkastanien besteht. Der Untergrund ist Fels.

Hinter den Häusern gibt es eine kleine Schlucht, in die man Wasserauffangbecken für Bewässerungszwecke einpassen könnte. Wenn man diese großzügig mit einer Plattform überdacht, hat man gleichzeitig noch einen schattigen Aufenthaltsbereich zur Verfügung. Zwischen den Häusern und der Schlucht kann man im eher schattigen Bereich noch ein kleines Erdhaus für die Unterbringung von eventuell benötigtem Brennmaterial errichten.

Da der Fußweg doch recht schmal ist und für Materialtransporte weniger geeignet, dafür aber der Höhenlinie folgt, müsste der

Künstleralpe (Blick aus der Nähe der Schlucht)

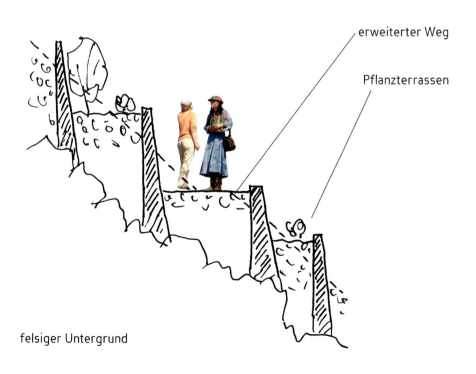

erweiterter Weg

Pflanzterrassen

felsiger Untergrund

Weg zuerst einmal verbreitert und befestigt werden. Dazu kann man hangabwärts eine Stützmauer bauen und den Hang hangaufwärts etwas anschneiden und dort ebenfalls eine Stützmauer errichten. Mit dem felsigen Aushub kann man den Weg auffüllen und mit der Erde die obere Stützmauer hinterfüllen. Auf diese Weise kann man nach oben noch eine oder zwei weitere Terrassen anlegen, was man in späteren Ausbaustufen auch nach unten zu machen kann, wenngleich die Terrassen durch die starke Hangneigung eher schmal ausfallen und man darauf achten muss, dass nicht eines Tages der ganze Hang abrutscht. Die Terrassen oberhalb des Weges kann man mit Blumen, Gemüse und Beerenobst bepflanzen, während man zum Feldweg hin größere Sträucher wie Eiben, Haselnüsse, Maibeeren, Felsbirne, Weißdorn, Säulenobst und andere Nutzgehölze anbauen kann.

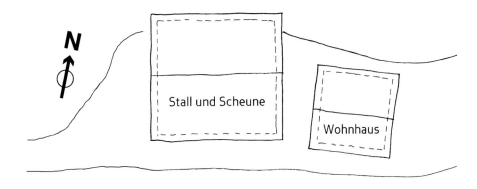

Von den beiden Gebäuden wurde das größere unten als Stall und im Obergeschoss als Scheune benutzt. Während der Stall ein wenig in den Hang hineingebaut wurde, steht das zweite, kleinere Haus, das als Wohnhaus Verwendung fand, einigermaßen frei.

Da im Erdgeschoss des großen Gebäudes nur Kühe untergebracht waren und wohl auch, damit die Wärme der Kühe im Winter besser konzentriert werden konnte, ist das Erdgeschoss ziemlich niedrig gebaut worden, so dass man darin eigentlich nicht entspannt stehen, geschweige denn arbeiten kann. Die Decke besteht aus einfachen Holzbrettern, die auf durchgehende Holzbalken aus dem

Seiten- und Vorderansicht des Stalls

unverwüstlichen Kastanienholz gelegt wurden. Das inzwischen eingestürzte Dach war zum Teil mit Steinplatten aus der Gegend gedeckt, die aber dann fast ganz durch die üblichen Dachpfannen ersetzt wurden. Das Wohnhaus ist ähnlich ausgestattet, wobei das Erdgeschoss ein wenig höher ausgefallen ist.

Für den Ausbau des Stalls gibt es im Wesentlichen zwei Optionen: Wenn man die rustikalen und immer noch festen Kastanienholz-träger erhalten möchte, muss man den Hausboden so tief ausheben, dass man ausreichend Kopffreiheit bekommt. Und wenn man die Heizung über das MiraSolaris-Konzept regeln möchte, benötigt man außerdem noch eine Bodenplatte mit einem 70 cm starken Aufbau. Das heißt, man müsste sehr tief in den Fels hineingraben und hätte als Ergebnis einen tiefer gelegten Boden, während der Ausbau des Obergeschosses mit den dekorativen Rundbögen keine Probleme bereiten würde.

Das ist aber sehr aufwändig und würde nur zu einem renovierten Haus mit einem guten Heizsystem führen, aber den Ansprüchen eines Künstlers nach viel Licht und den Ansprüchen eines Öko-Habitats nach Einbindung in die Natur nicht wirklich Rechnung tragen. Darum wird hier auf den folgenden Seiten die zweite Ausbau-Option geschildert.

Bei dieser Gestaltung wird der Boden nur um 30 cm ausgehoben und darauf die Bodenplatte aufgebracht, so dass der Boden dann 40 cm über dem gegenwärtigen Niveau liegt. Das bedeutet, dass man sich mit dem Kopf dann schon zwischen den Balken befindet. Diese müssen also entfernt werden.

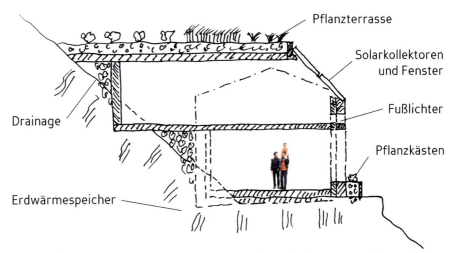

Dadurch kann man einen sehr hohen Raum bekommen, der gut geeignet wäre für Monumentalgemälde oder große Skulpturen. Aber
wenn man sich von der offensichtlichen und traditionellen Haus-
form löst, ist es auch möglich, mit einem Gewinn an Raum, Licht,
Energie und Pflanzfläche ein zweistöckiges Bauwerk zu konzipieren. Dazu wird in einer angenehmen Raumhöhe eine massive Decke mit integrierter Fußbodenheizung eingezogen und bis in den
dahinter liegenden Hang verlängert, bis man auf Fels stößt. Dann
wird die Rückwand hochgezogen und darüber eine ziemlich massive und gut isolierte Decke gebaut, die allerdings nur bis etwas über
die Mitte des alten Mauerwerks reicht. Über die Decke kommt eine
Drainage und darüber mindestens 50 cm Erde, die als zusätzliche
Wärme-Kälte-Isolation wirkt. Aus statischen Gründen wird man
zumindest die Vorderkante der Terrassenebene mit ein oder zwei
Säulen stützen müssen, die bis ins Erdgeschoss reichen.
Die Schräge zwischen der Vorderkante der Terrassenebene und
der Oberkante des Mauerwerks wird zum Teil durch Solarkollektoren und zum anderen Teil durch große Fenster geschlossen, so
dass dieser Raum gut beleuchtet wird, während die Solarkollektoren gleichzeitig für warmes Brauchwasser sorgen und den Wär-
meüberschuss in den Hang und den Fels unter dem Haus leiten.
Für mehr Licht kann man an der Seite zusätzliche Fenster anbringen, auch um den hinteren Teil des Raumes besser zu beleuchten.

Atelierhaus   Flurverbindung   Wohnhaus

Die Raumaufteilung ist relativ frei: Man könnte oben zwei oder drei Zimmer und einen kleinen Flur unterbringen und unten zwei Zimmer, oder aber die Räume als allgemeine Ateliers ganz lassen.

Die Innenwände des Altbaus werden mit einer zusätzlichen Betonsteinschicht für die nötigen Rohre und die Betonkernaktivierung wie auch zur Stabilisierung der nur von Kalkmörtel zusammengehaltenen Natursteine ausgestattet, während die neuen Mauern komplett dem neuen Standard entsprechen.

Durch die speziellen Größenverhältnisse und den resultierenden Etagenaufbau führt die Geschosszwischendecke knapp unterhalb der Bögen durch die drei großen Torbögen. Das führt dazu, dass im Obergeschoss noch zusätzlich Licht durch drei Bodenlichter in die Räume fällt, wie es manchmal auch in amerikanischen Filmen zu sehen ist. Und im Erdgeschoss hat man hochliegende große Fenster, die man bis fast zum Boden verlängern kann, um die einfallende Lichtmenge zu vermehren. Vor dem Haus kann man einen schmalen und an der Seite einen breiten Pflanzkasten aufmauern, der gleichzeitig auch als zusätzliche Wärmedämmung dient.

Das ehemalige und zukünftige Wohnhaus folgt in der grundsätzlichen Aufteilung und den Maßen dem Atelierhaus, so dass man, wenn man beide Häuser durch ein Treppenhaus und äußerlich durch eine Mauer mit Türe und Fenstern verbindet, eine durchgehende Fenster-Kollektor-Fläche und Erdterrasse bekommt. Den Raum zwischen Treppenhaus und Hang und den Zusatzraum zwischen den beiden erweiterten Obergeschossen kann man unten mit der Technik für die Solarenergie und oben mit Sanitärräumen nutzen.

Das Wohnhaus-Erdgeschoss würde ein paar zusätzliche Fenster bekommen und könnte als Küche dienen, und dahinter wäre noch Platz für den Anbau eines Lagerraums. Das erweiterte Obergeschoss könnte nach Osten hin mit einem Balkon ausgestattet werden. Ein Teil könnte als Wohn- und Esszimmer dienen, ein anderer Teil als Wohnraum für einen zusätzlichen Bewohner oder Hauspfleger.

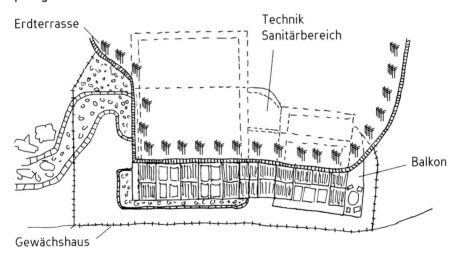

In einer weiteren Ausbaustufe könnte man von der unteren Dachkante und ansonsten von den Begrenzungsmauern der Erdterrasse aus noch ein Gewächshaus um die Anlage herum errichten. Da ein solches Haus im Sommer aber eine beträchtliche Hitze produziert, sollte man die senkrechten Wände so konzipieren, dass sie auffaltbar sind. Alternativ gibt es die Möglichkeit, eine Luft-Wärmepumpe zu installieren, die in den Sommermonaten zusätzliche Energie produziert, oder man wartet, bis die Infrarot-zu-Energie-Kühlung einsetzbar ist.

Die durch dieses Design entstandene Erdterrasse ist ziemlich groß und sitzt so hoch, dass sie in der Nähe des oberen Feldweges endet. Wenn man darum am Übergang der Terrasse zum Hang noch eine Stützmauer baut, kann man dort auch noch einen Parkplatz anlegen, von dem aus man eine Treppe bis vor das beginnende Gewächshaus führen kann.

Zusammen mit einem Erdhaus in Richtung Schlucht für Brennstoff und einer Überdachung der Schlucht als Aufenthaltsplatz, wie am Anfang angedeutet, wäre der Entwurf einer Haustransformation von Alter zu Neuer Welt fertig, und aus ein paar vom Verfall bedrohten Mauern ist eine zukunftsfähige Anlage vom Erdhaus-Typ geworden.

Wenn man dann noch mehr tun will, kann man die gesamte Wiese oder einen Teil vorsichtig terrassieren und auch ein kaskadierendes Gewächshaus von unten nach oben bauen und an die Anlage anschließen lassen. Aber für so etwas sollte man sich besser ein weniger steiles Stück Land suchen.

Eine andere Ausbaumöglichkeit bestünde darin, hangaufwärts neben dem erweiterten Fußweg statt Terrassen ein langes, einstöckiges Erdhaus zu bauen, das mehr noch als die transformierte Künstleralpe vom Feldweg aus kaum zu bemerken sein dürfte, so dass mehr Menschen in dieser schönen Gegend leben können.

Eines Tages …

Ich hing gerade meinen Träumen nach und war am Überlegen, ob es nicht vielleicht an der Zeit wäre, aufzuwachen. Auf der einen Seite verbreiteten die ersten direkten Sonnenstrahlen ihre Helligkeit in meinem Zimmer, auf der anderen Seite war es in dem warmen Bett ausgesprochen kuschelig, obwohl ich im Moment alleine war, denn Lorenzo hatte Küchendienst und war schon vor geraumer Zeit aufgestanden. Während ich noch mit mir kämpfte, seinem Beispiel zu folgen, ging die Tür langsam auf, dann wieder zu und dann schaukelte die Matratze plötzlich bedrohlich, was meinen Aufwachprozess rapide beschleunigte. Als ich langsam meine Augen einen Spalt öffnete, füllte ein blonder Lockenkopf mein noch begrenztes Gesichtsfeld aus: Mariel hatte mir ihre Aufwartung gemacht, so dass an Schlaf nicht mehr zu denken war. „Victor, spielst du mit mir?", fragte sie mich, kaum dass die Augen ein wenig offen waren.

Ich wollte etwas sagen, aber so unmittelbar während des Aufwachens waren meine Stimmbänder noch nicht so recht auf Aktivität eingestellt, so dass nur ein recht unbestimmbarer Laut meine Lippen verließ. Ich probierte es nochmal, und jetzt klappte es: „Mariel, so früh am Morgen und noch ehe ich richtig wach bin, spiele ich nie. Das solltest du doch eigentlich wissen."

Sie zog die Stirn kraus und versuchte, einen missbilligenden Ausdruck zu produzieren, während meine Hände sich unauffällig unter der Bettdecke ans Licht wühlten. Während Mariel noch an ihrem Ausdruck arbeitete, schossen meine Hände plötzlich vor und begannen, sie erbarmungslos zu kitzeln. Während sie lautstarke Vergnügensäußerungen von sich gab, beugte ich mich gerade vor, um sie in den Hals zu „beißen", als die Türe aufging, als Elena zur Tür hereinschaute und Mariel fragte, ob sie sie denn retten solle.

„Ja, bitte. Neiiin! Ja."

„Also was jetzt? Ich habe dir doch gesagt, dass du Viktor um diese Zeit nicht stören sollst."

„Und wenn ich mich recht entsinne", fügte ich hinzu, „wollten Tara und Antonio mit euch Kindern heute zu dem kleinen See bei Nettuno wandern und euch ein paar Pflanzen zeigen und vielleicht auch etwas schwimmen. Also zieh dich mal schnell an. Warst du schon im Bad?"

„Ja."

„Aber ich nicht." Damit schlug ich die Bettdecke zurück und stand auf. Und während ich mich ins Bad begab, folgte Mariel Elena ins Kinderzimmer, um sich anzuziehen.

Im Bad war Irina gerade dabei, ihre Haare mit einem großen Badetuch zu bearbeiten. Ich hob ein Stück des Tuches an, drückte ihr einen Guten-Morgen-Kuss auf die Lippen und näherte mich dann Corwin, der mit dem Rücken zu mir unter einer der Duschen stand und mein Eintreffen wohl nicht bemerkt hatte. Ich wollte ihn gerade umarmen, als mich ein versprengter Tropfen eiskalten Wassers traf, der mich jäh zurückweichen ließ. Statt dessen klatschte meine Hand auf sein Gesäß, und als er sich umdrehte und das Wasser abstellte, sagte ich: „Das hast du mit Absicht gemacht!"

Er lächelte und machte damit klar, dass ich richtig lag. Dann zog er mich, ehe ich richtig zurückweichen konnte, in seine eiskalte Umarmung, und während er mir einen Kuss gab, fand seine andere Hand schnell und zielsicher den Wasserknopf, woraufhin sich mir ein entrüsteter Schrei entrungen hätte, wenn meine Lippen nicht versiegelt gewesen wären.

„Das kostet dich eine extraheiße Nacht", sagte ich, als er mich dann endlich losließ.

„Geht klar", war die lapidare Antwort, als ich aus Sicherheitsgründen die übernächste Dusche ansteuerte.

Zwanzig Minuten später verließ ich mit Elena und den letzten Kindern den Olymp, wie wir unsere Wohnpyramide genannt hatten. Kurz darauf saß fast die ganze Familie beim Frühstück im Speisesaal zusammen, und wir wollten gerade den Tag besprechen, als Lennart, der Leiter des Bauteams vorbeiging.

„Lennart", rief ich. „Wie sieht es aus? Braucht ihr heute eine Hilfe?"

„Nein", winkte er ab, „wir sind heute schon vollständig."

„Musst du nicht an deinem Programm arbeiten?", fragte mich Tara.

„Nein, ich bin gestern spät abends noch fertig geworden und habe es an Jean von Friedenshort zum Testen weitergemailt. Ich wollte heute mal eine Monitorpause machen und schauen, ob ich irgendwo mithelfen kann."

„Schau doch mal im Bulletin nach", meinte Angel.

„Nicht nötig", warf Svenja lächelnd ein, „du kannst mir ja helfen, den Olymp zu putzen."

„Ach, der Olymp wartet immer wieder von neuem auf mich. Etwas Abwechslung schadet nicht. Ich schau mal eben ins Bulletin."

Ich stand auf und ging zum letzten freien Terminal, um zu sehen, wo ich mithelfen könnte. Aber für heute war schon alles geregelt, darum schaute ich mich in den Nachbar-Habitaten um. In Seelenfeuer wurde ich dann fündig. Dort wurde noch jemand zum Ernten der Johannisbeeren gebraucht. Ich trug mich ein und kehrte zum Tisch zurück.

Dort meinte Sotho: „Du denkst schon daran, dass du um 12 Uhr hier sein musst? Wir haben heute das Zwei-Familien-Treffen an der Weltsäule. Lorenzo, Corwin und Irina bereiten alles vor."

„Habe ich da gerade meinen Namen gehört?", fragte hinter mir Lorenzo und knabberte dann ein wenig an meinen Ohrläppchen.

„Ah, Lorenzo, wenn du gerade da bist… Was hast du denn heute Abend vor? Corwin hat mir gerade eine extraheiße Nacht versprochen …"

„Kein Problem", sagte Lorenzo und flüsterte mir ins Ohr: „Irina und ich wollten heute Abend mal Mascaren auf die Pelle rücken. Er zieht sich zur Zeit ziemlich zurück. Wir wollten mal sehen, ob wir herausfinden können, was los ist."

„Gute Idee", sagte ich, und dann lauter: „Corwin, was hältst du davon, heute Abend nach Starwind zu gehen? Im Skylab tritt die neue Band aus Dreamscape auf."

Er lächelte. „Dann können wir uns ja schon mal vorwärmen."

„Was ist mit euch?", fragte ich die übrige Familie, „kommt ihr auch mit?"

Elena konnte nicht, sie hütete die Kinder, und Tara und Sotho waren abends schon zu einer Meditation an der Weltsäule verabredet. Die Übrigen wollten mitkommen, und auch Mascaren ließ sich von Irina überreden.

Nachdem alles geklärt war und unser Frühstück beendet, machten sich alle an ihre Tätigkeiten und Aufgaben des Tages. Und ich machte mich auf den Weg nach Seelenfeuer. Ich durchquerte die Felder und Wälder zweier benachbarter Blütensektoren unseres Öko-Habitats, also Leonardo, und drei Blütensektoren von Seelenfeuer. Zwar hätte ich die Kabinenbahn nehmen können, welche die Habitatszentren miteinander verband, aber wahrscheinlich hätte ich damit nur zehn Minuten eingespart, und ich war froh, mich mal wieder ausgiebig in der frischen Natur bewegen zu können. Überall wurde fleißig gearbeitet und ich grüßte nach beiden Seiten. Das Wetter war schön und die Luft würzig, und ich fühlte mich wie von liebenden Armen umfangen. Eine allumfassende Freude stieg in mir auf, die während der Arbeit vor dem Bildschirm immer etwas in den Hintergrund tritt oder ganz verschwindet. Aber irgendwann würde sie auch während der Computerarbeit präsent bleiben, denn schließlich liebte ich mein Betätigungsfeld.

Als ich dann bei dem Johannisbeerfeld ankam, erwarteten mich dort drei Frauen und ein Mann.

„Alle Liebe", begrüßte ich sie, und sie antworteten mir mit dem selben Gruß.

„Ich bin Victor", stellte ich mich vor. „Ich wollte euch heute beim Ernten helfen."

Eine der Frauen, die mir bekannt vorkam, stellte sich vor: „Und ich bin Erdmuthe. Ich glaube, wir kennen uns bereits."

„Ja, ich glaube, wir haben ein- oder zweimal auf einer eurer Partys zusammen getanzt."

„Also, das sind Gina und Barbara und Walter. Walter ist ein Besucher, der ein bisschen mithilft", stellte sie die anderen vor. „Gina und Barbara wissen, wo alles ist. Ich muss gleich weiter, denn ich muss mich noch um etwas anderes kümmern, aber wir sehen uns sicher beim Mittagessen."

„Das wohl nicht", antwortete ich. „Ich muss so etwa 11.30 Uhr wieder verschwinden, denn wir haben heute ein Zwei-Familien-Treffen mit dem anderen Ende der Welt. Da kann ich nicht fehlen. Und Tanja ist eins der ältesten Mitglieder unserer Familie. Sie will uns ihre neueste Eroberung und seine Familie näher vorstellen. Es kann sein, dass wir wieder Familienzuwachs bekommen."

„Ah, gehörst du etwa zu der Großfamilie in Leonardo? Ich würde euch gerne irgendwann einmal kennen lernen."

„Kein Problem. Die meisten von uns sind heute Abend im Skylab in Starwind. Komm doch einfach auch."

„Gute Idee. Kann ich deine Visitenkarte haben, dann stelle ich den Annäherungsalarm auf zehn Meter. Dann finde ich dich schon."

„Okay."

Ich tippte kurz etwas in meinen Kommunikator, den ich am Armgelenk trug, und sie hielt mir ihren hin. Wir stellten den Kontakt her, und klickten auf „Senden". Damit tauschten wir Bilder, Kontaktinformation und elektronische Signatur aus.

Sie verabschiedete sich und wir Übrigen machten uns locker plauschend an die Arbeit. Nach einiger Zeit gesellte sich dann Walter zu mir und fing ein Gespräch an.

„Ich habe euere Unterhaltung zuvor mitbekommen und bin etwas neugierig. Ich bin am Überlegen, selbst einem Öko-Habitat beizutreten. Ich habe schon viel über Öko-Habitate gelesen, und auch schon etwas von dem Konzept der Großfamilien gehört. Aber ich habe nicht so ganz begriffen, wie das funktioniert."

Ich seufzte innerlich und fragte: „Wo liegt dein Problem?"

„Wieso...", er hielt inne, überlegte und sagte dann: „Ich bin komplett Hetero und so eine Großfamilie ist ja wohl gemischt. Ich kann mir nicht vorstellen, mit einem anderen Mann ..."

„So funktioniert eine Großfamilie auch nicht. Wer Hetero ist, braucht nicht mit einem Mann ins Bett zu gehen. Man hat Sex, mit wem man übereinkommt, Sex zu haben, und viele Beziehungen sind aus sexuellen Beziehungen entstanden. Aber wir sind nicht zusammen, weil wir alle Sex miteinander haben oder haben wollen. Am besten erzähle ich dir ein wenig über die Geschichte unserer Familie.

Mein erster Partner Lorenzo und ich, wir sind beide gebürtige Öko-Habitanten. Wir haben in benachbarten Habitaten gewohnt und uns irgendwann ineinander verliebt. Wir sind zusammengezogen, und nach einiger Zeit hat er sich in Tanja verliebt. Das war erst einmal ein Schock, und ich bekam Verlustängste. Aber wir sind beide in Öko-Habitaten aufgewachsen und kannten sowohl die Polyamory-Theorie, als auch das eine oder andere Beispiel einer funktionierenden Dreierbeziehung. Da er keinerlei Neigung zeigte, mich fallen zu lassen und auch Tanja einen Habitatshintergrund mitbrachte, haben wir uns schließlich zusammengerauft. Das war deshalb nicht ganz so schwierig, weil ich ihn liebte und mir sein Glück und sein Wohlergehen sehr am Herzen lagen, sondern auch, weil ich mit Tanja ganz gut klarkam. Sie hat ein sehr direktes, offenes und freundliches Wesen, und auch wenn wir keinen Sex hatten, habe ich sie doch bald als Familie akzeptiert. Nun bin ich eher ein schüchterner Typ, aber Lorenzo ist weniger schüchtern und Tanja noch weniger. Es dauerte nicht lange, und Tanja schleppte Corwin an. Corwin war ein ausgesprochener Glücksfall, denn wir verliebten uns ziemlich schnell ineinander, auch wenn Lorenzos Gefühle für ihn anfangs nicht ganz so heiß waren, aber schließlich kristallisierte sich eine feste Beziehung zwischen uns heraus, die ein Fundament der später weiterwachsenden Familie wurde. Zur Feier der Familienerweiterung stiegen wir dann alle gemeinsam miteinander ins Bett. Dabei hatte selbst ich Sex mit Tanja, und nach neun Monaten wurden wir Eltern. Da wir jetzt zu fünft waren und unser Habitat langsam sein Einwohnerlimit erreichte, beschlossen wir, uns einem neu entstehenden Habitat anzuschließen und landeten hier in Leonardo, wo mit Irina das nächste Familienmitglied hinzukam.

So sind wir stetig gewachsen, und ich liebe jeden Einzelnen meiner Partner, jeden auf seine Weise, auch wenn ich nicht mit jedem ins

Bett steige. Was uns zusammenhält und jeden Tag mit neuer Freude erfüllt, ist die Liebe, die wir füreinander empfinden, nicht der Sex. Und je länger wir zusammen sind, desto mehr fühlt sich das ganze Habitat wie eine große Familie an. Sex ist nur ein kleiner Teil des Lebens und des Sinns eines Öko-Habitats und sicher nicht der wichtigste. Viel wichtiger ist das Bewusstseinswachstum. Wenn du ein Öko-Habitant werden möchtest, dann ist die Bereitschaft, stetig im Bewusstsein zu wachsen und alte Formationen hinter dir zu lassen, viel wichtiger. Und mit wem du ins Bett steigst, ist nur für dich und deine Entwicklung von Bedeutung. Erklärt das deine Fragen?"

„Ich glaube schon. Vielen Dank. Ich muss auf jeden Fall noch über Vieles nachdenken."

Und damit schwieg er für den Rest des Vormittags. Kurz bevor ich losgehen wollte, piepte mein Kommunikator mit einer Nachricht von Irina, dass ich ja nicht zu spät kommen sollte. Ich lächelte und verabschiedete mich von den anderen, um mich dann zur Weltsäule in Leonardo aufzumachen.

Die Weltsäule befand sich nahe dem Zentrum von Leonardo. Sie war von einem kleinen Platz umgeben, der von schön gestalteten Blumenbeeten, Kunstwerken aller Art und Bildern unseres Habitats umgeben war.

Als ich ankam, waren schon fast alle da. Lorenzo, Corwin und Irina hatten drei lange Tische so aufgestellt, dass sie in Richtung Weltsäule zeigten, so dass jeder zu sehen war. Ich verteilte ein paar Küsse und setzte mich dann neben Lorenzo, der einen Platz für mich freigehalten hatte, ganz vorne an die Säule. Zur Zeit zeigte sie Bilder aus einem Habitat, das wohl in Afrika liegen musste, denn die Architektur zeigte Kral-Strukturen und die Kinder, die vorne an der Säule spielten, hatten eine braune Hautfarbe. Sie lachten und winkten uns zu und sagten etwas, das ich nicht verstand. Ich winkte zurück und sagte auf Terrasihla „Alle Liebe".

Dann dauerte es noch ein oder zwei Minuten, und unsere Hälfte der Säule zeigte vom Boden bis in zweieinhalb Meter Höhe das einprogrammierte Kommunikationsziel, das Öko-Habitat Silla in Korea, während zeitgleich unser Bild auf der Weltsäule in Silla auftauchte.

Eine Weltsäule hat einen Durchmesser von etwa vier Metern, eine Höhe von drei Metern und einen Hut wie eine überdimensionale Pilzkappe und ist ein interkulturelles Kommunikationsmittel. Ziemlich viele Habitate überall auf der Welt haben mittlerweile in ihrem Zentrum eine solche Säule installiert. In meinem Geburtshabitat gibt es auch eine solche Säule, so dass ich mich hier manchmal mit meinen Eltern treffe, um mich mit ihnen zu unterhalten. Das ist irgendwie persönlicher als eine Unterhaltung über den Monitor. Und wenn die Weltsäule nicht gezielt zur Kommunikation genutzt wird, dann zeigt sie im Halbstundentakt jeweils die Umgebung einer zufälligen Säule irgendwo auf der Welt, während das eigene Bild auf die dortige Säule projiziert wird. Einmal am Tag, zu allen möglichen und unmöglichen, wenn auch vorab festgelegten Zeiten, zeigt die Säule neben- und untereinander Bilder von vielen anderen Orten auf der Welt gleichzeitig. Das ist der Zeitpunkt für eine jeweils weltumspannende Meditation, wie zum Beispiel heute Abend, wenn sich Tara und Sotho hier einfinden würden.

Aber ansonsten kann man hier immer einen Blick in unbekannte Habitate werfen, deren Daten über der Bildwandung angezeigt wird, und mit den Menschen, die dort zu sehen sind, sprechen, wenn man sich denn verständigen kann.

Und das war vor einem halben Jahr auch Tanja passiert, und darum saßen wir heute alle hier. Die Idee für die Weltsäulen war Anfang des Jahrtausends in Mirapuri, dem ersten Öko-Habitat, entwickelt worden, und zeitgleich auch die Grundlagen für die Kunstsprache Terrasihla. Die Weltsäulen wurden erst sehr viel später verwirklicht, als es schon viele Öko-Habitate gab. Und damit nahm dann auch die Verwendung von Terrasihla langsam zu. Anfangs hatten nur Wenige diese Sprache gelernt, denn mit Englisch konnte man sich weltweit ganz gut verständigen, aber nach einiger Zeit fand sie als Ausdruck einer eigenständigen Identität und als verbindendes Element etwas mehr Zuspruch, vor allem auch im asiatischen Raum, der viel früher das eher hässliche Esperanto gut aufgenommen hatte. Als dann über die Weltsäulen neue interkontinentale Kontakte zustande kamen und nicht überall fließend Englisch gesprochen wurde, verbreitete sich Terrasihla stärker.

Heute wurde es in jedem Öko-Habitat gelehrt, aber nicht immer flüssig gesprochen. Und als Tanja vor über einem halben Jahr an der Weltsäule vorbeiging, zeigte diese gerade das koreanische Öko-Habitat Silla an, und sie sah einen Sillaner, der gerade einem anderen eine Kampfsportübung zeigte. Sie schaute zu und fand den Koreaner und seine Körpersprache ganz interessant und zunehmend faszinierend. Schließlich bemerkte sie, dass die Weltsäule bald auf ein anderes Öko-Habitat umschalten würde und sprach den Sillaner an. Sie winkte ihm zu und begrüßte ihn auf Englisch und er verbeugte sich förmlich und grüßte auf Terrasihla. Er konnte kaum Englisch und sie kaum Terrasihla, aber sie schafften es noch, ihre Visitenkarten auszutauschen und sich für den nächsten Tag zu verabreden.

Am nächsten Tag stand sie mit Irina im Schlepptau wieder an der Säule, und Irina, die fließend Terrasihla sprach, musste übersetzen. Der Sillaner hieß Kim Jae-Kwan, und es dauerte nicht lange, da durfte sie ihn Jae-Kwan nennen. Sie verabredeten sich erst mal auf e-Mail-Kontakte, damit Tanja auf ihr Lexikon zurückgreifen konnte, und so lernte sie in der Folgezeit fleißig Terrasihla. Nach ein paar Videounterhaltungen und einem weiteren Treffen an der Weltsäule stand ihr Entschluss dann fest. Sie wollte Jae-Kwan persönlich kennen lernen und reiste alsbald auf seine Einladung hin nach Silla.

Und da stand sie nun vor uns, ganz nahe an der Weltsäule, und als ich sie sah, wurde mir klar, wie sehr ich sie im letzten halben Jahr vermisst hatte. Lorenzo ging es wohl auch so, denn er war aufgestanden und zu ihr gegangen und sagte: „Alle meine Liebe." Corwin und ich standen auch auf, und während er Lorenzo und mir die Arme um die Schultern legte, begrüßten wir sie mit „Alle unsere Liebe." Dann kam unser Sohn Dorian nach vorne und bald war der Platz vor der Säule überfüllt. Schließlich stellte sie uns Jae-Kwan vor, seinen Vater Kim Shee-Hwan, seine Brüder Kim In-Sub und Kim Dong-Sung und seine Schwester Kim Kwang-Hee samt den Familien der beiden letzteren. Dann kehrten wir auf unsere Plätze zurück und begannen mit dem Mittagessen, während in Silla gefrühstückt wurde.

Während sich das Essen langsam dem Ende zuneigte und über die Kontinente hinweg angeregte Unterhaltungen stattfanden, sprach mich Kim Shee-Hwan, Jae-Kwans Vater, an: „Victor, so wie es aussieht, hat eure Partnerin Tanja an meinem letztgeborenen Sohn Gefallen gefunden und sie wollen eine Partnerschaft eingehen. Da Tanja schon eine große Familie hat, während Jae-Kwan immer noch völlig ungebunden ist, bin ich schweren Herzens bereit, nicht dass er mein Einverständnis wirklich bräuchte, Jae-Kwan mit Tanja ziehen zu lassen. Aber ich hoffe, ich werde meine Enkelkinder nicht nur an der Weltsäule sehen."

An dieser Stelle hob Tanja die Hand, um sich Aufmerksamkeit zu verschaffen. Sie sah Jae-Kwan kurz an, er lächelte ihr zu, und sie sagte, zu Kim Shee-Hwan und seiner Frau gewandt: „Dann müsst ihr uns in sieben Monaten besuchen kommen."

Das führte auf beiden Seiten zu begeistertem Klatschen.

Nachdem sich wieder alles beruhigt hatte, fuhr Kim Shee-Hwan fort: „Auch wenn er sich in eurer großen Familie nicht einsam fühlen wird, so wird er doch weitab von Zuhause leben. Meinen zweitjüngsten Sohn, In-Sub, der immer noch keinen Partner hat, zieht es schon seit längerem in die Ferne, und ich habe das Gefühl, dass er in der Ferne eher einen Partner findet als hier. Darum dachte ich, man könnte vielleicht beides miteinander verbinden, indem In-Sub mit seinem Bruder und Tanja nach Leonardo reist. Wir hatten schon darüber gesprochen, und er findet die Idee gut, und Tanja meinte, er würde bei euch sicher Freunde finden."

„Wir würden uns darüber sehr freuen", antwortete ich und lächelte dabei In-Sub zu. Dann fügte ich hinzu: „Wir haben unsererseits auch mit den älteren unserer Kinder gesprochen, und wollten fragen, ob es möglich wäre, wenn sie in ein paar Jahren mal ein Jahr bei euch verbringen könnten, um etwas von der Welt zu sehen und andere Kulturen und Sichtweisen kennen zu lernen. Und wir möchten das Gleiche auch den Kindern euerer Familien anbieten. So ein globales Austauschprogramm kann für die Bewusstseinsentwicklung nur von Vorteil sein und kann die Beziehungen zwischen unseren Habitaten festigen."

Damit waren alle einverstanden, und als wir uns dann verabschiedeten, kündigte Tanja an, dass sie drei bzw. vier in etwa einem Monat bei uns eintreffen würden. Wir winkten uns noch alle zu, und

während Tanja Mascaren noch eine Kusshand zuwarf wechselte das Bild zu einem Öko-Habitat im australischen Outback.
Ich warf einen Blick auf Mascaren und wandte mich dann an Irina, die gerade damit begonnen hatte, die Tische abzuräumen: „Mascaren sieht nicht gut aus. Willst du dein Glück versuchen oder sollen wir uns heute Abend mal alle zusammensetzen?"
Sie sah Mascaren kurz an und sagte: „Treffen!"
„Alle mal herhören", sagte ich laut, da noch alle anwesend waren. „Können wir uns heute Abend vor dem Tanzen noch kurz zusammensetzen?"
Das war kein Problem, und dann halfen noch alle mit, abzuräumen, und kurz darauf war ich wieder unterwegs zur Johannisbeer-Ernte.
Nach dem Abendessen fanden wir uns dann alle im unteren großen Raum des Olymp zusammen.
„Das war heute Mittag eine schöne Begegnung, und ich freue mich schon auf unseren Nachwuchs, auf unser neues Familienmitglied Jae-Kwan und seinen Bruder In-Sub. Allerdings scheinen sich nicht alle so zu freuen. Unser Mann Mascaren zieht sich schon seit längerer Zeit immer mehr zurück, und mehrere Versuche, ihn aufzuheitern oder die Natur seines Problems herauszufinden, blieben erfolglos. Mascaren, kannst du uns nicht einfach sagen, was los ist?"
Aber Mascaren schwieg eisern.
„Nun", meldete sich dann Corwin, „dann werde ich mal eine Vermutung äußern, die auch auf deinen Reaktionen heute Mittag basiert. Du bist eifersüchtig, oder fühlst dich zumindest vernachlässigt und nicht mehr geliebt. Du hast Angst, dass du Tanja verlierst, vor allem jetzt, da sie ein Kind von Jae-Kwan bekommt, und dass sie dich nicht mehr liebt."
Mascaren fing zu zittern an, und eine Träne lief seine Wange hinab.
„Schau", sagte ich, „jeder Einzelne von uns würde dich sofort in den Arm nehmen und trösten, wenn du nicht immer wieder vor uns zurückzucken würdest. Ich habe Tanja mal gefragt, warum sie dich in die Familie geholt hat. Sie hat geantwortet, dass sie dich liebt, mehr

noch als Lorenzo oder Corwin, und dass du einfach in unsere Familie gehörst, und dass viel mehr in dir drinsteckt, als selbst du ahnst." Mascaren saß da, wie ein Häufchen Elend. Schließlich hielt ich es nicht länger aus und stand auf, zusammen mit Irina, und wir setzten uns zu seinen beiden Seiten und umarmten und streichelten ihn. „Weißt du", sagte ich, „Tanja hat ein sehr großes Herz, in dem unendlich viel Liebe steckt. Sie kann gar nicht anders, als alle zu lieben, und sie möchte, dass alle, also auch du, glücklich sind. Aber ich glaube, dass sie das Konzept nicht verstehen würde, dass sie niemand anders mehr lieben darf, nur weil sie dich liebt. Sie sieht das eher umgekehrt: Weil sie dich liebt, hat sie noch mehr Liebe zu geben. Und wenn du sie wirklich liebst, dann wirst du dich über jede neue Liebe, die sie findet, freuen. Und für dich wünscht sie sich, dass du nicht nur sie liebst, sondern auch mit uns glücklich bist. Und wenn ich dich manchmal sehe, wenn du entspannt bist und vor allem, wenn du mit Tanja zusammen bist, dann weiß ich, dass sie recht hat. In dir steckt genausoviel Liebe wie in Tanja, wenn nicht noch mehr. Du musst sie nur rauslassen."

„Aber", brach es jetzt gepresst aus Mascaren hervor, „ich habe ihr doch versprochen, nur sie zu lieben."

„Mascaren", sagte da Irina, „niemand verlangt von dir etwas anderes. Aber wenn du Tanja wirklich liebst, dann liebst du auch das, was sie liebt."

Mascaren nickte.

„Und Tanja liebt uns alle, das hat sie mehr als einmal öffentlich kundgetan. Lass dir das mal durch den Kopf gehen, oder besser durch dein Herz fließen. Und sprich dich mal mit Tanja aus. Am besten gleich, auch wenn sie vielleicht schon schläft. In Ordnung?"

Mascaren nickte und wirkte auch etwas entspannter. Wir drückten ihm noch einen Kuss auf die Wange, und er ging in sein Zimmer, um zu versuchen, mit Tanja zu reden.

Ich seufzte: „Diese ewigen Kommunikationsprobleme und diese altertümlichen Moral- und Ehrbegriffe..."

Irina lächelte und gab auch mir einen Kuss. Dann zerstreuten sich alle, bis es Zeit war, ins Skylab zu gehen. Sotho und Tara verabschiedeten sich vorher, um zur Meditation zu gehen, und sie sagten, sie würden die Problematik in die Meditation einfließen lassen. Mascaren hatte sich noch nicht blicken lassen, so dass wir ohne ihn losgingen.

Die Band war toll, und irgendwann tauchte Erdmuthe auf, und ich stellte sie meiner Familie vor. Sie hatte Walter im Schlepptau, der unsere familiäre Interaktion mit erstaunten Augen betrachtete. Das war wohl Stoff für ein paar weitere Nachdenk-Runden.

Irgendwann umarmte mich jemand von hinten und drückte mir einen Kuss in den Nacken. „Ihr hattet Recht. Ich hätte schon längst mit Tanja reden sollen."

Ich wandte den Kopf und sah Mascaren an. Er wirkte richtiggehend gelöst, wie schon lange nicht mehr. Er kam nach vorne und fügte dann hinzu: „Und sie hat mich beauftragt, sozusagen als Neuanfang, jedem von euch eine innige Umarmung und einen langen Kuss zukommen zu lassen. Und bei dir soll ich anfangen." Und ich muss sagen, Mascaren kann atemberaubend sein, wenn er sich erstmal dazu entschieden hat.

Mein Herz ging auf, als wir uns in den Armen lagen, und mehr noch, als er seine Runde drehte. Ich sah meine Frauen und Männer an und mein Herz wurde noch weiter. Tanja hatte Recht gehabt – es steckt wesentlich mehr in Mascaren, als es den Anschein hat.

Mein Blick fiel auf Corwin, und ich ging zu ihm und zerrte ihn auf die Tanzfläche, als die Band gerade begann, ein uraltes Lied von Michel Montecrossa aus Mirapuri zu spielen und meinte: „Wir müssen endlich mit dem Anfang unseres heißen Abends anfangen ..."

GOING TO BUILD A CITY
Michel Montecrossa

1. It is clear, we are on earth
    to come home to our soul.
    It is hidden, yet so near
    as we are near to the Lord.

2. The flame is burning in our hearts
    kindling suns of new creation.
    We come together out of the night
    to see with vision and with light;

3. and see the living face of God
    and touch the secret of fulfillment,
    all coming down from above
    and building in our heart a city.

4. We're going to build that city,
    key of paradise on earth,
    conscious of the Lord and flower
    of the new earth and heaven.

5. Doubt is ended, weakness gone,
    hands are working, minds are clear
    and light is coming from the Real
    as we're going to build this city.

6. 'Cause it's clear, we are on earth
    to come home to our soul
    hidden and yet so near
    as we are near to the Lord.

FILMAUR MULTIMEDIA PRÄSENTIERT:

SRI AUROBINDO, DIE MUTTER, MICHEL MONTECROSSA UND PRODUKTIONEN AUS MIRAPURI AUF DVD

FILMAUR MULTIMEDIA
Danziger Str. 1, D-82131 Gauting
Tel. 0049-89-8508555, Fax 0049-89-8509178
eMail: Filmaur@Mirapuri-Enterprises.com
Internet: www.Mirapuri-Enterprises.com

MIRA SOUND GERMANY PRÄSENTIERT:

GESPRÄCHE UND MUSIK DER MUTTER, NEUJAHRSMUSIK, MUSIKMEDITATIONEN UND SONGMUSIK VON MICHEL MONTECROSSA SOWIE SEMINARE AUF AUDIO CD UND CD-PLUS

MIRA SOUND GERMANY
Danziger Str. 1, D-82131 Gauting
Tel. 0049-89-8508555, Fax 0049-89-8509178
eMail: MiraSound@Mirapuri-Enterprises.com
Internet: www.Mirapuri-Enterprises.com

MIRAPURI-VERLAG
PRÄSENTIERT:

DAS GESAMTWERK
VON SRI AUROBINDO, DER MUTTER
UND MICHEL MONTECROSSA
SOWIE VERÖFFENTLICHUNGEN
AUS UND ÜBER MIRAPURI
UND VON ANDEREN AUTOREN

MIRAPURI-VERLAG
Danziger Str. 1, D-82131 Gauting
Tel. 0049-89-8508751
Fax 0049-89-8509178
eMail: Mirapuri-Verlag@Mirapuri-Enterprises.com

Information:
www.Mirapuri-Enterprises.com

Alle Bücher, DVDs und Audio-CDs
sind erhältlich über das Internet:

www.Mirapuri-Shop.net